创新驱动视域下专利创造与保护路径研究

余　翔　著

浙江工商大学出版社
ZHEJIANG GONGSHANG UNIVERSITY PRESS

·杭州·

图书在版编目(CIP)数据

创新驱动视域下专利创造与保护路径研究 / 余翔著
. — 杭州：浙江工商大学出版社，2021.4

ISBN 978-7-5178-4116-6

Ⅰ．①创… Ⅱ．①余… Ⅲ．①专利权法－研究－中国
Ⅳ．①D923.424

中国版本图书馆 CIP 数据核字(2020)第 176790 号

创新驱动视域下专利创造与保护路径研究
CHUANGXIN QUDONG SHIYU XIA ZHUANLI CHUANGZAO YU BAOHU LUJING YANJIU

余 翔 著

责任编辑	吴岳婷	
责任校对	穆静雯	
封面设计	沈 婷	
责任印制	包建辉	
出版发行	浙江工商大学出版社	
	(杭州市教工路 198 号　邮政编码 310012)	
	(E-mail:zjgsupress@163.com)	
	(网址:http://www.zjgsupress.com)	
	电话:0571－88904980,88831806(传真)	
排　版	杭州朝曦图文设计有限公司	
印　刷	广东虎彩云印刷有限公司绍兴分公司	
开　本	710mm×1000mm　1/16	
印　张	14	
字　数	242 千	
版印次	2021 年 4 月第 1 版　2021 年 4 月第 1 次印刷	
书　号	ISBN 978-7-5178-4116-6	
定　价	48.00 元	

前　言

　　知识产权是人类文明发展的产物,是保护发明、鼓励创造的重要制度。专利是知识产权的标志性产物,是知识产权权利体系中的"皇冠"。近年来,我国高举创新驱动转型的旗帜,号召加强原始创新和集成创新能力,鼓励万众创新,在专利创造上进展喜人、成果丰硕,但也存在着较为严重的单打独斗式创新、封闭式创新、产学研脱节等问题。虽然专利的正式诞生到现在只有几百年历史,但与其他的社会法律现象相比,专利权呈现出多元的色彩、复杂的利益关系。在如何激励专利权、如何保护专利权方面出现了越来越多的新情况、新问题,如假冒伪劣、利用网络等渠道实施侵权行为屡禁不止,涉及专利权的商业垄断纠纷增多,专利权股权合作、风险投资成效不明显,出现以牟利为目的的商业性维权情况,外国投资者对中国专利权保护负面评价较多,等等,说明单纯依靠法治手段保护专利权遭遇到瓶颈,需要转变保护思维,寻求多元协同的专利保护路径①。党的十九大提出建设创新型国家,倡导创新文化,强化知识产权创造、保护和运用,对专利的创造、发展和保护提出了更高的要求,激励政策制定者和理论工作者聚焦于专利权创造和保护路径及效率,关注中国国情,踏踏实实做研究。为此,本研究尝试选取以专利为核心,探究专利创造所需要的环境、专利质量提升所需要的机制、专利保护可利用的资源与工具,进而就专利的创造、发展和保护问题探索良性发展的路径。在探讨专利问题的同时,对专利权与宏观知识产权共存的问题顺带进行了讨论。

　　本书内容共分为六部分。第一章导论通过综合性的视角,结合法律经济学、法律哲学、法律伦理学、法律社会学的理论对创新的源头、创新的动力、创新的产出——知识产权等话题进行了阐述,意在阐明创新与知识产权(专利权)之间的

---

　　① 向利:《2013 年中国知识产权保护状况白皮书发布》,http://www.sipo.gov.cn/yw/2014/201404/t20140423_937304.html,2014 年 4 月 23 日。

密切关联,同时对过往法学研究中相对忽视的知识产权(专利权)的经济、社会、伦理基因进行探讨,从而为论证和设计与专利权属性相匹配的创造、发展、保护方法奠定基础。

近年来,源于西方的创新方法理论被引入我国,在创新的源流、创新的组织、创新成果的转化方面形成了一些有益的做法,对知识产权尤其是专利的大批量产出发挥了重要的推手作用,但遗憾的是目前创新方法理论的研究和咨询还没有得到应有的重视,需要在知识产权管理部门、企业、科研单位、高校间建立创新方法实训与咨询的有效平台,促进专利权的生成。故此,第二章"以创新方法为驱动的专利创造路径分析"结合部分地区创新方法推广的现实情况,阐述创新方法咨询实训平台在解决区域经济发展过程中快速增长的创新需求和困扰创新构想落实、物化为创新性技术和产品的难题方面的价值,分析采用流程化、可靠度高的创新实训流程对提升研发人员的创新素养,增强其创新敏感性,增加专利产出成功率的积极影响。同时,分析了创新方法咨询实训平台构建所具有的产业基础和政策需求。

当前,在专利权数量不断增长的同时,以专利为代表的专利权质量引发各方关注。目前,我国存在着相当数量的价值含量低、转化难、生命周期短的专利权,有些地方存在着不正确的专利数量政绩观,有些单位和个人滥用专利权激励机制,除了加强基础研究能力、鼓励潜心创新外,也需要考虑通过专利法律、政策对专利质量的定位加以准确宣示,专利申请授权前严格把关,提高专利代理机构的能力,将科技资助、科技金融政策向高质量专利倾斜,出台鼓励专利权人有效延续专利权利期限措施,指导专利权人充分挖掘专利价值,协助有价值专利向市场转化等方式,来促成重视和提高专利质量的整体知识产权管理氛围。基于这种局面,第三章"以质量为基础的专利发展路径分析"对我国专利法律法规、专利政策、相关的科技与产业政策中关于专利质量的原则、规则、规范进行整理,从政府、产业、研发者等不同利益群体的视角来辨析专利质量的内涵。以部分地区新材料产业的专利发展为样本进行跟踪观察,通过定量与定性等方法评价新材料产业的专利质量。结合经济转型目标、技术创新势头构思专利质量调控的基本思路和实施方案,围绕着针对政府、针对研发、针对产业,突出各自特点,三者相互关联的原则来提出相应的对策建议。

近年来,我国围绕完善知识产权立法,加强知识产权执法,打击假冒、仿造、剽窃、纠正不正当竞争,开展了大量工作,提高了知识产权保护强度,赢得了一定的国际声誉。中国的专利权事业发展虽然令人鼓舞,但有不少已暴露或尚隐藏的局限、困难。第四章"专利权保护原理分析"集成了知识产权的立法保护与执法保护的主要制度构建,对专利权保护所具有的法律意义、公共政策意义、经济意义进行了剖析,利用知识产权保护强度分析工具核实中国专利权保护的绩效,对新近暴露的影响专利权保护的非法产业链等现象进行了专题分析,证实专利权保护中存在盲点、弱项问题,论证引入法律以外的其他保护手段的必要性。

近年来,我国的社会学、管理科学研究聚焦了一系列重要的命题,如社会资本范畴。社会资本最初是社会学概念,但现今已延展到经济、管理、心理等多个学科,具有很强的解释力①。多项研究表明,社会资本对于诚信行为的强化、诚信文化的培育、诚信氛围的营造有直接的影响。初步研究表明,知识产权事业与社会资本有着紧密的关系,社会资本有力量革新传统的专利权保护格局。第五章"社会资本的引入"择要介绍了社会资本的理论源流,阐明了社会资本在社会发展中的特殊地位,揭示了社会资本与某些法律原则、法律价值之间的鱼水关系,论证了社会资本影响专利权保护的可能性,揭示了现实生活中社会资本参与专利权保护的证据。根据当代社会发展的政治、经济、科学、法律趋势,通过逻辑思辨确立知识产权社会资本的核心概念,详细讨论经典的互惠、社会责任、社会交换、社会权利的社会资本系统与知识产权之间的关联、交集,解析社会资本影响知识产权保护的深层次原因,从专利权创造者、利用者保护等角度跟踪分析了社会资本对专利权保护所带来的渐进式影响。

在知识社会、创新驱动、法治治理的大趋势下,专利权的发展应当顺势而动,专利权保护的路径应当详加斟酌,专利权的利益关系主体应当积极作为,专利权问题的研究应当有新视角、新方法。在利于考察经济、社会、法律复合影响下,加强、加深专利权发展和保护应有的策略、机制,以回应时代发展的需要,服务于法律和政策大局。第六章"融合社会资本元素的专利权保护路径演进"以实然和应然相结合的目的,回应未来专利权保护需要重点解决的专利权和知识人等方面的问题,构思社会资本最应当也最容易融入专利权保护的三个突破口:其一是激活专利权主体尤其是中小企业所蕴藏的社会资本,宣贯以专利权能力建设和运用为主旨的专利权自我保护机制;其二是强调专利权的社会属性,就增强专利等权利的公众化趋势,克服过度法律依赖发表见解;其三是接纳多元化的专利纠纷解决方式,让社会资本在一系列非诉讼纠纷解决方式中有用武之地。

---

① Coleman J S. "Social Capital in the Creation of Human Capital". *American Journal of Sociology*,1998,94,p. 95-120.

　　从理论上憧憬,专利权的创造、发展、保护问题不应局限于一项纯粹的法学研究。站在现实视野上,专利权及其各种发展、保护途径是法律、经济、社会高度聚合的制度,既包含着法律层面的规则、合法性证成、禁令等问题,也包含着经济层面的竞争、干预、代理等问题,还涉及社会层面的群体认知、利益纽带、交换等话题。基于此,著作遵循理论性和应用性密切结合的研究定位,将运用来自调研渠道的数据,并将数据转化为一些衡量指标来揭示专利的质量、专利权保护的目标实现程度,进而证实不同走向的法律和政策设计及执行的结果的影响它们的因素所在。本书通过分析创新方法咨询实训平台的需求矛盾和建设进展,寻找创新方法咨询实训平台所需要的资源、所欠缺的机制、未来的发展空间,然后经过模型设计、方案设计等方式充实创新方法咨询培训平台的内涵,提炼和推广可行的建设模式。本书通过对专利权保护人士的事件体验和行为足迹进行扎根调研,通过参与式观察、深度访谈、座谈、专家德尔菲法等形式,获得社会化的专利权保护的第一手资料,进行路径比对。在专利质量研究中,基于研究时间和能力的限制,笔者将选取在专利质量的上升和下降阵营中具有代表性的案例,提取当中的关键信息,进行路径分析、利益分析、效能评估。在专利权保护路径中,笔者对进入司法审判的专利权纠纷案件进行分析,比较一些共性和特异性变量,归纳出专利权纠纷的高危因子和阻却因素,并进行情境模拟实验,探索能够促成专利权保护的机制。

目 录

第一章 导 论

第一节 创新的源流与环境

我国政府在 2014 年指出：加快发展社会主义市场经济，让一切劳动、知识、技术、管理、资本的活力竞相迸发，让一切创造社会财富的源泉充分涌流，加快转变经济发展方式，加快建设创新型国家。这表明，我国在期待着全方位、高水平创新主体和创新行动。形势和任务表明，无论是企业还是科研机构，要成为创新的生力军，光有创新压力和创新冲动是不够的，还要有坚定的创新意识，摸清创新路径，构建高效创新机制，充分利用创新资源，形成创新自觉。

一、创新的历史源流

2000 多年前，中国经典书籍《礼记·大学》就提到"苟日新，日日新，又日新"。20 世纪杰出经济学家熊彼特提出著名的创新理论，认为创新主要体现在将生产要素真正组合进生产、经营、管理、服务体系之中[①]。根据创新对象和时间的不同，创新主体要涉足技术创新、管理创新、制度创新等领域。技术创新方面，曼斯菲尔德认为技术创新包含了一个引进新产品或新过程所需要的技术、设计、生产以及相配套的财务、管理和市场诸步骤，而且这种引进是第一次的[②]。在技术创新领域，创新主体的目标是通过技术攻关研发出新产品，并且根据市场

---

① 林如海、彭维湘：《企业创新理论及其对企业创新能力评价意义的研究》，《科学学与科学技术管理》2009 年第 11 期，118 页。

② 任保平、张如意：《技术创新最优市场结构的理论争论及其评价》，《西北大学学报（哲学社会科学版）》2010 年第 1 期，77-85 页。

反应持续实现技术升级,保持产品较长的生命周期。企业的技术研发工作与大学科研机构的实验室工作有一些差异,它在创新构思的孕育、创新资源的投入、创新风险的管控上更加符合经济人假设。当今,在世界 500 强企业中,绝大多数已经建设有自己的研发中心或实验室,并聘用了职业科学家,但企业技术创新最看重的不是单纯的创造新产品或者技术,而是创造商品或商业服务模式,着眼于创新成果获得市场认可,赢得竞争优势,并且为了达成战略目标进行一轮接一轮的永续创新。制度创新被发现的时间较晚。戴维斯和诺斯指出,随着市场规模的变化、生产技术的发展、人们对自己收入的预期变化,为了获得追加利益,创新者才考虑到对现存制度做出变革,而且要保证变革的预期收益超过预期成本[①]。在制度创新领域,创新的出发点是解决组织和治理方面的难题。在企业发展史上诞生了各种各样的关于企业财产、组织结构与人力资源、财务与资产、经营利润归属与分享、风险管控、企业形象与文化方面的新理念、新制度、新体系,将大量的人力、物力、财力资源牢牢吸附在企业周围,使得企业成为社会主体中的常青树,并深刻影响到经济、政治和生活。在管理创新领域,发轫于制造业的管理探索成为现代管理科学的起源,无论是企业家还是一线生产者都深知提高生产效率、节约生产成本事关企业的生死存亡和个人的收入财富,因而不断总结机器与人力、人力与人力、信息与产品、生产与流通等方面应该采取的最佳方法、流程、模式,使得企业既像一个帝国那样庞大,又像手表齿轮那样精准不紊。同时,管理创新借由学习理论的协助在产业之间、企业之间复制、改良,乃至颠覆旧做法,形成不同时代的管理风格和战略管理创新、资源管理创新、市场管理创新和组织管理创新实践。综合学界的见解,OECD 对创新的看法是:创新是一种连续的活动,它起源于对技术的利用,也涵盖着生产和营销,目的是推出新的产品与服务,赢得新的市场,获得商业成功[②]。

二、创新外部环境分析

在我国,现在有不少企业、研究机构乐于创新、尝试创新,也有一部分市场主体属于被迫创新。他们的创新决策受到经济技术、社会政治、政府导向等外部因素影响;在组织内部,又有一些创新的动力、创新的资源、创新的机制支撑他们去

---

① 魏建:《制度变迁与经济增长》,《学术月刊》2000 年第 6 期,34-39 页。
② 李正风、曾国屏:《OECD 国家创新系统研究及其意义——从理论走向政策》,《科学学研究》2004 年第 2 期,206-211 页。

创新。

(一)经济技术原因

今天创新已深刻影响到个体、民族乃至全人类。全球范围内经济、科技面貌的日新月异,创新创业者所处的生存发展环境更趋复杂,当前主导世界经济和科技发展的信息化、全球化以及智慧化趋势为创新提供了土壤。

信息化趋势使创新主体能够迅速了解内外部的政治、经济、市场变化,可以方便地进行产品、技术、管理等方面的比较,使得组织本身的战略决策与管理工作处在较好的信息氛围之中,减少信息不对称情况。信息化带来的挑战则是组织的信息也源源不断地传输到竞争者手中,组织无论是在资源、技术、产品上都可能有模仿者、追赶者,一旦在某一环节上反应迟缓,决策不灵,就可能出现一招落后、招招落后的窘境。

全球化使各类企业更深刻地融入区域、区际经济版图和各种政治、经济势力的博弈格局之中,此时的企业不仅仅是为能够接触到的客户和自身的股东改造价值,而是成为全球价值链中的一环,企业的外部市场比任何时候都广阔。而与之相随的挑战,一方面是企业的外部发展环境更加不确定,企业在"走出去"的过程中随时都有可能被其他的资本力量所狙击、俘获;另一方面,企业面对的是更加多元化的市场、对手、客户,如果不能很好地适应他们、吸引他们,就会出现情况各异的"水土不服"。

智慧化是近期学者和企业家们的一大共识。人们认识到,自然资源驱动的经济发展终将结束,必须寻找新的解决方案——而知识要素驱动是企业常青的重要依赖。自20世纪后半期兴起的信息技术革命、互联网经济浪潮到今天面临的大数据时代,一方面知识的生产和传递速度成倍增长,知识的价值无限膨胀,知识和资本的结合更加密不可分;另一方面,也深刻改变了自工业革命以来的企业经营方式、竞争方式、企业价值计算方式。今天的企业,无论所处的行业是传统经济部类还是"新经济",如果在知识的应用上没有自身的特质,不改变原有生存发展解决方案的意愿、行动,则很可能被淹没在知识经济浪潮之中。

(二)政治社会原因

当前世界的政治和社会发展中贯穿着改革精神与行动,既刺激也倒逼着各种类型的组织开展创新。

20世纪后半叶在西方政府管理领域兴起的新公共管理运动,批判了旧式政府管理的沉闷、低效、浪费,倡导引入民营部门的管理思维和风格,执行客户导向,划清政府的统治职能和服务职能界限,将管理行为转变为治理行为。在经济领域,为克服经济周期的影响,各个经济体进行了各种改革试验,在宏观上力图重塑政府参与和干预经济的方式,并积极吸取新兴的技术、管理成果,形成了一股新经济潮流,强化了全球化趋势。在社会生活领域,人们的交往方式、社群构建和维系方法发生了深刻变革。整个人类社会处在前所未有的变革浪潮之中。

在我国,历时 40 余年的改革开放大幅度解放和提升了生产力,彻底改变了资源配置方式,造就了较为完备的市场环境和活跃的市场氛围,使中国经济生机勃勃。在中国经济的贡献元素中,人口红利、资源红利、改革红利等经常被提及。现在我国政府非常看重改革红利。企业是改革的主要驱动者和受益者。改革开放前,中国企业的所有制形态非常单一,对政府的依附性非常强,活力明显不足。在改革中,中国企业得以迅速成长壮大,一方面源于中国企业善于运用丰富资源和低劳动成本优势,抓住国际产业升级的机遇;另一方面,中国企业开展了大量的技术创新、制度创新、管理机制创新、主体创新、行为创新,创新和改革形成一体化趋势,即凡改革就有创新,以创新助改革措施落地。李克强总理在多个场合提出,要以改革红利来接替过去经济增长所依赖的人口红利、资源红利。这种判断对于企业的启示在于以下几方面。

第一,相比资源红利和人口红利,改革创新带来的红利是不竭的。经济增长离不开要素驱动。一方面,以自然资源耗竭为代价的高速、粗放的增长模式越来越受到资源贫乏的制约,甚至演化为资源环境危机,必将让位于以知识经济、智慧产业为代表的一些新经济形态,而创新是这种新经济的内核;另一方面,在各种生产要素的竞争中,人力资源的排他性地位相对下降,低成本优势出现动摇,不少劳动密集型产业转向"以机器换人"。同时,随着人口老龄化趋势加剧,劳动力供给由充裕转为紧张,人力成本还会攀升,劳动者后续的养老、医疗负担会侵蚀掉人口红利。

第二,创新手段和改革路径联合运用,使得改革红利的含金量更高。首先,有了改革的机遇和氛围,创新才有了舞台。改革始于解放思想,打破禁锢。思想的活跃成为创新的土壤。改革号召各尽所能,允许各种做法摸着石头过河,制度的宽容扩展了创新的空间。改革提倡实干,设计实用路径,使创新创富备受激励。我国的实践证明,改革开放以来恰恰是我国创新最活跃、成果最丰硕的时期。[①] 其次,有了创新的催化,改革的速度和红利大大超过预期。40 多年来,我

---

① 迟福林:《改革红利》,中国经济出版社 2013 年版,18 页。

国在各大领域推行的改革措施中,创新程度高的,甚至是完全创新的措施的比例相当高。在企业领域,改革给混合所有制经济发放了通行证,而创新令这一群体如虎添翼,以阿里巴巴、淘宝为代表的中国电子商务企业,借助改革势能,在创新驱动下,创下了上百亿美元的日成交金额的商业纪录,体现了改革和创新红利的双重威力。

三、创新场域中的偏差因素

从改革的眼光看,当前我国各类主体实施的创新存在一定的偏差因素。欧盟统计机构对创新障碍进行了归类,将其分为风险和资金、组织内部知识技能、组织外部知识技能、规则四类。其他研究显示,目前的创新障碍包括:风险大、缺乏资金、研究与开发能力不足、人员素质差、缺乏市场情报、对外界应变能力差、创新易于模仿[1]。对于处在改革环境中的中国创新主体而言,较明确的创新偏差因素主要有:

(一)对创新国策的理解不深不准

创新成为我国国策时间还不长,创新主体尤其是中小企业对创新的益处认识还不充分,尤其是大量在产业链分工上处于中低端的中小型企业,还习惯于资源依赖型、劳动力密集型的增长方式,对于转型、创新还缺乏敏感性和紧迫感。

(二)创新意愿不稳定

当前我国经济发展环境较为复杂,外需萎缩、人民币升值、外贸摩擦、内需不稳定、原材料、人工成本上涨等因素,使大批原材料和市场两头在外的企业陷入被动。在不景气情况下,不少企业选择收缩经营战线、压缩开支,对创新的支持弱化,使创新人员的创新欲望、工作态度以及创新成果受到不同程度的影响和制约。

(三)创新方向选择模糊

在技术创新、管理创新、制度创新等维度上,我国创新主体多关注技术层面,管理创新相对滞后。在技术创新的内源性创新和依靠外部力量创新方式选择上,一些企业比较倾向买设备、请专家等方式,偏好短期内出产品、抢市场,对长

---

① 杨艳、朱恒源、吴贵生:《我国企业创新能力的结构与演进》,《经济管理》2007 年第 9 期,30-34 页。

期性的科技攻关的人员、资源投入不足。

(四)创新深度有所欠缺

知识产权是衡量创新水平的直接指标。在自主研发和政府专利资助政策的共同驱动下,我国知识产权工作进展迅速,目前在专利申请量和授权量上有良好的表现。但进一步的分析发现,我国专利存量中核心性的发明专利占比较低,向境外申请专利数量偏少,有效专利比例不高,专利数量高于专利质量,这些都说明我国技术创新还没有实现飞跃性的突破。

第二节　创新的动机与自觉性培育

一、创新动机分析

根据新行为主义的解释,行为是按照刺激—反应—行为(S-O-R)系统构建,由刺激引起的。这种刺激不仅来自内部因素,还来自外部环境。动机的产生一般有三条途径:由强烈的内在需要引发动机;由强烈的外在诱因触发动机;由内在需要和外在诱因联合引发动机。以企业为例,综合理论研究和管理实践,可以判定政策导向、市场选择、国际环境、技术变革、客户创新体验等外部因素以及来自股东、管理层、员工等内部因素,加上企业文化、创新成本、创新风险等关联因素,对企业的创新动机有抑制或者刺激效应。举要而言:第一,企业规模方面。梅耶斯和马克维斯的研究表明,规模不一的企业在创新活跃程度方面的表现没有太大差别。曼斯菲尔德也持近似的观点。其中最有力的支持证据是在 21 世纪以来,重要的技术创新过半数都来自中小企业。第二,来自市场的因素方面,阿罗认为,完全竞争的市场与垄断市场相比,前者更容易强化企业的创新动机。卡曼和施瓦茨则认为,在介于垄断和完全竞争之间的市场结构、市场竞争状况、产品差异程度、企业规模和进出市场障碍下,企业的创新是比较活跃的[①]。第三,企业家方面,有人认为企业家独到的眼光能够看到创新带来的盈利机会,从而倾向创新,但企业家也必须考虑一些财务因素,企业的盈利预期、财务状况、设

---

① 张根明、温秋兴:《企业创新:激励体系与企业创新能力关系研究》,《科学学与科学技术管理》2010年第 4 期,126 页。

备的新旧程度和销售状况,这些都会不同程度地影响企业家的决策,甚至拒绝创新。第四,其他常见的因素。例如,研究表明,社会需求、政府的奖励和宣传往往成为创新的诱化器等[①]。

通过管理学中的生命周期理论,可以更好地理解创新动机。生命周期来自营销学中的产品生命周期概念,如研究者发现,在产品的导入期、成长期、成熟期及衰退期等阶段,它们的策略规划与产销方式会发生转变。随后,技术生命周期也被提出。研究者提出了可以将创新分为浮动期、转换期、专业期等阶段。相比之下,产品生命周期关注在相同或不同技术基础上,产品销售额的影响与变化。技术生命周期则关注技术变化对企业策略的影响,以及技术本身的绩效变化过程。也有研究者将上述两种周期整合起来,区分出新产品、成熟产品与标准化产品三阶段。或者依据这一过程绘制出萌芽期、成长期、成熟期、衰退期的 S 形曲线[②]。不同行业的产品在每个阶段上花费的实践和创新的努力程度有所差异。如电子业,3—4 年即形成成熟产品,而造船业则需要 15 年。生命周期理论既可以解释宏观经济的运行周期,也可以解释产业的进化、企业盛衰的发展历程。任何产业都会随着行业景气值高低、市场容量大小、技术进步快慢呈现不同的走势,恰如经济学家描述的夕阳产业、朝阳产业。任何企业都是产业链或价值链上的一环,无法抗拒这一规律。而企业家的愿景是基业长青,成为"百年老店"。要做到这一点,唯有在顺应企业生命周期的基础上,确保企业在产业链中上升或进入新的、更有生命力的产业链,这就必须有目的、有节奏地实施创新,因而企业富有创新的动机。生命周期理论还对当前传统产业与新经济并存和面临不同挑战带来了启发。传统产业仍旧有稳定的需求和合理的产出方式,有些则是依靠路径依赖来存续,在技术创新上仍有空间,它的创新是适应稳定性节奏的;而来势汹汹的新经济能够在资源投入上获得更多青睐,但其制度基础、管理基础还需要加强,相比较而言,它对创新的风险幅度更大,有时甚至是颠覆性的。因此,组织要根据所处的产业圈、产业发展节点做出相应的创新抉择。

二、创新资源的聚合分析

在中国强大创新氛围的驱使下,可以预见,越来越多的资源将被纳入创新的

---

① 陈青蓝:《浙江企业发明专利申请行为影响因素分析》,浙江大学硕士学位论文,2013 年。

② Abernathy W J, Utterback J M. "Patterns of Industrial Innovation". *Technology Keview*,1978, 80(7),p. 40-47.

链条,尤其是人、财、物、技术、信息五大要素。第一,人的角色可以分为两种:提供创意的人和将好的创意变成创新成果的人。相比传统的工程师、研发人员队伍,我们可以发现,企业、研究机构的其他职能部门的人员对创新活动的影响力和贡献在逐渐增大,出现了全员创新的势头。同时,来自组织外部的经济、社会网络中的利益群体也可能成为创新思想的提供者或者先行者,比如顾客、供应商甚至竞争对手。第二,财的来源更为广泛,除了研究发展投入、政府的专项技改基金、科技资助资金、银行信贷资金以及近年来风靡的风险创投资金都可以为创新主体所用。第三,技术创新所需的场地、设施、设备仪器和材料可以是创新主体内部所有,也可以利用科技企业孵化器、区域性仪器设备共享服务平台、社会办中试基地等。十八届三中全会专门提出公共科技资源向全社会开放。第四,创新可以利用的技术资源越来越多地表现为专利和非专利技术。由于专利技术先期公开但利用专利技术受到约束的法律规则的存在,所以对专利技术的吸取和集成需要在法定程序和幅度下进行。第五,技术信息和市场信息是创新活动必须重点掌握的信息源,前者帮助创新主体选择合理的创新技术路线和实施方案,后者帮助创新主体选择正确的产品方案和产品应用领域。无论是哪种模式的创新,都需要做到对创新资源的搜索、获取、整合、利用,也要兼顾创新资源的流动和动态更新。同时还需要将上述资源在创新主体的外部(上下游组织之间、组织与客户之间、组织与政府之间、组织与研究部门之间)和组织的内部进行交互和行为整合,构筑合作性创新氛围。

三、促成创新自觉的机制分析

创新是调动组织内外部资源的系统性工程。在创新的演进过程中,比较关键的机制包括以下几种。

(一)创新内部协同机制

国外学者用非线性理论揭示了创新过程整体协同运行机制以及技术经济协同进化范式[①]。创新的协同本质上是创新系统内部的建制过程,是在一定的创新文化氛围驱动下,系统内部各个分组以创新为中心协同响应,促进创新的发生与涌现,使创新趋向于自觉。这种协同意味着组织战略、组织文化、组织制度、技

---

① 白俊红、陈玉和、李婧:《企业内部创新协同及其影响要素研究》,《科学学研究》2008 年第 2 期,109 页。

术各层面的协同,而不再是技术部门单一主导创新。这种协同更重要的意义是消除存在于组织内部的创新阻力。

(二)创新激励机制

创新的激励机制是激励主体——组织所有者和管理层与激励客体——组织技术创新人员通过激励因素相互作用的方式,可以细分为精神激励和物质激励体系两个方面[①]。创新人员的创新欲望、工作态度以及创新成果都会受到各种各样条件的影响和制约,光有创新口号、创新战略是不够的,能否持续创新很大程度上取决于组织内部能否有一整套激励制度来激发员工推动和参与创新的积极性。

(三)创新的互动"自反"机制

创新的互动"自反"机制源于企业—政府—科研部门在创新过程中的三重螺旋模式,传统上的创新是科研部门(高校)—企业(产研关系)两极支撑,而随着知识创造和制度变革,政府加入进来,形成了产政研关系[②]。研究界、企业和政府的交叠成为创新的供应源,每一方在完成自身使命的同时,还要扮演其他参与者的角色,为创新倾注更多的精力。比如政府,由管理角色转变为资源提供者、服务者、创新保障者的角色;比如研究部门,本身就在酝酿企业化、产业化。有了这一机制,企业可以方便地把外部创新资源引入,使得企业的创新成果向外转化、输出更加便利。

(四)创新的保障机制

保障创新可以调动人才、资本等要素。前述组织创新的内部协同机制和产政研互动机制主要着眼于此方面的规划,如美国推出的小企业创新研究计划(SBIR)和小企业技术转移计划(STTR)。

保障创新更需要法律手段。知识产权法是对包括发明创造在内各种精神财富的全面保护解决方案,是保护技术创新的核心。当前,知识产权保护成为全球潮流,尤其是世界贸易组织通过《与贸易有关的知识产权协议》(TRIPS 协议)后,知识产权对创新的保障起于创新之前(如依法进行专利检索),贯穿于创新的整个过程(如全面保护专利技术和非专利技术),知识产权保护覆盖到可见的产品和不可见的方法专利,用于工业流程的专利和适用于传统领域的植物原产地

---

① 张震宇、陈劲:《基于开放创新模式的企业创新资源构成、特征及其管理》,《科学学与科学技术管理》2008 年第 11 期,61 页。

② 涂俊、李纪珍:《从三重螺旋结构看美国中小企业的创新政策》,《科学学研究》2006 年第 3 期,41 页。

保护,等等。创新者可以通过申请授权、申请强制许可,申请禁令、依法许可、转让、提出知识产权救济等手段保障创新的成果。

(五)学习机制

通俗的经济管理观提出组织的硬实力和软实力话题,而管理理论将其上升为组织能力理论[1]。软实力其实就是针对组织的创新能力,可以将组织创新能力简明地划分为技术相关的能力、市场相关的能力以及整合能力。技术能力存在于研究开发、产品设计、生产制造等环节;市场能力则体现在产品设计、产品营销、销售执行等行为中。通过技术能力与市场能力的矩阵组合,可以判定组织的创新突破口在哪里。比如,在专业化分工不清晰的市场中,生产和销售是组织的重要创新目标;在同质化产品竞争的条件下,组织要把创新注意力转移到开发差异化产品上来,在产品的性能、外观设计、用户界面上进行创新。新兴的学习理论则提出,组织的吸收能力越强,对外界环境的经营掌握能力也就越强,就越有机会把竞争对手的外溢知识引进企业内部,这些知识可以被用来加强组织的创新能力。与吸收能力密切相关的是整合能力,因为吸收的知识必须融入现有的知识结构中才能发挥作用,需要将不同的知识进行融合、转换、集成。不乏这方面的例子。比如浙江省的沁园集团在 1998 年研发成功世界第一台饮水机专用净水器后,没有满足于已经取得的市场地位,而是进一步增强研发投入,研发出的无热胆速热型饮水机打破了欧美发达国家在水家电领域的垄断地位,通过创新能力实现了从行业的追随者到行业的领跑者的重要转变。目前集团共拥有200 多项专利,并向外授权使用专利 100 余批次,成为创新高地。宁波市东方电缆公司在拥有尖端产品后进一步调整创新战略,通过抓住标准制订的主动权来占据行业的制高点。从 2004 年东方电缆公司开始参与国家标准制订工作,2008年由公司作为第一负责主持单位起草大长度海缆行业及国家标准,开电线电缆行业以企业为主制订行业及国家标准的先河。

---

[1] 李贞、杨洪涛:《吸收能力、关系学习及知识整合对企业创新绩效的影响研究:来自科技型中小企业的实证研究》,《科研管理》,2012 年第 1 期,89 页。

第三节　创新产出的多维度分析

　　创新的成果,既外化为实际的商品、技术方案、服务模式,但最有价值、最具代表性的部分应当是创新所运用和凝练的智慧。这种智力活动代表了创新的本质,决定了创新的高度和深度,昭示着创新的活力。几百年来,无论是政府还是业界都认识到,保护创新,不能单单保护创新成果的外壳,还要善于保护创新思维和创新智慧。要扶持创新,不但需要从经济上激励,而且需要从名誉上褒扬,从与创新紧密相关的知识产权范畴破冰而出,并发育、分化出不同的分支。

　　知识产权是一个跨界范畴,已成为跨越法律、经济、社会的现代文明制度的标志之一。经济学、社会学、法学、伦理学、哲学等多门社会科学讨论了知识产权的概念、属性,研究了知识产权的过往是什么,在未来的人类历史发展进程中,知识产权的将来会是怎样。相较之下,法学领域对知识产权的认知较为一致,也是分析知识产权的基石。比如比较公认的看法是,知识产权是指在科学、技术、文化、工商等领域内,人们基于自己的智力创造成果和经营管理活动中标记、信誉、经验、知识而依法享有的专有权利。在经济、道德伦理层面,还可以针对知识产权范式进行更多的复合性诠释。

一、以法律和经济相结合的眼光看待创新的产出

　　不可否认,各类创新创造活动绝大多数背后有经济动因,这些诱因比针对外部行为的法律规范隐藏得更深。而且,创新的行动和成果对于经济的重要性正在不断加强。研究者曾估算,1978 年企业的价值有 80％为有形资产,20％为知识产权等无形资产;而到了 1988 年,有形资产骤降为 45％;到了 1998 年,有形资产仅存 30％。[①] 在文化产业、生物技术、信息技术引领下,一些新经济色彩的公司更是实现了无形资产的颠覆性革命。老牌企业迪士尼公司有形资产占 20.7％,3M 公司有形资产为 16.1％,而微软公司与雅虎公司有形资产仅分别占

---

　　① Sullivan P H. *Value-Driver Intellectual Capita*: *How to Convert Intangible Corporate Assets into Market Value*. New York: John, Wiley & Sons, Inc2000.

0.3％与 0.0％①。因而,用一些经济学的眼光来看待法律原理或许能更清楚地阐释其本质。罗伯特·库特尔、托马斯·乌伦等专家主张法学界人士不要仅仅集中于法律的强制性理论或者是法律规则的文学和解释学描述,应该学习用经济学的理性选择方法来思考人类行为的效用最大化问题,从关于公平、正义、公正之类的争执转变为有关效用、效率、成本等方面的讨论。波斯纳曾说过:"你认为是法律领域,我却可以用价格理论的基本原理向你阐释其内在的经济含义。"霍姆斯大法官也预言道:"理性地研究法律,现在的主宰者虽说还是'白纸黑字'(Black-letter man)的研究者,但是未来将属于统计学家和经济学家。"②

迄今为止,法和经济学的关系席卷了产权、公司、非营利组织、政府、政党、教育、家庭、犯罪、惩罚、人类学、历史、信息、种族和性歧视、隐私,甚至包括动物行为等领域③,知识产权也囊括其中。那法律经济学的独特之处在哪里? 抑或我们应当如何运用法经济学的工具来考量知识产权? 我们认为,法与经济学的灵魂在于从经济学的角度看法律,从法律的角度看经济学。尤其是前者,可以弥补法学理论所不够重视的行为理论和规范标准的缺憾。著名的法与经济学家戴维·弗里德曼认为,对法律的经济学分析,涉及三种不同的但相互关联的论题。第一是运用经济学语言法律规则的效果。第二是运用经济学判定何种法律规则在经济上是有效率的,以便建议应当采用何种法律规则。第三是运用经济学预言法律规则的演化和发展。法律经济学的惯常逻辑是查尔斯·罗利所认为的"运用经济理论和计量经济学方法检验法律和立法制度的形成、结构、过程和影响"。从知识建构的角度看,法律和经济学在政策设计上有着接近的历史传统、社会演化过程和社会规范化影响。比如可以将立法制度设定为经济体系之中的一个变量,利用其他经济体系的构成因素来审视立法变迁的效应。根据这种思维,可以得出只有政府才能产生规则,通过这一规则一个社会才可能进行自我治理的结论;也可以获得在"君主"界定了产权之前,私人秩序是不可能产生的认知。又如,权利的界定主要取决于资源的稀缺性和从事这些稀缺资源开发的个人成本—收益。而这些权利的确定完全是屈从于个人选择的,属于个人权利,而

---

① Smith G V, Parr R L. *Valuation OfIntellectual Property and Intangible Assets*. 3rd ed. New York: John Wiley & Sons, Inc. 2000, p. 131-147.

② 秦海:《法与经济学的起源和方法论》,载吴敬琏主编:《比较》(第五辑),中信出版社 2003 年版,151-176 页。

③ Coase R H. *Essays on Economics and Economists*. Chicago: The University of Chicago Press, 1994.

其他的权利则是公共权利[①]。

　　关于知识产权的法与经济学可以回答整个社会在一个知识产权立法框架下运行可能产生的成本和收益，以及维护知识产权体系持续运行所需要的一整套装置，其中引人深思的可能包括以下几个方面。

　　第一，知识产权有没有价值的问题。一般性的看法是，知识产权及其保护是有正面收益的。知识产权保护的获益者是市场。它既包括知识产权转让以及专用权许可的无形市场，也包括运用专有技术、标识或设计而增值的有关商品或服务而形成巨大的生产销售和经营市场。既包括已有的市场份额，也包括进入市场的权利。但在认可知识产权对市场完善具有正向的加分效果的同时，也有部分法律经济学的研究认为知识产权的价值并不如预期的好，甚至有负面影响。McMillan 和 Thomas 研究美国 35 家生物科技公司在股市上成功的表现时意外发现，这些成功并不是来自为数众多的专利申请与授权，而是拜公司体制所赐[②]。Feldman、Feller 和 Burton 等人在研究大学技术移转中发现，超过一半以上的技术被授权者并不希望大学将其所研发的技术申请专利，而是以营业秘密的态样授权使用[③]。Toivanen、Stoneman、Bosworth 等针对 1989—1995 年间英国企业的创新及其市场价值进行研究，探索企业研发和专利等无形资产的市场评价时发现，一旦考虑到研发的影响，专利对市场价值就有负面影响产生，因为专利表现很难将利润返回投资与创新，同时提出，反映创新资产的变量中一旦包括其他资产，专利对市场价值就没有什么作用[④]。在台湾数码相机产业管理者的研究访谈中，业者认为由于产品生命周期过于短促，专利在此产业中用途不大[⑤]。在 6031 笔专利数据中，绝大多数专利申请需要两年以上的审查时间，平均审查时间约为 3.5 年。因此在权利保护上形成了一段真空期。而在技术快速发展的现实环境下，甚至会出现专利申请尚未核准，该技术可能已经丧失市场价值，使得创新努力收不到应有的回报的情况。基于这种困境，一些国家和地区的

　　① Epstein R A. "Law and Economics: Its Glorious Past and Cloudy Future". *University of Chicago Law Review*, 1997, p. 1167-1174.

　　② McMillan G S, Thomas P. "Financial Success in Biotechnology: Company Age Versus Company Science". *Technovation*, 2005, 25(5), p. 463-468.

　　③ Feldman, Maryann, Irwin Feller, Richard Burton. "Equity and the Technology Transfer Strategies of American Research Universities". *Management Science*, 2002, 48(1), p. 105-121.

　　④ Toivanen. "Innovation and the Market Value of UK Firms, 1989—1995". Oxford Bulletin of Economics and Statistics, 2002, 64(39), p. 39-61.

　　⑤ 耿筠、高芳真：《在生命周期短促下的专利保护》，《科技管理学刊》1997 年第 3 期，131-155 页。

专利审查规则中出现了对涉及国家、地方政府重点发展或鼓励的产业,对国家利益或者公共利益具有重大意义的申请,或者在市场活动中具有一定需求的申请等,由申请人提出请求,经批准后,可以优先审查,并在随后的审查过程中予以优先处理的"后门条款",明显体现了以经济目的来驱动法律指挥棒的特色。

第二,知识产权侵权争议问题。按照法律经济学者的看法,民事法上在确立的各种责任方式时,存在着一个相互竞争性问题。按照汉德公式(Hand Formula),即只有在潜在的致害者预防未来事故的成本小于预期事故的可能性乘以预期事故损失时,他才负过失侵权责任。(B<PL;其中 B 代表预防事故的成本,L 代表一旦发生事故所造成的实际损失,P 代表事故发生的概率;PL 代表事故的预先损失)过失责任是有效率的。但如果假定在不确定情形下人类行为会偏向最优化,即一个人即使对某种损害负有不应逃避的责任时,他也只会选择承担有效的预防成本。那么,似乎不需要计算上述公式中的 B 和 PL 的差异,因为 B 永远会小于 PL[①]。在这种情况下,对多个过错责任之间竞争的判别成为裁判者必须面对的问题。在知识产权司法实践中,有些案件与之出现了吻合。如"沃尔玛公司诉童小菊、家之宝公司商标侵权及不正当竞争纠纷"一案中,原告沃尔玛公司要求法院认定其第 35 类"推销(替他人)"服务项目上的"沃尔玛"文字注册商标为驰名商标,请求获得跨类别保护。法院虽然认定该商标为驰名商标,但因为在第 11 类"灯"等商品上已经有案外人顺德康福尔电器厂先注册了近似商标"沃尔玛 WOERMA 及图",所以法院根据《商标法》对商标专用权立法原意的解释,认定在同类同种商品项目上只存在一个商标专用权,即使驰名商标的保护范围也不能跨入该类别项目[②]。沃尔玛公司期望的商标保护能帮助其排除市场上的伴名牌效应,消除其商标存在的外部性。从效率角度看,将沃尔玛这样一个有可溢价的商标资源配置给一家非关系企业,可能没有实现最大化的效率,但司法者最终没有强制将这个商标回归给沃尔玛公司使用,没有遵循某种固定的"均衡"。

第三,知识产权的利益博弈。在知识产权的保护方面,研究发现了一些尴尬的结果。如调查表明,文化程度、收入多少与盗版购买成正比,善于创造知识产权的科技人员是盗版的最主要购买者。又如,企业之间的人员流动中经常出现不同程度的技术外溢甚至窃取商业秘密的现象。应如何看待这种现象呢?不妨

---

① Rizzo M J. "Law Amid Flux: The Economics of Negligence and Strict Liability in Tort". Journal of Legal Studies,1980,9(2),p.291-318.

② 郝锐:《最高法院公布十起"驰名商标司法认定案例"》,新华网 2005 年 4 月 27 日。

看看艾伦·施密德所说的:"一个人不能仅从自己的立场出发把别人的行为说成是偷窃。人们从交易中得到的东西,不仅来自他自己对生产、保护、行窃的选择,也取决于别人的仁慈,而仁慈基本上是依赖于人们对公正性的伦理选择。如果违背了任何权利制度赖以存在的公正性,那么交易所得仍是一种幻影。"[1]知识产权内部始终存在着创造者和利用者的利益冲突。一方面,知识产权权利人希望所获得的产权收益符合其对社会的贡献;而另一方面,使用者则强调知识产权收益的普惠性,让人们以最低廉的成本来获得知识产权。两者间的矛盾冲突集中表现在专利方面。在企业中最有价值的知识产权是专利,它既可以保护研发成果的排他权,也可以使企业乐于研发,愿意为研发投入资源。拥有专利权的公司在企业的竞争力、获利能力、企业估价、技术保护能力、公司购并、技术授权、资产评价、专利让与、侵权诉讼等活动中都会具有优势。通过标准、专利、产品层层授权换取权利许可收入已经成为部分企业获利的重要来源。在 20 世纪 90 年代,全球专利授权费用已达到 1000 亿美元,随后更是成倍增长。[2] 从发展眼光看,科技进步环境下出现了专利权扩张的趋势,越是新兴的、尖端的科技成果,其专利权保护越严密,许多新的智能成果被纳入专利权客体,这使人们运用知识产权产生了社会分层和道德约束,如克隆、转基因技术。调查也表明,知识产权行业(尤其是专利)中垄断和暴利现象相当普遍。如何纠正知识产权保护在某种程度上偏离的合理的轴心价值的倾向? 不妨思考一下波斯纳的看法:"立法机关拥有强有力的财富再分配工具,因此,一种有效率的立法与司法之间的劳动分工就是使立法部门集中处理利益集团的财富再分配要求,而司法部门集中关注基础更为广泛的社会要求,即以效率的规则来保护安全、产权和交易。"[3]

二、以法律和伦理交叉的眼光看待知识产权

对知识产权进行伦理研究的研究者认为,知识产权自产生之日起就伴随着责难与非议,这是其他一些财产性权利所没有的。深究不同社会条件下的知识产权价值观与伦理观,有几个显著问题得到了持续的关注和争议。

---

[1]　Posner R A. *Economic Analysis of Law*. 3rd ed. Boston:Little，Brown and Co.，1986.

[2]　Berman，James D W. "I Positioning IP for Shareholder Value". *Managing Intellectual Property*,2002,5(117),p.41-47.

[3]　Posner R A . "The Law and Economics Movement". American Economic Review,1987,77(2):1-13.

首先,知识产权是否应受到伦理的规范与约束?没有一定的伦理观支撑,知识产权制度能否有效运行?舒尔茨提出,经济的增长日益依赖于有益的知识的进步,对那些能够生产与分配知识的制度需求会转向对其权利的需求。[①] 权利的需求带来了权利、义务主体间的伦理交集。从知识产权的获得、行使、受益和权利保障与恢复等环节看,的确存在着不同程度的伦理困境,知识产权获得或者说被授予是知识产权运行的起点,也是伦理问题最多的领域。创造性的智力劳动应当匹配怎样的权利、创造者的劳动会不会被异化?在创造性劳动之外,比如通过收购,能不能获得等值性的知识产权?在被雇用状况下,雇主和真正投入创造性劳动的创造人之间的权利归属分配怎样才显示其公正?知识产权的行使包括使用与转让等类型,知识产权权利体系往往花费大量的篇幅规范它们,但研究者也认为知识产权的行使中包含的众多伦理现象和伦理标尺不尽如人意。知识产权人行使权利的自主性尺度如何?在社会意义上、群体意义上、个人意义上如何判断知识产权人的行权行为是否有害,有没有涉及影响人的自由与自主、人的价值与人格尊严以及人的自我实现方面的疑问?知识产权的收益是知识产权的核心权利,知识产权收益分配是知识产权伦理问题的焦点,知识产权收益如何做到正当分配,创造价值与获得收益是统一还是进行区隔,差别性分配的边界在哪里?[②] 是否会令不同影响对象间的公平与效率产生冲突?知识产权的保护是知识产权的派生性活动,但关乎知识产权的根本,知识产权保护的伦理是基于效率考虑还是基于公正考虑?知识产权保护需不需要考虑知识产权人对社会的贡献?知识产权保护规则制定者角色是否中立?

其次,知识产权伦理的具象化问题。伦理被披上道德的外衣,会不会提高伦理的约束力?知识产权道德意识是知识产权主体内在的有关知识产权的道德良知和自律性行为准则,是一种普遍性行动,它显示着知识产权关系伦理秩序已在主体意识中扎根,而且知识产权价值、知识产权伦理原则被社会承认和捍卫。通过知识产权道德水准的高低,能否判断知识产权政策与法律制度的受欢迎程度,是否意味着某一社会环境下社会公众的共同利益、要求、意志的反映和表达倾向,能否根据其普适性程度来计算知识产权保护在多大概率下会得到实现?从逻辑上看,知识产权道德既可以是个体性的,也可以是高于个体目标的理想、规则意识。知识产权要和谐健康地发展,必须使社会成员遵循其基本伦理原则,采

---

① 凌斌:《界定成本问题:科斯定理及其推论的澄清与反思》,《中外法学》2010年第1期,104—121页。

② 杨震:《法价值哲学导论》,中国社会科学出版社2004年版,105页。

取与知识产权道德标准一致的行为。但从殃及全球的知识产权侵权态势看,早年全球软件盗版率最高达到 38%,全球使用的 PC 软件中,超过 1/3 为盗版,其中包括那些知识产权立法度高的发达国家,这说明知识产权的道德水平并不必然指征着知识产权保护的水准。在打通形而上的道德和实而上的知识产权保护之间的隔阂上,还需要有旁侧的效应。

再次,知识产权伦理学研究者的愿景是,当人们树立正确的知识产权伦理观,形成了一种内在的自律机制,确立了尊重、维护他人正当知识产权的道德精神时,知识产权侵权就会大大减少,知识产权立法、执法、司法所带来的社会成本大大降低,知识产权运行效率大大提升①。同时,健全的知识产权伦理规范将有效地调节和规范人们的知识产权关系,减少知识产权交易中的矛盾冲突,促进知识产权的发展,从而促进知识资源的优化配置,提高知识产权运作效率。但这种伦理路线的实现机制、保障条件靠什么? 如果人们不承认或不正视事关知识产品的人和物之间,事关权利利害的任何人之间所存在的产权约束,那知识产权伦理的建构将非常空洞。在我国知识产权法建构趋于完成的同时,有悖知识产权保护愿景的现象还没有刹车迹象。在主要知识产权类型中,侵犯著作权的盗版现象最为触目惊心。曾经有数据统计显示,我国国民有购买盗版出版物习惯的比例保持在 40% 以上,从中小学教材到畅销书,从工具性计算机软件到影视作品,从国内市场消费品到供应给外国市场的商品,从受教育程度较低的民众到接受过良好教育的专业技术人才,被称为"山寨"产业的多为盗版行为,盗版每年给国内相关创意产业权益造成的损失初步估算达到上千亿元,而权利人每年从侵权行动中获得赔偿额不及其百分之一。从这种现象看,相当多数知识产权消费者的伦理限度是非常之低的,或者说具有权利认知的人在道德感和法律敬畏感方面完全让位于利益抉择②。知识产权伦理也关注知识产权权利代价问题,针对知识产权保护的社会成本,需要将社会的法律制度及其执行机构、政府的职能与活动为保护知识产权的付出计算在内。就降低这种成本的耗费而言,伦理能否发挥作用还有不同的看法。一方面,当前经济和信息发展的全球化趋势下,知识产权已日益突破其地域性限制成为一项国际性权利,发达国家凭借技术和知识产权制度运用上的优势地位,对知识产权国际保护采取积极态度,并在全球范围内推广自己的知识产权标准。按照发达国家伦理塑造的知识产权制度,其成

---

① [英]彼得·斯坦、[英]约翰·香德:《西方社会的法律价值》,王献平译,郑成思校,中国法制出版社 2004 年版。

② [美]范伯格:《自由、权利和社会正义》,王守昌等译,贵州人民出版社 1998 年版。

本将更为高涨,也不能判定这种伦理的无害性。另一方面,当前知识产权成为国家安全与核心利益的一部分,国家也成为不遗余力维护本国知识产权的代言者,公共政策制定者认定的伦理与知识产权运行者看待的伦理之间的落差应如何协调? 这些问题终将落脚于知识产权的发展和保护过程中,要通过认知和实践逐步地走向互洽。

第二章　以创新方法为驱动的
专利创造路径分析

创新是科技发展、专利权规范化的驱动力和催化剂。没有创新理念,很难帮助科学技术成果走出实验室,很难将科学技术优势转化为产品和专利权优势。没有创新人才,中国制造将很难摆脱低端、低质量、低竞争力的帽子,中国制造升级为中国创造无从谈起。以发明问题解决理论(TRIZ)为代表的创新方法理论最早来自国外。科技管理研究人员分析了全球范围的数百万种获得专利权的科学发明,进行规律总结,从中寻找有共性的发明思路、攻关方法,经常使用的理论和模型、经典解法等要素,进而总结出一套创新方法。这种理论与以往的技术研发有很大的不同,它减少了经常出现的试错环节,使研发更有针对性。同时,它有清晰的路线,不像以前的有些发明靠的是发明者的一时灵感。目前众多世界知名企业都已经在研发设计流程中应用创新方法来解决设计难题,提高产品研发效率,降低研发成本。自 2008 年《关于加强创新方法工作的若干意见》以来,我国面向企业、科研机构、教育系统三个群体推进创新方法工作正式启动,关注创新方法、践行创新方法的社会氛围正在形成。

然而,我国各个地方的创新方法咨询和实训工作发展不均衡,对于技术成熟度预测、技术进化模式与路线、冲突解决原理、效应及标准解等 TRIZ 中成熟方法的理解和运用存在着较大的差异;在技术创新方法知识库建设、创新成果专利权化方面单打独斗,熟练掌握创新方法培训的人才比较匮乏。因此,将 TRIZ 理论等国际先进的创新方法与中国本土需求相融合,搭建创新方法咨询实训平台,组织实施长期稳定、较大规模、创新方法与自然科学理论密切衔接的创新方法实训和咨询工作具有现实紧迫性。为此,笔者欲探索创新方法咨询实训平台的组建机理以及针对区域产业特点的创新方法平台运营的设计方案,主要解决创新方法咨询实训平台中的管理方法、管理机制、培训技术等具体问题。

第一节　创新方法理论源流考察

创新方法理论源于国外,其核心可以表述为矛盾及问题。矛盾主要针对两类——技术矛盾和物理矛盾。技术矛盾关乎参数改动,一动则皆差。物理矛盾则类似于中国传统文化中的水火之势。矛盾进而引出问题,即一项技术的设计状态与理想状态总是难以相符。为了扭转这种偏差,实现理想的状态,需要分步骤地解决问题。创新方法理论中具有代表性的 TRIZ 理论规模庞大,理论深邃,积累了大量的技术系统进化原理、理想解决模型,诸多的发明原理、通用参数、矛盾矩阵、分析框架、模型、解法、算法等。在理论框架下,研究者对 TRIZ 理论做了进一步的发展,形成了若干种基于 TRIZ 理论的创新方法论,即 WOIS 理论、PI 理论、MIS 理论。① 在 TRIZ 理论所贡献的解决发明问题的基本思路方面,大多数学者根据所选定的 TRIZ 工具或工具组合,将具体问题标准化,然后将标准化的具体问题抽象化,并寻找抽象化问题的解决方案,随之将抽象化的解决方案根据具体问题转换为具体解决方案,即具体的技术创新方案。研究者对创新方法理论给予了很高的评价。有学者估算,掌握创新方法理论的科技人员与未掌握创新方法理论的科技人员比较,其发明创新能力将会高 6—10 倍。② 掌握创新方法理论的科技人员、企业工程技术人员能够跃升为创新发明技术精英,可为企业创造可观的经济效益。

研究和实践表明,当前创新方法的研究和实践工作的主要趋势是有如下几点。(1)集成化。早期 TRIZ 方法相对烦琐和零散,从 20 世纪 80 年代开始鲍里斯·兹洛廷和阿拉·祖斯曼等人用计算机化的方式表达 TRIZ 方法,集成和简化 TRIZ 的方法、工具和应用程序越来越多,推动了 TRIZ 方法的进一步普及。中国企业管理和设计信息化水平逐年提高,可以为创新思维和方法的集成化预留较大的提升空间。(2)工程化。20 世纪末以来,TRIZ 方法开始在美国等国的工程研究和实践中应用。这种调整和开发使得 TRIZ 方法从分析发明问题阶段延伸到发明工程阶段。对于我国大量的制造加工企业而言,这种转化具有积极

---

① 冉鸿燕:《研究创新方法、推进自主创新、促进科学发展、提升能力建设之多维审视》,《自然辩证法研究》2015 年第 10 期,125-126 页。

② 刘国新、闫俊周:《国外主要技术创新方法述评》,《科学管理研究》2009 年第 4 期,34-38 页。

意义。这也意味着我国创新方法工作一个重要的内容就是面对企业的推广示范。(3)标准化。目前国际 TRIZ 协会已制定和实施"国际 TRIZ 认证"体系,使得企业技术创新的水平有了客观的评判标准和创新人才的培训标准。在我国,进入"国际 TRIZ 认证"体系的工作刚刚起步,尚有很大发展空间。但是受到企业技术创新实力弱、创新意识与创新主动性不强、对创新方法不够了解等因素的限制,TRIZ 理论在我国推广的速度受到了一定程度的影响。

一、创新方法应用与推广状况评述

在 TRIZ 理论的推广应用方面,国外一些大学的机械工程课程中引入了 TRIZ 介绍,世界 500 强的大企业都采用了 TRIZ 方法,涉及的行业既有传统的原材料加工、采掘、机械制造行业,还包括近现代的电气化行业、交通运输行业、检验计量行业、化工医疗行业,基本涵盖了整个第二产业。在我国,部分科技人员在研究专利创造规律时了解到 TRIZ 理论。通过国际会议等渠道,我国研究者获得了关于 TRIZ 理论的初步资料,并开始研究和教学。随后,我国开始引入 TRIZ 理论培训、推广,并开发了 TRIZ 理论培训软件 CBT/NOVA 和成套的培训体系,以及基于 TRIZ 理论、辅助企业技术创新的 Pro/Innovator 软件。越来越多的高校开设 TRIZ 讲座和课程,组建 TRIZ 理论研发基地,引入 TRIZ 国际认证。2007 年以后,由政府科技部门牵头,各地区开始推动创新方法、创新平台、创新工具的推广,引导企业提高对 TRIZ 理论重要性的认识,帮助企业逐步掌握 TRIZ 应用方法,并将其应用到企业技术研究、设计与创新活动中,催生自主专利权,促进创新型国家的建设目标。针对国内各行政区域的创新方法体系建设推广工作,全国各地的研究者进行了做法介绍和经验总结。在政府层面,推动创新方法推广的主要手段是强化组织领导、倡导新体制机制、搭建服务平台、建设培训基地、培育试点企业、辐射试点行业、创建试点城市、培养创新人才、推广典型经验[①]。政府的科技部门作为创新方法推广的主要责任单位,共同的做法包括制定规划、组建机构、安排经费、实施培训、开展创新方法教学培训研究等。对于创新方法体系建设推广的效果,研究者给予的积极评价主要包括:培养出了一批掌握创新方法的专业技术人才,催生了一定数量的专利成果,为企业创

---

① 张璐、齐二石:《中国制造企业管理创新方法类型选择评价——基于 SVM 的多案例实证分析》,《科学学研究》2014 年第 11 期,41-47 页。

新解决了一些实际问题，帮助企业提升内生发展动力，促进了区域创新体系建设。

(一)创新方法理论推广中的主体作用和影响因素

创新方法理论是与技术、产业、产品、竞争力紧密相关的，具有实战意义的方法论，仅仅依靠创新群体和管理科学工作者呼吁和推广是不够的，还需要政府、企业、教育部门等各种力量共同参与，形成创新方法理论推广的"大合唱"。

企业是创新方法的主要用户，企业创新的成效是检验创新方法培训和推广是否得力的核心指标。在企业层面，研究者认为，创新方法培训与推广是一项系统性工程，需要将创新方法的理念和中国企业的实际结合起来，以适应中国企业。目前，创新方法培训与推广在企业受到制约，一些企业可受训的创新人才缺乏，有的企业科技管理能力较弱，技术骨干在完成创新方法理论的学习后，回到企业反而无用武之地；企业领导对创新方法推广的重视程度不足，激励力度不够，无法做到全域推广、全员知晓；企业科技人员流动性大，学成后无法回馈给企业[①]。研究者也指出，下一步深入开展创新方法普及性推广时，要格外重视技巧方面的问题。包括：第一，在企业推广创新方法时，必须对管理、研发、人力资源配置、团队、财务、业务流程调整进行充分研究，以降低、避免创新方法推广对企业带来的负面影响；第二，要重视从上而下推行创新方法；第三，要尝试用创新方法来建构未来企业的发展策略，以长久地提高企业整体创新能力[②]。

政府在创新方法理论推广和运用上所扮演的角色受到了研究者关注。有些研究者从政府的科技政策观出发，认为政府是创新氛围的营造者和创新路线的设计者，可以通过开展创新方法培训和推广的政策设计来推进生产部门和科技服务单位接受和运用创新方法。有的研究者建议政府应当根据现有研发基础和产业状况，考虑在哪些领域重点布局创新方法，拼接好各个产业领域的创新链，形成区域特色的创新体系。有的研究者提议，政府要将创新方法理论的推广置于科技发展战略的宣贯过程中，令一线的创新主体领会创新方法的必要性，加强自我创新的自信心[③]。

① 杨红燕、陈光、顾新：《TRIZ 创新方法的应用推广及问题对策》，《情报杂志》2010 年第 1 期，16-18 页。

② 黄超、龚惠群、梅姝娥：《我国技术创新方法推广体制与机制研究》，《科学管理研究》2012 年第 2 期，3-6 页。

③ 邵云飞、叶茂、唐小我：《技术创新方法的发展历程及解决方案研究》，《电子科技大学学报(社科版)》2009 年第 5 期，1-8 页。

　　行业、产业创新的生力军是各类研发单位,如科研院所、大学、行业领先企业,他们也是创新方法理论的主要实践者和传播者。研究者认为,创新方法在不同的行业、产业运用会有其特性,需要解决融合问题。为此,它们要熟悉产业升级的技术趋势,了解基础技术和共性技术,能够切中创新方向。有些研究者研究了哪种类型的科研组织和单位能够更加有效地接受和运用创新方法,发现一些地方促使专业科研部门企业化、结果导向的改革意图实施后,一些企业化的科技组织能够高效地使用资金、设备资源,能够有效刺激研发产出,最终形成强劲的科研队伍,满足行业创新、产业升级的需要。因此,创新方法的运用要重视那些能够较早、较快适应市场的科技组织。有些研究者提出,当前科研院所需要的不仅仅是组织形式上的改制,更需要的是政府采取措施促进其更深刻、更主动地融入市场,通过科技人员的职能锁定和事务性减负使之真正成为专业、精干的队伍,使科研人员的个人能量得到充分发挥①。

　　科技创新平台的建设近年来备受关注。针对创新方法的运用和推广过程中,如何搭建平台,如何提供要素保障等问题,研究者提出了一些看法。有的研究者提出,创新方法培训本身不产生效益,要想持续开展培训和推广就需要稳定的资金,更需要有效率的使用经费。政府的财政工具对科技成果产出有撬动效应。政府对于创新方法培训与咨询投入的资金属于诱饵性投入,不宜直接计算资金的投入一定能带来多少项专利的产出,而更应看重创新方法咨询与实训的厚积薄发性。有的研究者认为,在政府提供兜底性的资金支持外,社会资金、投资性质的资金也可以相应配置。各个地区在企业培育和科技成果转化方面所设置的创新基金、主导产业基金、创投基金、孵化基金、混合基金等方式,有必要向创新方法培训推广平台配置一定的比例,将创新方法平台建设等同于基础性科学研究进行必要投入。有的研究者关注创新方法推广的激励措施问题,提出不但要对开展技术研发和成果转化的人员实施股权激励,对于参与技术成果创造和孵化的基础性工作,为产业共性技术成熟提出指导性方向、做出奠基性贡献的人员也应给予相当强度的激励。有的研究者认为,创新方法的培训与应用方面可以设置相应的人才培养计划,促进企业技术骨干掌握创新方法,并且善于运用创新方法推动技术产业化②。

---

　　① 王顺兵、潘晓东:《技术创新方法与企业自主创新能力的培养》,《科技管理研究》2010 年第 4 期,6-8 页。
　　② 孙加臣:《基于 TRIZ 的创新方法推广应用服务平台建设研究》,《中国科技信息》2011 年第 15 期,234-236 页。

(二)创新方法咨询和实训中遭遇的困难及其应对措施

创新方法在我国落地以后,各地开展了一些不同层次、不同规模的咨询、辅导、实训工作,相关的组织实施机构、培训承担机构发表了一些工作报告、新闻等,报道了一些基本做法,也涉及创新方法理论本土化遭遇的一些问题。归结起来看,主要涉及几个方面。第一,创新方法引入我国不算长,大部分民众对于创新方法知之甚少,或者认为这是外来的做法,和我国国民的思维方式相差较大,导致创新方法在民众心目中"火"不起来,社会关注度低,不利于广泛学习和推广。第二,对创新方法的咨询培训工作热情较高、投入较大的主要是一些科技培训机构以及一些行业协会,但目前我国科技类中介组织还不太发达,行业协会和政府关系没有完全厘清,存在官僚化和营利性强等方面的不规范问题,不利于创新方法推广保持应有的公益性。第三,我国企业目前在研发上的投入虽有一定增长,但是企业总体创新能力不足,企业研发机构和研发人员的规模较小,一部分中小企业甚至没有成立研发部门,更遑论引进和培养专门从事创新方法实际操作的科技管理人员。即便是政府、行业协会有心为企业物色和培训,在企业创新意愿不强的情况下,也很难用好、留住创新方法专门人才。第四,根据我国的习惯,创新方法培训的主要评价方式是考试,目前有些地方推出的创新工程师考试以笔试为主,较少采用面试形式,在考试的题目设计、理论知识与实践能力考核比例,通过考试的人员实际动手水平等方面均受到了一些批评,出现了纸上谈兵的现象。第五,师资面临瓶颈。目前创新方法培训的师资总量偏少,且主要来自高校,有企业一线工作经历的师资非常缺乏。现有师资虽经系统学习国外的创新方法,并经过有关国际、国内认证,但遇到一些技术背景、教育层次各异的学员时,很难做到因人施训,对于企业受训人员所带来的技术难题,很难做到圆满解决,培训因而变得"蜻蜓点水"。再则,目前一些企业中的技术岗位还保留着师徒传授的做法。由于创新方法有较抽象的一面,一些接受过创新方法培训的技术骨干回到工作岗位后,很难把所学的创新知识理论通俗地传授给其他的技术人员,或者影响他们的思维方式,一个创新火种无法引燃一片技术领域①。

---

① 李德胜、于静宜、陈志娟:《创新方法理论与实践课程体系的改革与成效》,《创新创业理论研究与实践》2019 年第 9 期,35-38 页。

二、初步启示

创新方法本身所蕴含的科学财富及中外研究者对其开展的研究和完善工作表明，创新方法的魅力不仅仅是以较低的成本来解决技术瓶颈，帮助企业提升经济效益。这种方法更深层次的作用在于形成企业的创新生产力，使企业能够顺利应对技术生命周期和市场竞争，形成良好的发展势头。已有研究围绕着如何界定创新、如何实施创新、如何将创新的思维和设计转变成产品探讨了各种思维和机理，清晰地描述了创新方法在创新学、产品设计、技术升级等方面的强大功能，可以帮助创新方法的各种潜在用户打消疑虑。现有研究也表明，创新方法不是简单的说明书，它必须与研发和产业活动密切融合，分步骤、分对象地加以转化。创新方法的传习、培训、咨询与传统的教育方式存在一定差别，但这方面的研究还不够透彻，仍需要根据行业、产品的特性，结合科学技术飞速发展给经济、产业、生产生活方式带来的变化，更新教育者、受教者对创新方法的认识，形成多种形态的创新方法输出模式，以更好地服务于产业发展和科技突破。

创新方法的生命在于运用。研究揭示，创新方法的培训和实际操作在我国已经受到较多的关注，并在政府部门的倡导下逐步开展，在此过程中暴露出的关键问题是创新方法咨询与实训还没有一个有机、高效的平台来承载。与传统教育机构、科研机构、技能培训机构以及新近提出的智库等教育力量相比，创新方法的传播处于一种规律探索阶段，效果还不够明显。研究者的共同观点是，创新方法咨询实训平台需要实现资源整合，避免重复建设，形成高效的机制，这将是今后一段时期创新方法推广必须解决的课题。可行的平台建设机制应当是根据经济管理理论和技术创新方法原理，充分借助现有的技术资源和硬件条件。因此，应当进一步挖掘主要应借鉴哪些理论和管理技术，有哪些可用资源需要集聚，以及如何集聚等方面的问题。

此外，现有关于创新方法推广的研究视角比较单一，偏向技术话题，没有将企业对创新方法服务的购买力、主管部门的政策倡导影响力、咨询培训平台执行力等研究视角联动起来，综合看待创新方法推广的投入规模、运行产出与地方经济产业发展的需求是否匹配等问题，需要更多地引入经济学、管理学的视角。

关于创新方法理论及其推广运用的研究已经有了不少积累，下一步的主要研究方向是识别资源、总结经验、评估改进。识别资源主要是指将高校、科技智库、职业技术培训机构等现有的教育培训资源加以审视，对政府资金、企业研发投入、科技金融资金等资金来源进行梳理,对理论师资、技术师资、实训师资进行组合,明确它们有哪些优势,如何形成协同,以何种方式来承接创新方法理论咨询与实训使命,来探讨提供创新咨询、创新人才培养的智力服务的体制和机制,改变过往由单一机构来建设创新方法培训基地的局面。总结经验主要是要解决过往出现的创新方法培训效果不长久、企业受益不大等问题,探讨培训和咨询工作如何真切接轨企业对创新的需求,如何针对创新方法咨询实训平台形成整体解决方案。评估效果主要应考虑创新方法培训的当前效果与长远效果,研究既需要引入顾客满意度等测评手法,也需要从专利产出情况、产品推出后的市场反应、企业长远竞争力等角度来看待创新方法咨询与实训的效果。

第二节　创新方法推广平台建设分析

一、创新方法推广平台建设参与主体分析

(一)营利性主体

当前,我国的创新动力源可以分为营利性为主和公益性为主两类。营利性创新主体以企业为代表。企业拥有的科技人员了解产业和技术发展面貌,动手能力强,熟悉从技术成果到产品的转移规律,务实精神浓厚,研发和攻关效率高。尤其是一部分企业在创新方面有较强的敏锐性,大力引进新的技术和设备,引进高层次人才,通过技术领先带来的红利迅速建立行业优势,比如近年来在我国遍地开花的海归创业、科学家创业。也有一部分本土化企业,在技术优势和人才优势不那么突出的情况下,利用商业智慧,借助创新方法的理念实施小步伐创新,积累各种小的技术优势、设计优势,成为大的产品优势、市场优势,稳步扩大市场份额。比如我国本土企业沁园集团公司。沁园集团的主打产品是净水器,当时我国市场上国外品牌净水器处于高端地位,国内品牌的净水器品牌繁多,但推出的产品没有技术特色,缺乏竞争力。沁园集团经过缜密技术分析和用户调查,认为饮水机的内部结构原理已经较为固定,但饮水机存在着内部储水部位清洁困难,消费者相当不满意的问题。通过技术攻关,沁园集团在 1998 年研发成功世界第一台饮水机专用净水器。这项技术改进原理并不复杂,但破解了饮水机无法自净的困局,赢得了很好的市场口碑,成为很多品牌饮水机的必备元件。在尝

到创新改进的甜头后,沁园集团加强了技术投入,将竞争对手对标为国际知名的饮水机大公司,考虑自创饮水机。沁园集团对已经成型30多年的饮水机内部结构进行诊断,对技术难题进行求解,提出一项颠覆性的设计思想,即饮水机不再设置储水胆,将待净化水滤清后直接放出,以避免机器内部的二次污染。在技术人才的攻关和创新方法的支持下,沁园集团闯过了技术革新难关,花费一年多时间试制出了新型的无热胆速热型饮水机,实现了净水功能和加热功能的完美结合。经过完善的产品推出后,在市场上一枝独秀,使沁园集团从行业大厂的配套元件供应商一举转变成行业的领跑者、净水机新标准的持有者,打破了市场格局,获得了巨大的竞争优势。当然,这个案例中创新方法的应用还谈不上是出于完全自觉的,这也实事求是地体现了创新方法刚刚引入企业初期的状况,即一些存在技术瓶颈的企业以及有创新改良打算的企业,在面对技术难题时萌发出创新意愿,围绕着这些技术难题集中脑力求解,自觉或无意识地运用了创新方法。

(二)公益性主体

公益性为主的创新主体主要是高校和科研机构,它们经过多年的政府扶持和自身建设,具备人才储备、试验设备、对外交流等方面优势。

最专注于创新方法的机构是中国创新方法研究会。它对创新方法培训的规范化的设想是:应当有统一的培训教学大纲,区分初中高不同培训层次,教学内容和难度保持一致。授课者根据学员的来源、知识结构、带题内容等,从大量的创新方法理论中寻找对学员有效的部分重点讲授,并安排学员自学其他部分。在培训中多遵循通用学说,使用统一的概念、术语。在培训过程中,针对学员都是在职人员的特点,不拘泥于授课者单纯讲授的形式,有些培训还引入其他方式,包括沙龙式教学、互动式教学、案例教学、竞赛式教学等。(1)沙龙式教学。在教学场地布置上采取圆桌、长桌方式,将学员划分成组,在听取报告的同时开展交流研讨,在报告学习成果时也以小组为单位。(2)互动式教学。要求培训者简明扼要地介绍创新原理,善于抛出问题,引出思路,整理线索,引发学员思考、辩论,举一反三,甚至质疑教员的观点,不以灌输为主。互动式教学有时还反客为主,由学员登台解读创新理论及其学习感受,教员和其他学员加以点评,为今后的创新工程师考核答辩做好基础。通过互动,教员能够及时发现哪些学员掌握的创新方法原理较深刻,还有哪些学员尚未做到融会贯通,短板在哪里,以进一步地开展个别辅导。互动教学中还尝试加入智力游戏、小组任务等形式,以活跃学习气氛,培养团队精神。(3)案例式教学。它是创新方法培训的重中之重。教员在选择案例时,一般从简单易懂的案例入手,逐步推向专门化技术领域、复杂性发明原理的案例。在讲授案例时,不仅仅说清问题是什么、做了什么,达到了什么目的,还讨论为什么要解决问题,问题的解决途径是最优还是次优,不同的人可能会有哪些解题方式,而且让学员进入案例,以实操者而不是仅仅以旁观者的角度去考虑问题。在对案例理解达到一定阶段后,则鼓励学员来推荐案例,分析案例,提高学员的分辨和思考能力。一些疑难的案例和可能出现新解决方案的案例还可以带到课后、课外,成为学员的作业,成为新一轮创新方法实践的素材。针对案例式教学花费时间多的情况,教员通过充分利用多媒体展示的手段,掌握教学节奏,约束学员在讨论时归纳精当,切中要害。(4)竞赛式教学。它与传统培训形式有一定差别,通常把学员组织成有竞争关系的队伍,设计技术难题和解题目标,由不同的创新方法培训专家领队进行技术攻关和方案展示、技术推演、结果预测,邀请评判专家对创新解决方案内容、讲演效果、方案的转化潜力等方面进行比选。2017 年,浙江宁波方太厨具有限公司吸油烟机部门借助中国创新挑战赛(宁波赛区)比赛的机会,邀请中科院宁波材料所、上海理工大学、宁波诺丁汉大学、宁波大学的创新方法师资组成团队,和本公司技术人员搭配,就如何设计能够排出挥发性有机物(VOCs)的技术难题进行竞赛,各个答题团队运用创新方法原理提出思路,测算成本、描述技术解决方案。竞赛式教学更加突出用户的创新需求,追求解决真实而不是模拟的技术难题,提交的解决方案基本上是可商业化的创新方案。为了参加竞赛而组建的创新方法攻关团队虽然规模小,但是接受实战检验后,很容易孵化成为科技初创型企业,成为万众创新的生力军。发布技术难题的企业不但通过竞赛观摩专业化的创新方法团队如何解决技术难题,还使本企业的科技人员得到了练兵机会,同时获得了具有经济效益的创新求解。这次竞赛最终令企业接纳了 10 个创新方法解决方案,技术合同成交金额 1200 多万元。

高校是智力资源密集的场所,除了从事学术性研究,还担负着社会服务的使命。有些高校在创新方法进入我国的早期就注意到相关信息,开始创新方法理论的普及和人员训练等方面的工作。如浙江大学宁波理工学院从 2008 年起开展了机械专业应用型人才实践创新能力培养模式的探索。在课程教育之外,对在校大学生创新方法能力的养成进行训练,并将其纳入专业实践教学体系中。为此,学校组织编写了《TRIZ 理论及机械创新实践》《创新的方法——TRIZ 理论概述》《机械设计》等教材,每年组织一次机械设计竞赛,鼓励学生动手动脑。经过几年的努力,在机械专业新生的 TRIZ 概论教学、机械创新导论教育、TRIZ 与 CAI 结合的教学方式等方面取得了一些经验,接受创新方法理论教育的在校大学生在机床主轴回转误差测试、汽车自救装置设计方面申请了专利,发表了论文,获得了大学生竞赛奖项。该学校还承接政府的任务,从2009年起坚持举办高新技术企业技术创新方法培训会,对企业管理人及技术骨干进行创新过程的理论与方法体系初级培训,帮助他们掌握计算机辅助创新工具的使用方法。学校专门开发了"机电产品创新理论与技能""密封行业创新与技术提升"项目培训课程,对近百名业内人员进行了培训。高校和科研机构近年来涌现出大量的创新成果,而且其中不少是基础性研究、关键与共性技术研究性工作成果,与创新方法所强调的创新基础和创新土壤培育甚为契合。根据科技体制改革和技术成果转移转化的部署,高校和科研机构也走向市场,寻找客户,并将人才培养尤其是高水平应用型人才培养与科学研究工作结合起来,既保持公益的教育和培养属性,又融入科技资本等市场化产物。这股力量可以成为创新方法咨询与实训的重要依靠,特别是要发挥它们在教材、教法、师资等方面不可替代的作用。

改革开放以来,政府附设了一些科技服务、科技中介机构,如科技服务中心、技术市场。它们吸纳了一些技术人员,具备一定的技术条件和潜力,参与了一些科技攻关项目的组织,科技成果的开发、检测、标准制定等工作。他们的强项在于熟悉国家科技政策,与政府各相关部门有良好的互动,能够给企业提供一些资金、技术方面的激励信息,因而在企业心目中有较强权威性。同时,他们与企业经常打交道,能够理解企业的需求,是我国技术创新体系中颇有价值的一部分。近年来,一部分科技中介组织参与到创新方法的培训活动中。如依托于中国科协的中国科学技术咨询服务中心承担了创新方法工作专项项目,该机构利用科协组织体系,发动一些全国性学会、地方科技协会、企业科协参与,瞄准仪器仪表、钢铁、机械制造、纺织、石化等全国性行业的应用技术需求开展考察、调研,对行业培训基地、创新方法师资、网络培训平台、创新支撑体系建设提出了一些宏观建议,发起了企业研发人员创新能力提升工程,总结了一些创新方法培训的基本方法,对制订培训方案、编排培训教材和课堂案例提出了一些思路。

咨询最早来源于商业活动,现已在科技界逐步铺开。科技咨询的发达,能够为企业带来技术与资本、技术与人力、技术与产品等方面的有效碰撞,对深化企业的技术战略,加快企业存量技术成果的转化,提高创新效率有很大帮助。同时,科技咨询服务能给高校、科研院所等握有智力资源和科学研究成果的人士打开一扇通往企业、通往市场的大门,避免科学研究成果沉睡,也避免不知道企业真实需求而进行盲目科研。在我国一些经济发达地区,分享科技信息、分析科技情报、预见科技走势、开展专利预警、提供科技交易建议等专门性咨询活动已取得了较大的进展。在科技人才培养、科技难题解决方案专项咨询等综合性服务方面也进行了探索,其中包括对企业正在研发的技术方向是否合理,企业创新产出效率提升、创新成果的专利权保护等方面的咨询,这些与创新方法理论的培训形成了相互配合的趋势。目前,各级科技部门还推动了"科技特派员""博士教授下企业"等技术服务活动,组织部分科学研究机构的专家师资到企业去认领技术难题,指导企业现场解决一些技术细节问题,诊断产品研发和生产流程。这些专业技术人员利用自身知识素养和创新思维,在解决难题的同时对企业的研发如何更加符合创新方法的要求给出了意见。

(三)政府的作为

近年来,随着科教兴国、创新发展理念的提出和风行,国家对科技事业的重视空前提高,不但制定和修改了《科技成果转化促进法》,还在制定科技战略、分配科技资源、建设科技平台、培养科技人才、转化科技成果方面出台了大量的政策,对科技工作提供了巨大的支持。由于科学学、创新理论研究在我国起步较晚,政府部门在早期并没有意识到创新方法的重大意义。直到 2007 年,几位著名科学家联合给国家领导人写信,呼吁推广创新方法,政府部门尤其是科技部门才开始接触和评估这一外来的先进理论。在中央领导的强力关注下,政府科技部门迅速成为创新方法推广的领导者和资助者,在国内掀起了一股学习、普及创新方法的风潮。政府所开展的主要工作包括:要求行业协会和中介机构组织企业参与创新方法的学习培训,指定部分国有企业、科研机构将创新方法引入研发流程,安排相关高校和科研机构翻译、引进创新方法理论的相关书籍,鼓励创建研究创新方法的学术团体,邀请国外团体和专家到中国讲学,资助学术交流活动,认可有关国家颁发的创新方法培训师资格,组织实施创新方法的培训等。在此过程中,各级部门、各个地方形成了不同的培训推广风格。

1.科技部门

科技部门的主要做法是在不同地区、不同行业企业中挑选条件适宜的机构开展创新方法的培训。科技部门安排的候选对象既有国企,也有民企,试点范围覆盖东部、中部、西部地区。实际操作中各地方主要在经济开发区、高新技术园区等企业资源集中、创新能力较强的环境下开展试点,所选择的是一些对创新方法有一定了解的科技服务机构,以及规模、产品有一定影响力而且有创新意愿的企业。在试点过程中,政府负责提供经费、支持培训单位引进师资,承担培训任务的机构在培训前通常会收集企业的研发情况,整理技术趋势,负责编写教材,制作课件,与企业不同层次的管理人员和技术人员交流。受训企业和技术人员则提出可创新的项目和创新初步目标,由培训机构帮助解决技术难题。对于培训中取得的创新成果,由政府支持企业申请相关专利。以上作为创新方法培训的基本模式,在一些地方的实践中还加入一些个性化安排,针对不同培养对象实施分类分组培训,提倡本地与外地企业,不同行业、企业实施联合、协作等。比如,浙江省科技厅主持举办了数期省级企业研究院创新方法推广应用培训班,在加强企业研究院建设,完善企业研究院绩效评价和规范管理的同时,引导企业研究院率先在创新方法推广上做出表率,切实帮助企业解决专利战略、技术难题,新产品开发中的各种创新障碍,使企业逐步具备在复杂系统条件下具备推进产品创新的"真功夫"。在培训后,一些企业的技术研发能力和技术成果转化能力出现了提高,企业对创新方法的观望、犹豫态度有所改变,尤其是过去在研发中处于后进的民营企业,对创新方法表现出浓厚的兴趣,对于创新方法的推广做出了更为积极的配合。

2.厦门市

厦门市科技部门设立了创新方法培训基地,制订了创新方法推广实施方案计划、经费划拨使用方法,安排了场地、仪器设备和工作人员,联系了培训师资队伍,利用书籍、讲义、计算机网络等建设了创新思维方法、创新问题标准解法等知识库。在培训形式上,采取了普通训练、专门训练等方式。普通训练是以宣传材料、讲座、多媒体等形式开展,吸引有兴趣的社会大众来参加,让他们知晓创新方法,形成学习兴趣。专门培训主要针对技术人员,采取学术报告、专门网站操作、交流等方式,让技术人员亲身体验创新方法的用途和诀窍。对于接触过创新方法的技术设计人员中还有更高的学习需求的,安排相应的继续教育内容。厦门市开展了创新工程师的培训认证工作,受训者要经历创新方法基本理论知识学习、笔试和面试等环节,才能入选为创新工程师;之后还要进行实训和运用,解决企业的技术难题,才能获得更高级别的专利工程师资质。

3.广州市

从2013年开始,广州市提出建设创新方法推广应用培训基地服务平台的方案,由市级科技中介机构举办创新方法宣讲会,解析政府对创新方法推广的扶持政策,介绍一些企业的成功案例。广州市组织了30多名专家的创新方法培训咨询师资库,被列为创新方法推广示范企业的单位可以从中挑选师资和咨询人员。在课程体系建设方面,设置了创新工程师培训、高层研修班、高级培训班、企业辅导培训班和企业内部创新方法导入辅导班,并根据不同班次编写了教学大纲,划分了不同的教学阶段并安排相应的课程内容。在授课过程中,不仅注重理论学习和讨论,而且采取创新方法工具应用模式引导、专题分组讨论、针对性咨询等形式,注重有效学习。广州市还安排进入重点企业开展内部辅导,现场讲解技术难题的解决工具和原理。在授课之外的后续辅导方面,广州市安排了导入辅导培训、专家咨询、科技文献数据库查找和企业创新核心团队培养等项目,与企业管理控制人员保持密切沟通。接受创新方法培训的企业有机会使用广州市科技信息平台所收藏的资源,根据科技文献来强化创新设计方案,了解行业技术发展趋势,将创新成果产出直接和专利挂钩。广州市培养了一批创新方法应用标杆企业,鼓励其他受训单位去参观、交流,复制成功经验。

上述这些机构是我国创新体系的主力军,在市场化导向下,它们之间如果能顺利连接成一条创新链条,既有定调科技创新的重要性,全面把握科技发展的现状、趋势的政府和积极探索创新方法教学和培养的教育机构,也有有能力有热情进行技术成果产品化的企业创新团队,还有精通创新方法咨询的行业协会和中介组织来共同推进创新方法,解决创新难题,推动理论与实用技术相互融合,将大大推动创新型国家的建设。

二、创新方法推广平台建设所能动员的资源

创新方法是一种科技目标的路径指南和行动方案。它在其他国家推行并取得成效,一方面说明它本身具有科学性和实用性,另一方面归功于有充足的资源能够与之成功匹配,使资源效益能够发挥出来。今时今日,我国引入创新方法工具,不仅仅是为了满足学术研究的需要,然后将其束之高阁,而是必须让它在中国生根发芽,与相关的资源结合在一起发生"化学反应"。概言之,创新方法学习推广和运用有以下一些有战略意义的资源可以借用。

(一)科技资源

随着我国科学技术尤其是基础性科学研究的发展壮大,我国的科技研究实力与发达国家的差距进一步缩小,在一些科技领域有了紧跟国际前沿甚至赶超发达国家的趋势。尤其是在一些战略性新兴产业,我国科技工作者的表现受到了全球瞩目,一些在海外从事研究的高级科技人才通过黑白敏感有序回流到国内;我国的一大批青年科技人才也有机会到国外大学、实验室、高科技企业去学习交流,带回国际科技前沿信息。有了这些科学研究"家底",我国企业实现技术

创新和产品创新就有了相对便宜、便捷的内生知识源。

(二)国外研发资源

随着经济全球化以及产业链分工的演化,全球知名企业在我国的投资密度和投资内容发生了一定变化,一些纯加工型的、低端化的产能开始搬离我国,而一些全球性、区域性的研发中心开始在我国扎堆。目前世界 500 强企业已经基本都在我国设立了研发机构。这些知名企业也是最早接触和运用创新方法理论以及创新方法转化成果产出受益最多的群体,他们在我国设立研发中心,有利于本土研究组近距离观察他们如何有效运用创新方法,如何解决尖锐的技术难题,如何将创新思维快速熟化成为产品,如何培养创新方法人才。同时,跨国公司研发中心的技术外溢、人员流动和科技合作可以使我国的本土企业更快、更容易地网罗到创新方法的理论资源和人才,也可以在一定领域内与国外同行展开良性竞争,促进创新方法实际操作的繁荣。

(三)技术工程师后备资源

在高等教育日益普及的今天,我国教育体系源源不断地向社会输送具有较高素质的人才,目前每年我国各类大专院校毕业生达到近千万人,其中属于理工类、信息类、管理类等与创新方法有关联的人才供给规模达到数百万人。在国家推行"双一流"高校的建设过程中,必将提升高校毕业学生的知识水平和国际视野。与此同时,国家大力发展应用型人才培养,在一些地方探索企业与学校之间的订单型人才培养合作,并且倡导终身教育理念,利用开放教育、继续教育以及信息化教育手段,使广大的在职人群也有机会接受教育培训。这些人才培养的成果能够为企业和社会所用,为创新方法的普及、推广提供充足的人力资源保障。

(四)企业家资源

我国经历了 40 多年的经济改革,树立了市场经济为主体,市场配置资源为主要方式的中国特色社会主义市场经济模式。当前,各种所有制形式公平竞争,共同发展。在各类经济成分中,民营经济组织在改革中的表现最为亮眼,这些新兴的经济体与企业的创始人和管理者有着密切的关系,产生了我国新一代的企业家和企业家精神。首先,他们的突出优点是具有强烈的机会意识,善于抓住市场发展的需求、消费者的需求、政策允许的机会,迅速地将资源集聚到相关领域以填补空白。此举极大地丰富了产品的种类,扩大了市场的空间。其次,我国的企业家具有较强的创新意识,善于在技术基础不好、技术人员不足的条件下,从初级模仿入手,大量扩充产能占据低端市场,然后到跟随国外或行业领军企业的研发节奏,直至在部分领域推出有竞争力的产品,比如华为公司、小米公司生产的通信产品,吉利公司、比亚迪公司生产的汽车和电池。在这类行业颠覆性的商业博弈中,我国的企业家非常重视创新,也舍得投入资源组建研发团队,接受创新方法。再次,我国近年来提出装备、产能"走出去","一带一路"经济文化合作倡议,等等,一批具有国际视野、全球眼光的企业已率先通过国际投资、挂牌上市等方式走出去,成为国际化的企业,比如阿里巴巴公司、百度公司、腾讯公司等。这些领军企业有着鲜明的创新理念和完善的研发组织机制以及庞大的研发团队,他们提出的商业模式、管理哲学深刻影响着国内外的其他企业。他们对创新以及创新途径的积极态度成为其他企业的复制模板。而这些企业的领导人本身就是创新标杆人物和优秀的创新方法论构思者、传播者,他们的努力使得包括创新方法在内的各类创新元素在各行各业迅速地传播,影响行业从业者和其他的创新创业者。

(五)研发投入资源

创新方法的培训和推广所需要的经费多寡取决于全社会的科技投入,因为创新方法培训是政府、科技机构、企业、工程技术人员共同参与的活动。我国将创新驱动发展确立为基本国策,在科技创新上逐年加大投入。根据国家统计局数据,2016 年全国共投入研究与试验发展(R&D)经费达到 15676.7 亿元,年增长率为 10.6%,已经完成占 GDP 总量 2%的高科技投入强度目标。研究与试验发展覆盖范围比较广,凡是投入基础研究、应用研究和试验发展等方面的经费都被计算在内,自然也包括围绕创新方法的学习、推广、产品试验所花费的经费。由于统计数据的不够详细,目前尚无法准确测算创新方法投入的经费数量,但结合一些数据来看,创新方法相关的科技活动有充沛的资金保障:来自各类企业的研究发展经费支出达到 12144 亿元,企业的研发离不开各种创新工具的利用和技术难题的解决。企业舍得在这些方面花钱说明创新方法在企业中持续成功地运作。在各类研发经费支出中,基础研究经费为 822.9 亿元,其余占绝大多数的是应用研究经费和试验发展经费,即通过产研、产学结合的途径,由工程技术人员、科学家共同支配和使用的经费。尽管基础性研究有着不可取代的地位,但应用型研究、以产品和技术成果商品化为导向的研发方面做大做强已经成为我国产业界的共识,在这种氛围中,创新方法必然受到重视。

(六)创新创业政策支持资源

革故鼎新、自强不息是中华民族的宝贵财富,是推动社会进步的重要动力。

在科技发展迅猛,科技与经济紧密结合的当代,创新、创业成为社会关注的焦点。李克强总理在 2015 年全国人大政府工作报告中提出要形成"大众创业,万众创新"的局面,国务院专门发布了《关于大力推进大众创业万众创新若干政策措施的意见》,标志着自熊彼特提出创新理论以来,我国最高层次的创新格局已经拉开帷幕。创新创业政策使得众多小微企业和创业者提高了积极性,使得政府公共资源和公共服务越来越多地面向创业者倾斜,使得创新创业的障碍逐渐减少。大量有激情的企业和创业者乐于接受各种创新理念和方案,各种创新工具也有广泛的试验和发挥空间。创新创业政策从酝酿到全面铺开到取得效果需要几年甚至几十年时间。在难得的创新氛围中,创新方法必然会再度受到创业者和政府的持续关注,有用武之地。

(七)中国制造、中国智造、中国创造机遇

先进制造专指不断吸收电子信息、计算机、机械、材料以及现代管理技术等方面的成果,并将这些成果综合应用于产品研发设计、生产制造、在线检测、营销服务和管理的全过程,取得很好经济社会和市场效果的制造方式革命,它融合了信息化、自动化、智能化、柔性化、绿色化生产等方面的优点。进入 21 世纪以来,西方发达国家再度重视制造业发展,提出调整产业失衡结构、重构国家制造业竞争优势的一揽子政策。我国在推行供给侧结构性改革,实现经济增长新旧动能转化,改变制造业低小散弊病过程中,也非常重视先进制造,并提出以智能化、信息化改造传统产业,从中国制造升级到中国智造、中国创造新阶段。先进制造强调政府、企业、大学、科研机构之间的协调合作,来承担高端制造技术的开发和应用任务;强调充分运用财政投入、政府采购、投融资性产业政策,建设好资源共享平台、技术集成平台、成果转化平台等科技服务平台,需要有各个环节的创新力量和创新成果。制造业是现代产业分工中涉及面最广,对应用工程技术要求最高、产业链最为复杂的行业,是创新方法理论的发源地,在制造业发生深刻变革的大环境下,创新方法的推广、运用乃至更新存在着巨大的发展空间。

(八)法律资源

创新型研发活动能给企业带来技术优势,但从技术优势到市场优势,到实现经营利润,需要市场竞争各方谨守诚实信用原则,保护智力成果,遏制不正当竞争。近年来,我国建立健全了专利法、商标法、著作权法以及商业秘密保护制度,但凡创新方法培育出的新的发明成果、新的外观设计、新的实用功能、新的装潢设计、新的集成电路布图等,均可以申请专利权保护。各级地方政府还出台了专

利申请资助政策,帮助企业和研究组减少费用支出。在发现侵权、仿冒、假冒、不正当竞争等行为时,专利权权利人可以申请行政保护和司法保护,这些法律措施为创新方法运用所产出的成果给予了严密的保护。在创新方法指导下,还会产生一些技术改进方案、技术发明雏形、生产工具优化方案等好点子、好经验,也能推动科技生产力的发展。这些可以作为技术秘密,根据法律精神加以保护。创新方法指导下的科技产出还需要完成从图纸到样品、从样本到批量产品的根本转换,不能停留在研发阶段,要努力进行科技成果的转化和转移。近年来,国家高度重视技术转移体系的建设,在已有的科技成果转化促进法及其实施条例基础上,各级地方政府还在探索建立科技成果转化引导基金,建设公益性产品检验检测中心和中试基地,实施自主创新产品补贴等政策,这些支持性政策能够很好地衔接由企业、科研院所等创新主体遵循创新方法所产出的创新成果,也有利于解决创新方法普及推广中可能遭遇的政策、资金、税收等方面的难题。

第三节　创新方法推广平台建设问题诊断

创新方法不是一种操作方案和工作技巧,而是一种工具性事物。只有充分证明了掌握创新方法的人员比其他人员更有能力去解决研发实践中存在的难题、空白,能给企业带来目前或远期经济上的效益,给科研机构带来科技成果的稳定高效产出,人们才真正愿意去接受创新方法理论,并坚持长期运用创新方法,政府围绕创新方法推广所制定的计划、采取的措施才不会白费。但目前所开展的创新方法推广试点、培训、咨询以及创新方法理论的学习、传播、交流等方面还存在着一定的问题,前述所列举的创新方法推广普及可利用的资源的利用程度还不够,创新方法普及推广平台的建设任重道远。

一、创新方法试点培训中出现的问题

创新方法的试点是政府部门向全社会推广创新方法的重要抓手。回顾过往的一些试点培训活动可以发现一些现象,比较共性的有:

第一,一些创新方法的宣讲活动只能做到初步入门,一些面对面的技术难题咨询难免会出现蜻蜓点水现象。一些培训方案在制订时,难以保证和预见受训

人员在这段时间内全面投入学习,学习的连续性不强。使用的一些创新方法案例不能代表创新方法理论的精髓。案例是浓缩创新方法理论精髓,展示创新思维路径的重要窗口。在创新方法理论发展过程中,出现了不少经典的案例,类似于工商管理案例,有很强的学习借鉴价值。我国在推广创新方法时,收集了一些运用创新方法工作解决企业技术难题的事例,但相应的收集、比较、编撰、提炼还不够,没有把蕴含在其中的创新规律揭示出来,事例未能上升成为有说服力的案例。在培训教学过程中,使用的多为来自外国的案例,国内本土案例数量不足,而且案例的更新速度不快,与行业的贴近程度也不高。今后在开发创新方法案例时,应当有分类意识。有些案例侧重于展示创新学说的发展脉络,有些案例要清晰地说明如何准确地理解用户的需求,有些案例应当使学习者对新产品开发流程一目了然,有些案例可以着重讲解技术和质量管理问题。除了培训过程中有完整的记录、充分的讨论,在培训结束后的创新方法运用中,也需要进行跟踪、调查,使创新方法案例贴近产品生命周期和技术生命周期,具有典型性和时效性。

第二,原来由政府部门牵线、撮合在一起的创新方法理论培训推广资源逐渐松散,缺乏进一步的深度整合。高校方面,由于高校科学研究评价体系存在重论文轻转化,重数量轻质量,迷信 SCI 等国外论文成果,等等倾向。相比科技成果的产出效能,目前高校、科研院所在创新方法产出方面不受重视,高校中专注于创新方法研究的人员在专业教学领域和社会服务领域要做到同时兼顾,在时间和精力方面有一些困难。高校教师未能得到政府持续性的资助和企业的聘请,研究的积极性和研究精力的投入减少,培训用的课程教材和工具案例更新速度逐渐减慢,长期关注某些行业技术发展的、有解题"真本事"的师资没有能够壮大。企业方面,企业的创新能量与其自身的创新基础、创新自觉性、市场环境、专利权保护等因素有密切关系。从整体上看,我国企业的创新能力与欧美发达国家的一些标杆企业以及以色列、印度等地方的一些新兴创新体相比,并不令人满意。企业内部的科技研发人员在任务繁重,以及资金、工作成果评价、人才补充等一系列问题没有得到很好解决的情况下,难以持续性地保持企业内部创新方法工作机制运行。造成的结果是创新方法人才成长过程不顺利,创新工程师人才数量不足,在企业中也没有得到重视和充分发挥才能。科技中介组织方面,目前科技中介组织所组建的创新方法团队中,从事创新方法课堂培训的主要来自外部聘请人员,所使用的培训教材则由高等院校或承担培训单位(如北京亿维讯公司、北京慧达创新科技公司、IEG 公司)进行编写,创新方法推广与应用的服务任务主要由中介组织自身的人员来承担。目前的问题主要是内外部聘任人员目标使命、绩效评价不能统一。从事核心训练业务的人员中,擅长开发和维护基于计算机的创新方法应用辅助工具的专家偏少。此外,在创新方法培育的成果确认方面,既清楚创新方法理论又熟悉专利权规则,能够熟练从事专利申请事务的人员极端缺乏。同时,目前这部分机构面临市场化改革的压力,出现人才不稳定,营利性导向与服务型宗旨如何协调,如何高效发挥装备设备效益,等等问题。

第三,在创新成为全社会热议话题的同时,也出现了一股不正常的创新狂热,一些初步涉足产业的企业和经营者希望有很快的创新速度,因而他们非常热衷于了解和学习创新方法,希望"点石成金"。在试点工作所安排的集中性的培训开展后,创新方法的知名度一度提升,但现有的培训模式表明,要较为完整地教授创新方法理论体系,讲解解决技术问题的路径,周期大约是3—4个月时间。在此期间,虽不硬性要求受训人员要完全脱岗学习,但学习过程应当是持续的。国外的经验表明,企业接受创新方法理论的宣贯,派出得力技术人员学习、吸收创新方法,并有能力将其消化、利用,形成本企业自身的创新模式,加速产品创新的速度,这种过程和能力的形成可能需要3—5年的时间。在此过程中需要多轮宣传,需要外部脑力资源的介入帮助,需要创新文化的激励,浮躁的创新冲动不利于孵化出有含金量的创新成果。随着后期政府科技部门对创新方法的宣传力度减弱,以及技术市场的发展,企业对于创新方法的兴趣也不如以前。企业重当前效益轻长远发展、等待政府的科技补贴的心态也不利于塑造创新文化。

第四,优化创新成果,将创新方法纳入整体创新链的工作还缺乏整体构思。通过创新方法的指导完成技术研发和产品生产环节中的某一阶段创新,对于企业和科技工作者有着不俗的意义。但从宏观上看,这只是创新链的一部分或一个步骤,不是创新的终点,不意味着企业、产业已经突破创新"天花板",进入了创新"快车道"。通俗而言,创新方法指导下完成的一个个单项创新,还不足以带动资源配置创新、组织创新、管理创新、思想创新,还需要集成和优化,成为系统化、深层次的创新,孕育出完整的创新链。具体表现是,一部分创新方法所催生的成果,其终点是申请到各类发明专利、实用新型专利、外观设计专利,在此之后小部分专利成果得到了一定范围的应用,而相当数量的专利未能进行转化和技术扩散,成为学术创新、纸面上创新而不是生产力的创新。这与我国专利审查规则尤其是关于外观设计专利和实用新型专利的审查标准与国外相比偏低有关,导致一些创新方法攻关团队以达到专利授权为目标进行技术难题攻关。在获得专利后就万事大吉,没有仔细考虑后续的产业化运用问题。不排除部分创新方法辅导和咨询机构本身具有较强功利性,在签订合同时以专利作为核心指标,或者以获得专利来作为兑现政府对其委托的"交差"工具。另外,一些地方政府比较看重专利增长指标,实施申请费用资助政策等优惠政策,鼓励创新团队和企业去申请专利,而不重视专利的实际运用,也会诱导创新方法攻关团队去谋取专利而不是真正地解决技术难题。完整的创新链应当是多个创新主体有意识、有计划地共同推动一个创新目标,构建一个创新系统,以提升创新群体的价值,受到市场的尊重。当前,国家的创新战略和创新环境发生了一定的改变,大到创新型国家建设,小到创新型组织的培育,都为创新方法的应用提供了广阔的空间。如果创新方法的咨询和实训还不能走出"为专利而专利"的怪圈,其科学价值、创新追求就会打折扣。

二、创新方法咨询活动开展面较窄,成效不明显

出于发展时间、成熟模式等方面的原因,科技咨询相比商业咨询、管理咨询等市场中介服务活动而言,较为落后,尤其是在经济欠发达地区,科技咨询活动还未形成有效的布局。高校、科研院所的科技人员还缺乏深入企业,到生产一线的意愿和行动,在针对一些企业提出的技术难题时,高校和科研院所没有专门的解决之道,只能泛泛地提出一些见解。相比之下,一些商业性的咨询机构和猎头公司的做法既全面又成熟,比如国外的麦肯锡咨询公司、波士顿咨询公司,国内的赛迪咨询公司、中国国际工程咨询公司,等等。它们通过建设客户(市场)调查队伍和分析师队伍,并延揽学术界和行业中有影响力的人士提供顾问意见,并设计出各种表格、标尺,以此诊断客户(企业/市场)所存在的问题,将学习理论、行为理论、精益管理理论进行包装,对目标客户进行改造,并监测、评估客户的变化,以实现客户的委托目标。不同的商业和管理咨询机构会专注于某一方面的客户,或在某一领域具有咨询方法上的优势,并相互开展竞争。这些咨询力量共同形成了为客户(企业)服务的平台,对企业的战略、市场行为、内部管理产生了深远的影响。因此,借鉴现有咨询机构的运营模式和成功经验,培育一些技术咨询中介机构和吸引一些商业管理咨询机构涉足创新方法咨询是当务之急。只有这样,才能将人力、物力集中起来,调动科技中介机构的积极性,并规范咨询行业的秩序,打造具有竞争性的创新方法咨询"盛宴"。

三、创新工程师培养远不能满足需求的问题

2011 年科技部正式部署创新方法培训和资质认证工作,中国创新方法研究会作为行业协会主持了创新工程师的考核答辩认证工作,各省级科技主管部门或聘请国内著名培训机构,或自主安排师资,举办了多期创新工程师培训班。据不完全统计,国内取得三级创新工程师资质的仅 200 多名,主要分布在南部的广东,东部的江苏、浙江、山东,中部的湖北、安徽,北部的吉林以及西部的新疆、青海等,其中中西部的吉林、安徽、青海等省拥有数量暂时领先,取得二级和三级创新工程师资质的人员约有 1 万名。这些创新工程师主要来自大中型企业尤其是行业内的知名企业,这与社会和企业对创新方法人才的迫切需求极不相称,也与我国当前经济热点地区和创新活跃地区的分布有差距。全国政协委员、河北工业大学副校长檀润华在 2017 年全国"两会"上发言,认为中国需要培养成千上万的创新工程师,每个企业都需要 1—2 名这样的创新工程师。按照这一估算,仅浙江省宁波市一地,就有近 10 万家工业企业,创新工程人才保有量应当达到 10 万人以上。同时,创新方法培训的程序、内容、耗时使得广大中小企业难以承受。一方面,要有更多的培训机构参与到创新工程师培训活动中来,需要对它们进行审核、认证,实行资质管理,进行严格评估,使它们有进有出,保持较高的培训质量。另一方面,在加快大型企业创新方法人才培养的同时,还需要让广大的中小企业有机会选派人员参与创新工程师的培训活动,从创新方法培训中获得提高研发效率的方法,增强它们开展自主创新、持续创新的信心。

四、创新方法理论自身的完善问题

当前,科技发展的更新速度已经超出了人们的预想,尤其是量子科学、人工智能、新材料科技等方面的创新突破,使传统学科之间的分界需要重划,以物理、化学为支撑的传统创新方法理论面临补充新知识、扩展新视野的挑战。与此同时,当今世界的创新模式也在发生剧烈变化。一方面,创新不再是大型公司、机构的专利,借助方便的互联网络和海量的信息,一些小微企业也在创新中有不俗的表现。另一方面,共享性经济社会交往方式的推行,催化了一个个打破国界、区域的新型的创新网络,个性化、定制化的资源流动模式给创新的方式和受众带来了新的研究,以往的标准化生产、追求产品面市速度、追求品牌向模块化定制,

朝追求产品带来的个人体验的方向转变。对于这些万众创新、无国界创新、分散创新、顾客导向的创新，创新方法理论的通用性、交互性需要加强，门槛需要降低，成功率需要提高，以让更多的"创客"方便使用。就目前在我国传播的创新方法理论而言，还存在大量的外来专业术语、难题解决原则、路线图等。需要根据我国工程技术人员的知识背景、专业知识训练方式、常用思维特点等方式将创新方法理论加以本土化、通俗化，以满足层次各异的科技工作者的需求。同时，更需要遵循新技术、多媒体发展趋势，在创新方法理论中增加新元素和新模块，在创新方法配套软件中增加新界面和新功能，使得创新方法理论达到信息化、智能化、科技服务专业化的要求。

五、创新方法推广中的管理创新不充分问题

创新方法理论正式进入我国只有 10 多年时间，它作为一种既不同于基础学科理论，也不同于管理策略的复杂方法论系统，应当采取哪些合适的手段去推广、普及，我国没有成熟的经验。过去在我国工业领域也有"比学追赶"活动，如推广华罗庚先生研究的统筹优选法，采取的多为巡回宣讲、模范演示等方式，但创新方法是域外产物，是由代际迁延的大理论系统，无法由单个发明者来讲解，需要有一整套的学习流程和背后的组织发动机制。

首要是如何借鉴国外的做法。比如将国外的 TRIZ 工程师认证移植到我国，变成创新工程师认证；将国外的教材文献翻译过来，变成我国的教材；将国外的专家邀请到国内，培训我国的师资。近年来，全国创新方法研究会和一些高校的专家开展了创新方法理论的译介工作，编写了不同种类的教材，发表了一系列的论文。从内容上看，一方面，关于创新方法理论的普及型读物和文章报告不多，多见的是关于创新方法原理的翻译和著述，这类题材的书籍论文内容大同小异，以介绍为主，应用性不是很突出，不适合有一定技术知识，但尚不能开展专业创新活动的青年科技人员或者技术工人、技术操作人员阅读学习。另一方面，创新方法理论和具体工程技术行业相结合的论著已经涌现出一些，但主要是教科书性质，而非研究性成果。在各产业技术领域技术发展状况，实际技术难题分布情况，以及如何提高技术难题解决成功率等直接关系到技术创新第一线方面的问题回答甚少。这类著述可以满足对高等学校学生教学的要求，但距研发一线工程技术人员的需求还有一定的距离。创新方法理论的学术表述和创新方法的应用性归纳、提升没有能够同步发展。

其次是组织发动。科技部门是创新方法培训和普及的主要发起者,通过行政层级的统辖,各省、市也行动起来,部署本地区的创新方法培训。科技部门利用财政拨款以及能够调动的各种科技事业单位、学会资源,并邀请高校、研究院所等智力密集型单位来推进培训和其他专项普及任务。但至为重要的问题是,科技部门既不管高校,也不管企业,对两者都不能通过直接命令和指挥的方式部署创新方法培训和人才培养的行政任务,只能通过上级和本级政府来指派教育、经济、工业、财政等部门共同参与推进创新方法推广工作,形成一部门主推、多部门协同的推进动力机制。从中可以看出,推进创新方法理论的人、财、物资源并不是悉数由科技管理部门支配的,而是存在部门之间重视程度和协同步调的差异,尤其是培训方和受训方的积极性问题。科技部门本身没有配备和引入熟悉创新方法理论的师资人才,只能通过聘请、征调、补助等机动方式邀集来自高校、科研院所、企业等单位的创新方法人才。这些人才在人事隶属上属于外单位,在利益分配上属于科技部门和所在单位共同供给,科技部门对这些人员的了解和使用并不非常熟悉,这种工作方式类似于支援或者"借调",即用其他部门的人员为本部门服务,工作人员的稳定性和积极性不如正规的人事管理体制,尤其是在计算人才工作绩效、授予荣誉、晋升等方面,都不会被列入科技部门的序列当中。在人力资源管理等方面,不可能仅靠责任感、职业操守等因素来达到持续激励、稳定发挥人员效能的目的,这是科技管理部门在创新方法理论推行中的一大被动之处。另一被动之处是受训对象。在创新方法专项推广工作铺开之后,科技部门首要任务是遴选受训单位,既要求是有一定研发潜力,有素质较佳的技术人员,在以往研发工作开展中取得一些成效的企业,也需要找到一些产业技术发展空间较广阔,容易诞生创新成果的行业。过往,科技部门对企业的辅导主要是帮助企业克服技术困难,开展新技术攻关和培养科技人才,以及推广高新技术,管理和维护专利。与科技部门打交道的企业多数是规模以上、有一定研发实力、有专利成果的企业。而对一些小微企业而言,除了有专门针对性的科技服务活动安排,科技部门在一般情况下接触不多。即便是与企业保持联系,但相比之下,科技部门对技术成果的市场前景、企业经营战略等方面的事务也了解不深,存在信息不对称,要找对、找准对创新方法有需求的企业或者急需得到创新方法理论指引的企业,尚有一定的难度。科技部门在动员企业舍得一时之利,给予企业科技人员较充分的学习培训时间以及给予他们独立创新的必要支持方面,也有相当的难度。有些企业在接到创新方法培训的征召后,觉得派出技术人员参与学习培训会应影响企业的日常生产经营,因而不允许技术人员彻底脱岗,或者名义上脱岗,但实际上要求技术人员两头兼顾。还有些企业担心技术人员掌握高水平的创新技能后会跳槽到其他企业,或担心企业技术人员在陈述研发难题时透露企业的技术"家底"和机密,从而不愿意派出核心研发人员或者暗中要求他们在学习培训中敷衍了事,不轻易开口。在受训的科技人员回到企业试图将所学的创新方法付诸实践时,有些企业抱着不信任、不情愿投入的心态,没有放手让科技人员尝试,担心创新失败增加成本、延误生产,使得科技人员所学创新方法没有充分的用武之地。

六、创新方法推广普及的协同效应未充分显现的问题

创新方法有优越的效益潜力是老一辈科学家发现并积极向中央推荐的,而当时我国的一些地方政府、企业、科研院所尚未意识到这一点,把推广创新方法当作一项行政任务来完成,而不是考虑到技术和商品市场对创新方法有着强烈的需求而主动去做。出于自上而下的行政指令而开展的推广,其资源供给也是自上而下的,而不是自我循环、自足型的。这是创新方法推广初期的一个遗憾。政府的设想是充当"叩门砖"的角色,当企业、科研院所、科技服务机构越来越深度地参与到创新方法培训推广工作中,这些机构尤其是企业逐步意识到创新方法是解决技术难题、实现创新且成功率较高的模式,就会增强对创新方法的兴趣,进而积极掌握这种方法,加强对创新方法的研究和投入,直至实现创新方法学习—产生效益—反哺研究—再创新的良性循环。但这种理想状态在短时期内还难以实现。

第一,政府的领头羊角色难以持续。政府采取的是批次投入、逐步推广的策略,希望通过试点培养一批掌握创新方法的领航企业,进而带动行业的创新潮流。从一些地方的试点情况来看,在试点中企业获得了使用创新方法的机会,但试点结束后,相当一部分企业没有坚持将创新方法理论作为技术革新的主要引擎,没有在本企业和行业内复制创新方法。一些在初步学习接受创新方法理论后还未清楚认知和充分解决的问题,企业寄望于获得下一次培训机会或者得到创新方法专家师资的指导,而没有主动去深化,使得一批批的试点没有变成长期化的企业创新革命。政府在创新方法推广方式、经费安排上也没有进行充分的评估。由于试点开展还没有成熟经验,对于试点效果只是进行了初步的满意度调查,没有完整的、中肯的评估,没有跟踪试点后创新方法团队的绩效,并依据此来设计新的推广培训方式。造成创新方法试点结束后,企业的创新能力出现短

暂提升后又陷于停滞，等到下一批次的试点和培训时，企业独创性自觉才能再次被触动的现象。这种阶段性、集中化的试点未能带来普遍性、持久性的创新方法理论学习氛围。

第二，高校科研院所对创新方法"消化不良"。对于实际实施创新方法普及和推广的科研院所、科技服务机构而言，它们在得到政府资源支持的情况下，受命开展培训、咨询工作，从理论上讲，政府购买了它们的服务，它们的目标是完成政府设定的要求，与政府结成利益共同体。在它们眼中，创新方法培训咨询和向企业提供技术咨询、签订技术服务合同行为有较大的不同，最显著的区别是没有相应的权利义务条款来约束这些机构。没有企业的托付压力，它们会倾向选择最简要、最经济的方式去实现政府意愿，而不是与受训对象——企业结成利益共同体。这种咨询培训服务不是以问题为导向，而是以第三方设定的目标为导向的。这种用户与服务者的疏离直接影响到创新方法咨询培训的效果，亦不利于实现政府的政策期望。

第三，企业对创新方法理论"三心二意"。企业所定义的创新既可以是技术创新，也可以是市场创新和管理创新。在大多数企业中，研发投入不是充分供给的。因而，企业需要抉择以哪一类型、多大程度的创新来对应研发的投入。要企业做到全面创新、多点创新，显得不现实。当企业认为创新方法的引入可能为企业获得竞争优势打开一扇窗时，企业对创新方法会相当热衷。如前所述，创新方法给予企业的并不都是立竿见影的效果，更多时候是淬炼一种创新基因，不一定立即提升企业的竞争力。企业对创新方法的热情难免会有所流逝。再则，企业所派出的接受创新方法训练的多为纯技术性的工程技术人员，他们不可能自然而然地与市场营销人员、管理人员的思维相匹配，也没有左右企业创新靶向的权力和魄力，不善于把创新方法运用的成果转化成企业的利润和价值链，而掌握企业的市场营销、内部管理权力的人员一般没有机会去接受专利的创新方法理论教育，或者只是懂得一些皮毛。这两大类型人员的短板使他们没能有效地连接企业的整个创新链条。

第四，企业技术人员是创新方法运用效果好坏的关键。在接受创新方法培训过程中，企业技术人员将要面对的困难或焦虑来自几个方面：一是可能要推翻过去在生产研发中的惯性思维模式，经过颠覆性的转换来接受创新方法，这将带来一段时期内技术人员研发进展的停滞，会影响到学员本身的技术威信。二是在接受创新方法的专项培训任务后，会面对企业托付的大规模创新任务，企业总是希望受训人员在培训结束回到工作岗位后大显身手，解决企业积累的一系列技术难题。这种"押宝"式的任务并不是企业技术人员所乐见的,因为创新方法和其他创新途径一样,需要宽松的研究环境、合作的氛围以及多次试错。企业技术人员背负企业的压力和对创新的投入,必须在较短时间内有所产出,这种倾向反而会拔苗助长,使得企业技术人员宁可将创新方法培训当作一次开阔眼界、增长知识的机会,而不是将它作为以后自身的"看家本领"来对待。在向同事们介绍创新方法理论的预期作用时,企业技术人员也会趋于保守,将其介绍为一种研发设计的辅助性工具和思考方法,以调低企业管理者对创新方法理论的期望值。另外一个个人目标与集体目标冲突的现象是受训的企业技术人员会否争取创新工程师的资格认证。目前的创新工程师主要是由创新方法理论研究领域的专家来主持考核,考核内容涵盖创新理论基础知识、创新的公式工具以及考试者设计的一些创新方案,考核答辩整体难度较高,三级创新工程师资格考试每年通过的人数全国都只有几百名。这使得企业技术人员必定会耗费大量的时间、精力去准备考核答辩,而不是将全部精力放在企业技术难题解决和创新方案设计上。与此同时,由于人们对创新工程师这一称谓及其内涵、价值还比较陌生,目前在企业中获得创新工程师资质的技术人员并没有特殊的岗位待遇,并未成为企业的研发灵魂人物,削弱了有志于成为创新工程师的企业研发人员的积极性,也会导致接受过培训的企业技术人员不一定会积极游说负责人去引入创新方法,去增加创新方法投入,允许更多的技术人员去学习掌握创新方法。

第四节　搭建和完善创新方法推广平台
促进专利产出的策略分析

一、明确创新方法推广平台建设的必要性与紧迫性

随着经济全球化的深入,国际政治、经济、贸易格局的重新塑造和我国改革开放进入深水区、攻坚区,传统的以数量取胜、以低成本为优势的工业产出方式和经济增长方式遇到了劳动力、竞争力、环境承载力、贸易保护主义、专利权保护等多方面的瓶颈,实施供给侧结构性改革,将高端的科技资源配置到工业产业领域,推进先进制造、智能制造、绿色制造成为产业发展的潮流,也是广大中国企业

必须走的转型之路。先进制造需要有先进的设计、有竞争力的产品、有科技含量的研发生产流程，不能再重复过去那种仿造、订单生产、高能耗、高材耗、劳动密集的老路。简而言之，企业创新则活，不创新则僵。在这种情况下，企业必须主动地推进一切有利于创新的战略和制度，接受创新方法理论的指导和改造，由产品主体变成创新主体。

科学技术的飞速发展给传统的设计、加工、制造行业带来了机遇和挑战。在产业链分工中，设计研发的地位越来越重要，余下的制造环节将越来越多地利用机器来实现，而且批量化的制造将逐步让位于个性化的制造和产品定制，智能设计、智能制造、增材制造等逐渐成为主流。在我国综合科技创新实力逐年增强的情况下，研发设计仍旧是我国企业的弱项，这不符合创新驱动发展，建设创新型国家、创新型社会的宗旨。当然，我国众多企业中也不乏坚持创新战略，在产品、管理、服务等方面取得成功的典型例子，比如小米公司、华为公司、阿里巴巴公司以及其他迅速崛起的高新技术企业、行业隐形冠军乃至世界范围内有竞争力的"独角兽"公司。正反两方面的事例均表明，科学技术发展给技术创新、产品创新带来了大量契机。只有善于利用创新的方法，找到创新的路径，才能把科技财富引入企业、行业，使各行各业真正享受到科技红利。

在我国东南沿海地区，市场机制完善，产业集群健全，国民经济尤其是民营经济发达，经济开放性、外向型强，培育了一批在全国有标志性的知名企业，拥有一大批精干的技术骨干，是创新创业的重要试验田。这些省份在资源相对匮乏、工业基础差、人才底子薄的省情下，取得今天的发展成就，与政府、企业坚持改革，敢于进行商业、管理、技术等方面的创新是密不可分的。但应当看到，这些省份国民经济第二产业中有强劲创新能力和核心竞争力的大型企业数量还不充足，主要依靠大量的中小企业，它们是支撑区域经济高速发展的重要力量，同时也因技术创新方面的主客观弱势而有可能在竞争中被边缘化甚至淘汰。只有加快创新构想的落实，将科技成果物化为创新性技术和产品，才能帮助这些省份诸多产业做大做强，使各类企业尤其是中小企业能够顺利延展生命周期，避免产业资本的耗竭。总而言之，在区域经济发展、企业成长过程中，绕不开创新这道"坎"。目前存在着较急迫的经济成长与创新供给能力之间的矛盾，各方面对创新的需求非常强烈，需要合适的创新方法来实现这种需求。同时，随着经济社会良性发展局面形成，科教事业崛起，相对发达的各种服务业逐渐完善，政府行政效率和服务意识逐渐良好，专利权意识和保护措施增强，创新方法的普及和推广有众多的受众，创新方法在各地区落地生根适逢天时地利。

二、确立企业、高校、智库三位一体的创新方法实训咨询平台组建原则

创新方法进入我国之后,已经经历了翻译、宣讲、试点培训等阶段。通过前期的工作,社会、企业以及技术人员对创新方法的科学性和效果性有一定的了解,一些借助创新方法获得的技术成果成为专利并在市场上得到转化,创新方法学习和推广活动也逐渐经常化。在此基础上,应当考虑建立流程化、建制化的创新方法培训与咨询平台。有了稳定的平台和健全的机制,可以有针对性地克服前述创新方法培训和咨询中伴生的一些无效、低效问题,同时也有利于理顺创新方法普及推广中政府、企业以及其他主体之间的关系。

(一)政府不应当继续作为创新方法的唯一推广者,而应当运用市场化手段,调动培训者和受训者两方的积极性

科学技术是一个复合事物,其中有相当大一部分,如基础性科学研究,面向公众的科技普及服务属于纯公共产品,政府有责任去资助和组织这类活动。但科学技术中的其他部分,如面向市场的创新行为、应用研发有着较强的市场化倾向,不一定必须由公共部门去主导它,否则甚至会影响其效率。前述政府虽然频频举办创新方法的应用培训,但政府本身并没有配备熟谙创新方法理论的专门师资人才,主要靠从高校、科研院所"借将",政府科技部门以及下属的事业单位中也没有专门负责创新方法推广的科室机构。随着职业资格认证的改革,创新工程师等资格认证已下放给行业专门组织来认定。在这些因素下,政府对于可以商业化的技术创新的基本态度应当是"促进"而不是"经办"。具体而言,第一,政府应当做好创新方法推广资源的源头供给,通过组织创新方法理论专项攻关公益计划项目,对高等院校、科研院所开展创新方法理论溯源、创新方法动态跟踪、创新方法图书资料编译、数据库建设等基础性研究工作,有明确应用方向与前景的创新方法推广应用项目给予资助,引入竞争性科技项目管理的规则,支持创新方法探讨的国际性交流活动,进一步丰富创新方法的公共知识资源库,供后续的培训、咨询、利用之需。第二,政府应当勾勒出创新方法推广的路线图和时间表,各级政府部门可以商讨创新方法推广的专项规划,或者在产业规划、综合性科技发展规划、创新规划中专章规定创新方法的推广和应用事宜,明确普及推广的中长期任务和层次,以及创新方法培训咨询的具体增长幅度,罗列出推广普及创新方法的政策、财政、科技、教育等支持措施,对企业、高校、科研院所、科技

服务机构等单位提出政策性要求、鼓励性措施。第三,政府应当关注创新方法咨询与培训的效益评估和管理。政府可以牵头组织与创新方法普及推广活动相联动的各类机构,参与创新方法普及推广的标准化组织,根据国内外通行规则,拟定创新方法培训与咨询相关的技术标准、管理标准、服务标准,用来校正各方主体的创新方法咨询、实训活动;政府可以在各类高新技术企业、企业研究院、实验室、各类科技机构中设置创新方法考评达标指标,引导企业、科技组织积极开展创新方法推广。对利用财政资金开展创新方法实训和咨询的活动,要通过自评与第三方评估相结合的检查、审计等手段,保证合法合规地使用资金。第四,创新方法推广活动经费保障是各方关注的问题,除了在科技预算中编列创新方法推广开支直接经费外,政府还可以通过其他组合措施来保障经费,比如通过政府购买科技服务的方式将资金安排给实际承担创新方法推广的单位;也可以采取向企业发放创新券或者财政税收补贴的方式,补贴其在创新方法运用上的必要开支。政府还可以通过牵头或控股的科技成果转化基金、产业引导创新基金等渠道定向支持创新方法推广活动,促进创新方法专门培训咨询机构的成长。第五,政府可以通过延伸专利权培育和保护措施,对创新方法实训和咨询活动与专利权事业加以一体化考虑,比如在专利权示范城市建设中加重运用创新方法进行技术研发的要求,对于创新方法咨询和运用中可能孵化出的专利成果加以帮扶,确立创新主体技术秘密的保护通则,调解创新主体之间的权利纠纷。各级地方政府也需要根据本地区的主导产业特色、创新基础条件、创新方法理论推广的前期基础等因素,结合区域经济发展的定位,合理地设置好创新方法实训与咨询的目标期望,不能一蹴而就。

(二)以企业对创新方法的需求为轴心来架设创新方法实训咨询平台

首先,力争利用实训咨询平台提供企业急需的创新方法支持。在行业和区域经济竞争加强的环境中,企业对创新人才的需求快速增加,但出于人力资源成本和研发磨合过程的考虑,企业希望能从内部培养高素质的研发技术人才,这构成了企业对创新方法的迫切需求。过去,企业对创新方法的作用了解不深,所培养和招用的主要是行业通用型人才。随着产业分工的细致化,企业会更倾向培养一些专业化人才,如信息化人才、操作型技师以及专门设计师。创新方法实训特别适合这种专门型人才的培养。因此,创新方法的实训平台应当是根据企业的产业链、产品线而对应设置,而不是泛泛而设,实训平台要尽可能流程清晰,每个培训步骤对应技术研发过程中的某一个阶段,如整体设计阶段的培训、功能个性化阶段的培训、外观设计阶段的培训、产品改良的培训、多个产业融合的培训等,使研发人员能够对号入座,找到自己最需要的培训内容,得到最可靠的创新方法指导,增加创新的成功率。

其次,力争将平台建设成为企业寻找创新资源的媒介。一方面,创新方法实训咨询平台建设和维护中会利用到前述各种科技资源、经济资源、智力资源、政策资源,企业从实训咨询平台上获得创新方法的启发,进而实现内化创新。但更为重要的是创新成果的转化和落地,汇入到实训咨询平台的一些设计定制、产品中试、加工、专利权、品牌等方面的专业知识和专业人员可以为创新型企业所用,甚至创新方法实训咨询平台也能吸引一些风险投资、产业资本的注意力,为创新成果提供技术转让的机会。即研发创新阶段所依赖的资源还可以延伸到产业链的下一环节,使得实训咨询平台成果成为科技成果创造、转化、运用整体平台中的重要台阶。中央近期出台的国家技术成果转移体系建设方案中也涉及了这一方面。另一方面,创新的灵魂在于人。在创新方法实训咨询活动开展中,各个专业领域、不同技术侧重点的研发人才、科技管理人才、科技服务人才都可能汇集到平台上,为目标企业提供服务,平台具有的竞争性和开放性可以使企业了解到各类专业人才的特长,以及与企业技术发展方向的吻合度。专业人才也可以了解企业的创新热情、在研发上的志向抱负,对科技人员的重视程度,进而选择合作对象,实现从课堂、实验室到企业车间的相互联合,并选择以项目合作、合同合作或者股权合作、长期合作等方式来开展创新方法的传输工作。

再次,力争将平台建设成企业创新自觉和创新能力的认定依据和企业品牌形象推介榜。创新方法咨询和实训的直接目的是增强企业的创新能力,激发企业的创新活力,但实训咨询平台还有其自身的社会价值。平台在政府的支持和资助下运行,但不隶属于政府,形成独立第三方机制,除了可以提供创新工程师认证的活动,还可以证明企业在创新研发方面所进行的人力、财力投入。对于一些高新技术企业、技术产业化示范企业,它们的技术研发行为要优于其他企业,除了内部自主研发和委托外脑创新,它们也需要寻找多元化的创新渠道,它们选择和参与各类创新方法实训咨询活动本身就是一个极好的示范效应,能够吸引其他企业向平台聚拢,形成集成创新的态势。反过来,企业积极参与平台的活动可以视为企业创新自觉以及认定企业是否具有创新资质的一种依据,在认定高新技术企业、创新集聚区时可以作为一项客观标准。未来我国企业的目标是进军高端设计、高端制造领域,并通过高端标准来定义新的技术,用工匠精神来体现高端质量。现阶段创新方法咨询和实训的成果主要体现在填补一些创新能力明显偏低领域的技术空白,缩小与发达国家之间的研发差距,同时孵化一些个别领域的国际水平创新成果。今后,随着我国科技实力的增强和科研人员素质的提高,将展开更大规模的"技术＋市场"创新,即把技术创新所发明的产品加上制造业的品牌,一起开辟出新的市场。此时,创新方法实训咨询平台将成为技术、市场、商业模式进行协同创新、叠加创新的一个重要交汇点,满足企业产出创新价值的需要。

(三)高校和智库是创新方法实训咨询平台的核心建设方和维护方

借用建设施工领域的合作方式,企业是创新方法需求的甲方,而高校和智库则是提供创新方法服务的乙方,政府是平台建设的资助方和监管方。首先,高校和智库参与创建创新方法实训咨询平台的时机已经成熟。十九大报告指出,中国经济已经由高速增长阶段转向高质量发展阶段。中国经济发展要实现质量变革、效率变革、动力变革等一系列变革,要依靠人才进行创新,要依靠教育来培养人才。经过改革开放40多年来的努力,我国已成为高等教育大国,拥有数量众多、质量变精、师德变端正,人才培养水平上升的高等教育培养体系。国家推动高等教育多元发展,既重视建设国际一流大学和一流学科,也大力重视发展应用型教育,推动普通高等教育、现代职业教育、技能教育、工程师教育齐头并进,提倡终身学习、在职教育,形成了良好的教育氛围。尤其是推动高等院校在内的事业单位分类管理改革,将广大高校确定为公益二类事业单位,鼓励高校通过市场吸纳发展资源,要求高校面向社会提供公益服务,允许高校科技人员离岗创新创业,这些都为高校主动谋划和参与创新方法实训咨询平台建设松绑、助力。智库(思想库)是在西方非常流行的民间性机构,以关注和设定现实议题,收集信息,提炼思想、策略、方法,教育和影响公众,汇集人才,等等活动作为主要事务。现在智库被移植到我国,可以泛指具有一定独立性和前沿性,积极参与解决转型期经济、社会、科技、教育、文化、环境等领域的现实命题,为政府、社会提供咨询参谋,输出新思维、创造发展新动能的各类组织。在科技领域,一些具有一定规模的研究机构、科技中介组织、科技服务机构、大型企业设置的研究院正在向着科技智库的方向发展。与以往隶属于不同的政府机构、大学的科技组织相比,科技智库体现出更强的独立性和治理能力,往往以自身的名义,凭借健全的管理架构和业务规则去开展活动。更为重要的区别在于,智库有吸收资源、实现自我发展的能力,这种外部资源可能来自捐款、自身营运收入、政府补助或委托、成员筹募等,经济上的独立性和目标上的专门性,使科技智库成为受人重视的科技创新参与力量。

其次,高校的培训能力和智库的咨询能力已经具备。创新方法实训咨询平台组建和运用需要硬件和软件支撑。硬件部分主要是满足教学要求的设施、仪器,学习场所以及满足实训需要的场地、模具、试验室、检测仪器等。随着国家对高等教育投入的加强,一批重点实验室已经建成,政府牵头建设的科技设备共享平台、中试平台、科技大数据平台等设施设备不断完备,使用效率提高,高校所能提供的创新方法实训咨询的场地、设施能够满足需要。历年来开发的创新方法操作软件、教具等逐步丰富。而最重要的软件部分是培训和咨询能力。在重要的两项指标——科技论文和专利方面,我国高校都有不错的表现。据国家有关部门统计,在 2007 年至 2017 年 10 年间,我国科技人员发表的国际论文共被引用 1935 万次,排名上升到世界第 2 位,这一指标比论文发表数量更有说服力。近年来,我国专利的产出构成中,高校的专利产出量仅次于企业,而且高校研发的多为发明专利,创新性较强。而过往的创新方法培训可以看作是一种能力评估。从培训中发现,高校和智库在创新方法推广的核心人员、管理人员、支持人员等方面已经有较齐整的配置,高校一批专门师资经过试点培训的磨砺,经验逐渐丰富。高校的实验技术人员在动手操作能力、技术细节解析方面有特有的优势,一些中青年人才逐渐成为咨询实训的储备力量。随着祖国实力的增强,一大批从国外知名大学、著名科研机构、实验室学成归国的"海归"人才更富有国际视野,了解国外科技创新的流程和要诀,他们的加入会使创新方法咨询和实训更加高端化、国际化。智库的专业科研人员、教材开发人员、活动策划人员接触创新方法的时间最早,参与培训和咨询的机会较多,熟悉咨询培训中的各种流程。

再次,高校和智库主动去对接企业的渠道越来越多、障碍越来越少。当前,国家、省、市在科技发展规划、产业发展规划、创新政策、专利权政策方面都提倡产学研深度结合,在科技成果的权利归属和利益分享等方面也支持多主体联合创新。在创新方法领域,高校、智库可以自行设计组织创新方法专项培训和咨询,吸引企业参与;也可以通过政府公益性科技计划方式,来承接政府委托的专项,定向为企业提供创新方法技术支持。企业可以委托高校和智库解决一些适用创新方法的技术难题,高校、智库研究开发一些具备创新方法基因的阶段性成果、最终成果可以方便地输送到企业。高校、智库科技人员可以技术、发明等无形资产参股企业,将研发成果直接变成企业的资产,获得技术分红。还有一些新型的高校—企业—科研机构联合体,就像近期揭牌的之江实验室,它瞄准的是未来网络计算、泛化人工智能、泛在信息安全、无障感知互联和智能装备与机器人等国家重大战略需求和科技短板,有望诞生令人激动的创新成果。

三、解决企业、高校、智库三位一体的创新方法推广平台建设中关键问题的建议

(一)加强教学资源建设,解决"用什么教"的问题

创新方法的思想原理和技术精髓能够多大程度地体现出来,取决于培训的教材、软件、教具是否准确、精当而又通俗易学。首先,全球范围内有不少存量的创新方法理论文献和创新案例,但不一定都适合我国的实训咨询平台。有些较陈旧或行业不对口的案例,比如电子产业、模具产业的案例,需要进行评估、调研、翻新,根据平台所培训的学员的行业、所服务的咨询对象的产品、技术背景来补充教学资源。一方面,要充分借助风行全球的互联网、大数据、云计算氛围,加强对已有创新方法数据和信息的挖掘、整合,获得隐藏于幕后的更有价值的创新方法信息。另一方面,由于绝大多数创新方法研发成果的结晶是专利,而现在世界各国都有海量的专利信息数据库,因此,建议创新方法理论和案例教学不妨借用专利反向工程的思路,将一些典型专利的技术路线、创造性特征进行剖析,从而找出创新灵感和关键技术突破的诀窍,以保障创新方法培训和咨询的成果带有专利的"基因"。其次,基于现代科技研发人员已经习惯使用电子计算机进行建模、绘图、计算和处理其他数据,创新方法的人机一体化乃至移动终端的推行势在必行。过去本研究组比较倚重 CAI 系统,由培训专家帮助受训者将创新控制目标导入软件中,按照软件指引完成问题陈列、任务分解、方法选用、概念设计方案成型、方案评价、输出成果的流程。现在,在进一步加强软件对创新过程进行精细分解和动态化演示等功能开发的基础上,还需要结合人工智能的新发展趋势,挖掘电子计算机系统人机互动、深度学习的潜能。

(二)丰富创新方法实训咨询平台的核心教学模块和特色训练方法,解决"怎样教"的问题

国外一些机构和跨国公司对创新方法培训的课程设置有专门的研究。如韩国三星公司的 TRIZ 培训计划中,包括基础课程(40 小时)、应用课程(40 小时)、认证课程(5 个月)。这些经验可以给我国高校、智库制订创新方法培训方案提供经验。首先,针对当前培训课程中讲授创新方法概念和问题解决原理的比重过大,而解决矛盾的课程不够生动,缺乏有力的带动者,互动冷清,鲜有提出颠覆性见解的"搅局者",等等问题,未来在说课设计上,可以借鉴职业技能教育中重

视实训场地逼真模拟，课堂开放参观，将技能演示放在理论介绍之前，等等教学模式，并增加实训师资，实现1名师资对5—6名学员的创新方法小组辅导方式。其次，要改造已有的计算机教学辅助软件，借助AR、VR技术将产品当中蕴含的创新工作原理、专家对创新方法的认知直观地展示出来。尤其是针对案例的教学，要由单纯的、静态的讲案例逐步丰富为动态的、全息的观案例，用图像、微视频来描绘创新方法理论所定义的基本问题和技术矛盾为何物，用分阶段展示揭开如何将待解决问题转化为TRIZ标准问题的全过程，结合思维导图等工具分析如何运用创新方法通用工具进行求解，运用虚拟技术演示各种问题解决方案，方便学员进行对比取舍，将长时段的产品创新流程压缩成图像、数据，使受训者能够一目了然。再次，教育界近年来提出的翻转课堂理念，在创新方法实训中大有可为。学员们可以充分利用课余时间，通过电子书、视频、播客、公开在线课程等途径了解进阶知识，学员的课堂表现与课前的积累和创新思维的自觉运用息息相关。教师的教学安排则是混合式的，将课堂的时间用来对学员进行创新思维诱导而不是灌输信息，引导学员在课堂上开展问题探究。在条件成熟时放手让学员主导课堂节奏，将他们观察和理解到的产品功能矛盾和技术难题凝练成创新选题，去与创新法则进行匹配，鼓动参与课堂的学员去破解难题。其四，将课程延伸到创新方法理论之外的领域。将创新方法的运用、创新成果的获取与运营进行捆绑，加强互联网＋课程、专利情报分析、技术预警、大数据挖掘等新兴信息领域等课程的推介，引导学员自主地搜集、研读专利文献，从中整理出前人在发明创造过程中的解题思维，并对现有专利进行审视，评估专利的创新角度、创新深度，从创新方法法则的视角去模拟、合成，以找寻新的创新机遇，实现弯道超车。

（三）多渠道吸引创新方法咨询培训师资，解决好"谁来教"的问题

创新方法咨询实训师资的共同使命是全方位地介绍创新方法的理论和功能，为企业、行业乃至全社会培养和储备创新人力资源。合格的创新方法师资人才，应当具有一定的创新眼界和能力，即具备观察理解能力，能够发现和归纳技术问题，并储备丰富的创新心得和经常采用的创新途径，善于确定创新选题，建构创新方案。同时，好的创新方法师资本身应当是卓越工程师，在工程技术基础知识、设备操作能力等方面全面突出。但现实中，这样的师资人才较为稀缺，只能退而求其次，将在上述两方面较有建树的专业人才联合起来。一部分来自高校的师资，需要将自然科学基本理论、工程学科学方法与创新方法有机结合起来，在补足受训者前沿知识、前沿方法方面的储备基础上，以创新方法为主线来

设计课程,指导受训者用科学理念来审视创意,帮助受训者建立创新知识库和逻辑思维习惯,避免科学与应用脱节。一部分来自智库的师资,他们需要抓准当前中国企业的技术创新面临的处境,主要侧重于帮助受训者将理论和方法论结合起来,增强系统分析能力,从破译黑箱、抓取信息、智能模拟、比较概括、方案决策等方面入手,将模糊性、随机性的创新灵感变成常规性、系统性的创新自觉,解决咨询对象在智力技能、操作技能、创新技能中一项或多项较薄弱的部分。此外,还需要有本身就是或者曾经是创新者的实训师资,他们的使命是关注受训者的项目、设想,领导学员组成的创新攻关小组,开展真枪实弹的研发。同时,还需要物色有资源撮合能力、管理能力、联络能力、心理疏解辅导能力的辅助师资团队,做好工作场所维护、规章制度建设、咨询培训质量调查、平台品牌创建和提升、资源管理等方面的工作,以确保平台能够健康、规范地运作。

(四)以全产业链的眼光物色创新方法培养对象,解决"谁来学"的问题

一方面,创新方法理论教学、实操培训以及项目咨询的对象既应当是最需要创新的人群,同时更应当是最可能创新的群体。当前的创新方法实训主要针对的是前一类群体,即在产品设计、生产一线岗位的工程技术人员。未来除了应当扩大培训面,延长培训周期,增加培训学时,还应当着力于巩固已受过创新方法培训的受训者的培训效果,在开展创新方法咨询时将他们吸纳进来,倡导他们主动去关注产业、区域的技术研发进展、市场开拓深度、技术转化潜力、产品创新速率等技术与产业交叉性问题,并能较准确地测算出开展创新方法的投入强度、成功概率,使他们逐步能站在创新策动者和先行者的位置上看待产品和技术创新,并避免盲目创新。另一方面,创新方法实训应当密切关注未来的创新主体,即普通高等教育、职业教育的在校学员,以及接受在职教育的人员。教育的本质和优势是对人的引导,在大众创业、万众创新的热潮下,学校教育应当培养对创新有一定的热忱,对创新方法原理有一定的了解,对创新转化有一定经验的新型人才。在高校,可以结合应用型人才培养目标,提升创新概论、创新方法流程、创新方法案例分析等课程的比重,将学生动手能力锻炼方面所需要的实训课程、校内外实习与创新方法培训结合起来,加大对 CAI 软件的学习掌握力度,让学生围绕创新去动手动脑,而不仅仅满足于会操作机器,会编写程序。同时,支持鼓励学生广泛参与各项科技竞赛、创新创业活动,使学生感受到浓厚的创新氛围,在走出校门时能够明显感觉到在发现问题、分析问题和创造性解决问题的能力上出现提升。在更高层次的应用研究型人才、工程师人才培养方面,建议在培养方案中增加创新工程师资质认证基础知识介绍和工作情景模拟,使培养出的工程师人才兼具理论素养和创新能力。在职业技术教育院校,要在职业技师培养、现代学徒制培养方案中增加初级创新原理、操作方式改良等课程,培养他们在发现、阐述技术问题方面的能力以及潜在的创新思维,使他们走上工作岗位之后能够较容易地理解创新意图,明确创新指令。企业的创新最终受益者是管理层。因此,企业的经营管理者必须懂一些创新方法理论,能够判断本企业的创新竞争力、产品创新差距,并将商业模式创新、管理创新与技术创新问题合并在一起进行谋划,根据市场需要和企业发展战略确定创新靶向,他们应当作为创新方法咨询的目标对象。

(五)加强创新方法实训咨询平台的品质管控,解决"办得好"的问题

创新方法实训咨询属于科技服务活动,其最终归宿是市场的反应。因此,各类创新方法咨询和实训平台都要评估平台建设目标与实际建成后的状况,查找目标差距,保障稳定高效运作,实现培训咨询一体化。首先,国内外众多的科技服务、创新促进平台有相应的建设管理经验,可供咨询实训平台借鉴。同时,平台建设基于高校和智库,当然应当借鉴两者的一些管理服务经验。其一,可以借鉴高校制定的应用型人才培养目标及其培养方案,对实训课程教材建设、课程主修次修的设置,先修课程与后修课程、跨学科课程的衔接、考核方式与成绩评定、实践环节管理,等等方面的体制。还可以借鉴高校牵头设立的各类协同创新中心在师资引进、互聘、培育,以及研发委托、成果转化方面的做法,丰富实训咨询平台的内涵建设。其二,可以借鉴各种专业智库在实现多学科知识和人才整合,与地区、产业实现紧密对接方面的做法,学习它们在及时收集政治、经济、科技情报信息,响应重大政治经济热点方面的能力以及向高层建言献策的技巧。其三,学习商业咨询机构在战略规划展望、管理模式设计、经营效果评估、个性化咨询诊断等方面的制度和经验。其四,学习专业培训机构在广告宣传、分析学员层次、培训环节设计、学员注意力维持、培训后回访等方面的经验。其五,借鉴科研机构根据产业需求组织重点攻关、组建科研团队、设置科研时间节点、控制科研开支的做法,并学习它们在专利权申请、科研成果转化方面的制度、机制。其次,要探索创新方法实训咨询平台的稳定内核、资源补充等方面的机制,诸如从企业到产业、从纯培训到培训咨询一体化、创新全过程参与的发展目标机制;设置常设性管理服务机构的组织机制;师资、培训咨询对象相对稳定的运营机制;围绕培训咨询的拓展度和满意度提升的品牌机制;以服务产出和创新环境营造为归依的绩效评价机制;以培训咨询任务完成和深度产学研参与为导向的内部激励机制;等等。

第三章　以质量为基础的专利发展路径分析

在科学技术飞速发展和经济全球化的时代背景下,知识产权的作用和影响在世界范围内日益显著扩大。各种知识产权中,专利最容易转化成创新性的产品和服务,因而专利具有指标性意义。考察专利离不开数量和质量等指标,其中专利质量是重中之重的指标。在科学技术意义上,专利质量象征着创新能力的强弱。从市场竞争角度看,专利质量决定着企业、产业乃至国家竞争力的大小以及经济增长方式的效率。同时,专利质量还可以为专利价值评估、许可转让、融资、抵押等专利运营活动提供基础标的。反之,低劣的专利质量带来的后果是降低竞争力、遏制创新、引起权利纠纷、浪费资源等等。在专利制度创制时期,专利质量没有引起足够的重视。随着专利制度的发展演变,很多发达国家已经认识到专利质量的重要性,通过制定专利法,调整国家专利战略,着眼于提高专利质量,减少问题专利。比较典型的措施包括美国出台的《专利质量法案》和《专利改革法案》;日本则在专利局审查部门中增设"质量监理室";欧洲专利局提出将专利质量加以标准化,仿效 ISO 质量管理体系建立一套专利质量管理系统。

我国科学技术创新和经济发展的大环境体现了对创新、对获得专利的鼓励。近年来,我国专利申请量和授权量已位居世界前列。2018 年,我国发明专利申请量为 154.2 万件,同比增长 11.6%。共获得授权发明专利 43.2 万件,其中,国内发明专利授权 34.6 万件。在国内发明专利授权中,职务发明为 32.3 万件,占 93.3%;非职务发明 2.3 万件,占 6.7%。但有些观点警告,我国专利的竞争力非常令人担忧,垃圾专利或者问题专利占到了有效专利的相当大一部分,成为专利的无效场。为此,在政策指引方面,中央、地方各级政府已出台相应的顶层设计,在专利质量提升具体政策的设计和执行上还需要针对一些基本性问题开展细致的研究,如:应当如何看待专利质量? 当前一批关键产业专利质量基本状况如何? 哪些看法和做法影响到专利质量? 调控专利质量的政策体系应当如何构建? 这方面的研究对创新型国家、创新型城市的建设具有较强的现实意义和推广价值。

第一节 专利质量的界定

一、国内外相关研究回顾

在国外，并没有形成统一的专利质量的定义。研究者们一般在两种场合下使用专利质量这个范畴。一方面，专利质量描述的是基于审查者的专利质量。它具体包括：(1)专利申请文件的质量，如专利申请文件与法定授权条件的一致性。(2)授权专利的质量，即用专利授权率来反映一个国家授权专利的平均水平。(3)专利审查的质量。这是最狭义的专利质量，通常是指专利局依照专利授权的技术质量标准对专利做出的一致性分类[①]。

另一方面，专利质量被认为是基于使用者的专利质量。包括：(1)法律质量。指专利是否符合法律的授权标准以及是否具有法律上的可靠性，关注的问题包括可专利客体、新颖性、创造性、实用性、适当的说明和实现方式、其效力是否在诉讼中经得起考验等方面。(2)技术质量。是指专利本身的技术先进性和重要性。例如，美国一些公司专门开发了专利技术指标。(3)经济质量。指专利是否具有经济价值或经济前景。一件专利值得拥有是因为它包含了没有专利保护就不敢实施的发明，优质专利是打算将有价值的发明商业化的专利[②]。

国内研究者对于专利质量也有多种看法。一些早期研究的看法将专利质量具象成发明专利比例、职务发明比例、有效专利数量等数值。有些研究则探讨了某一类型企业的专利质量和某一产业行业的单项专利的质量。没有像国外研究者那样把专利质量作为一个整体，还没有形成一个完整、有效的专利质量概念，而是从专利质量的某一方面特性出发加以定义。有的研究认为专利质量反映的是专利技术对使用者带来的竞争力的强弱。简而言之，就是专利是否有领先于竞争对手的潜质。有的研究认为，专利质量主要应从是否符合专利授权实质性条件来评判，也就是主要依据法律效力的有无来看待专利。有的研究则从技术质量和经济效益中的某些因素来比较专利质量。近年来，研究者们吸收了技术

---

① 朱雪忠、万小丽：《竞争力视角下的专利质量界定》，《知识产权》2009 年第 4 期，11-18 页。

② 万小丽：《知识产权战略实施绩效评估中的专利质量指标及其作用研究》，《科学学与科学技术管理》2009 年 11 期，71-76 页。

经济学的理论,对专利质量的相关要素进行了抽象,提出了从专利技术知识层面的纵深程度、专利技术知识领域的涵盖宽度、专利的时效性独占保护三重维度来考察专利的质量[①]。这种看法常用的指标包括:①专利长度是指专利受到法律保护的年限,通常是政府通过专利法来明确规定的。专利长度越长,则表明对创新的保护要求越重视。②专利宽度是最初创新者保留的对基础创新的某些独占性应用。从保护消费者利益的角度看,专利宽度是指专利持有者因拥有专利而获得的质量优势。两者都可以折合成专利权新覆盖的学科领域。专利宽度越大,专利权所覆盖的领域就越广,就越能防止该项发明在其他领域被免费应用。③专利高度,是专利权的技术要素,即指专利的技术含量,专利的新颖性、创造性和实用性,它构成专利质量的技术核心。据此可以建立专利质量三维模型,由专利长度和专利宽度构成质量平面,专利高度构成内部标高,形成一种六面体。

从全球范围看,专利数量在不断增长,对专利本身的经济价值以及专利对产业发展的贡献的研究保持着较高的热度。这当中既有宏观层面上的国家专利政策是否有效的讨论,也有微观层面的专利本身的三大属性是否达到期望标准的问题。研究者发现在各个国家都存在着"垃圾"专利、"短命"专利等现象,也发现专利的法律资格授予与专利本身能否发挥科技和产业效应之间存在区隔。在我国,研究者也注意到了大量实用新型和外观设计专利存在的创新性差、取得授权后无人问津的现象,大批专利获得授权无意愿继续缴纳维持费用从而放弃专利权的现象,也研究了在中国获得发明专利但无法在国外获得专利的情况。研究者担忧这种状况会使得我国的专利战略出现偏差,难以实现创新强国的战略目标。有的研究者分析了我国部门行业专利质量所存在的技术欠成熟、实施应用率不高、重大发明创造较少、实质性改进不明显、重复申请、体现战略意图的系列专利较少,以及不能形成围绕核心技术的有效包围圈等问题[②],但这些研究主要从政策评价和个案研究等视角展开,没有形成一般规律层面的验证。

国内外研究者报道了各种专利质量的测度方法。从测算原理上看,多种测算方法被引入。包括:模糊评价法、功效系数法、综合指标指数法、数据标准化法、数据包络分析法(DEA)、层次分析法、德尔菲法、主成分分析法、神经网络综合评价法、分形评价法。随着研究的深入,研究者越来越希望将多个指标集合成一个综合指数,就像一本字典一样,能够使评价人员方便快捷地计算出某一类专

---

① 宋河发、穆荣平、陈芳:《专利质量及其测度方法与测度指标体系研究》,《科学学与科学技术管理》2010年第4期,23-29页。

② 程良友、汤珊芬:《我国专利质量现状、成因及对策探讨》,《科技与经济》2006年第6期,37-40页。

利的质量,这就诞生了一些指标模型和公因子。在这些方法基础上,中国研究者开始利用一些指标评价专利质量。例如,谢炜构建的专利质量评价指标体系包括发明专利比例、专利授权率、专利维持率以及向海外申请专利数 4 个指标。赖院根等在此基础上加入了专利授权率、专利寿命和失效专利比例,将法律状态信息加入了经济指标中。李清海等收集的专利质量评价指标包括技术循环周期、科学关联度、技术覆盖范围和专利权要求数量的专业指标和专利被引用次数、专利族大小、专利寿命、专利异议、专利诉讼等综合指标。万小丽和朱雪忠提出从创新度、技术含量、成熟度、技术应用范围、可替代程度、专利独立性、专利保护范围、专利族规模和法律地位稳固程度等角度来研究专利质量。秦海菁提出主要以我国居民获得国外专利数量来衡量国家的专利质量。郭仁良、魏雪君先后提出建议政府用发明专利授权量率、发明专利授权增长率、发明专利对外授权量率、发明专利第 n 年存活量率、发明专利平均寿命这些指标来考察专利质量。岳宗全和毕艳红则提议企业可以从专利成长率、引证指标、科学关联性、技术生命周期、专利效率、专利实施率、产业标准化等角度来审视自己所拥有专利的质量。杨思军等建议高校科技部门使用当前影响因子、科学关联度和技术生命周期等指标评价本单位的专利质量。在唐炜的研究中,各种专利质量指标被归纳为总量型指标、时间分布研究类指标、地理分布研究类指标、按人的要素分析的指标和专利引文指标等种类,以利于不同地方、不同机构、不同部门来使用。我国台湾地区的陈达仁、李思宏等学者提出改变单纯以被引次数的多寡来评价优质专利的办法,把一些年代较久的专利加以适当过滤,形成一个优质专利指数(EPI)[①]。

接下来,学者们参考了国外利用引证数据评价专利质量的做法,刘玉琴等基于文本挖掘技术引入技术新颖度量函数考察专利技术价值;李春燕和石荣集中了国内外通常使用的 29 个专利质量指标,将其分为引用指标、科学指标、内容指标、国际指标、时间指标及其他指标 6 类;官建成等基于专利被引次数构建 h 指数评价专利组合的质量,即专利组合中如果有 h 件专利的被引次数至少为 h 次,而剩余专利的被引次数都少于 h 次,则 h 为该专利组合的 h 指数。高山行、郭华涛利用国外开发的专利维持模型对我国专利权质量进行了评估和分析,并用专利申请授权率与欧洲国家进行比较,得出我国专利质量自 20 世纪 90 年代以来

---

① 宋河发、穆荣平、陈芳:《基于中国发明专利数据的专利质量测度研究》,《科研管理》2014 年第 11 期,68—76 页。

有所降低的结论。程良友、汤珊利用较为简单的发明专利比例、国内发明专利申请授权率、专利实施率、无效专利比例、专利提前终止比例和本国人国际申请的比例 6 个方面分析来进行专利质量快速诊断,同样认为我国专利质量处于低位。在专利质量测算结果的解读上,有的学者看法比较尖锐,认为我国的垃圾专利或者问题专利占到 50%,甚至是 80%。对这些研究结果,有些学者认为一方面要承认我国专利质量不令人乐观,但另一方面要彻底查明我国专利质量低是具体哪方面低,低到什么程度。有的学者提出辩证地看待专利数量和专利质量之间的关系[1]。

对于专利质量参差不齐的现象,研究者们从多个方面,阐述了法律因素、技术因素、产业因素和市场因素对专利质量的影响。第一,研究者们认为对专利质量的测度受到法律规定的影响。具体而言,被测度的专利在法律地位上属于待授权的专利申请,还是已获授权的专利对专利的经济价值得分有巨大的影响。被测度的专利符合属于发明专利抑或实用新型专利、外观设计专利亦是如此。被测度的专利是否按时缴纳专利年费,专利保护期限是否届满,是否牵扯到侵权诉讼、无效诉讼等专利纠纷等变量会影响到专利的测度值。第二,专利质量的测度受到技术因素的影响。专利技术自身的创新程度、先进程度、技术成熟程度、技术发展阶段、技术竞争优势等,对其价值大小的影响是必然的。由此还催生了根据技术生命周期来动态跟踪专利质量的做法[2]。第三,专利质量受到产业因素的影响,主要体现为专利技术的产业化程度和产业应用范围存在差异。同时,国家对不同的技术所在领域的产业扶持政策有差异。研究表明,同等技术水平的专利,如果进行产业化的难度越低,条件越宽松,专利技术实施的可能性越大,其专利质量越高。同等技术水平的专利技术在现在和未来可能应用领域越大,应用范围越广,专利价值发挥的程度越大。研究者也强调这种分析主要适用于民用专利。第四,专利质量测度受到市场因素环境的影响。主要体现为专利技术被市场所接受的程度。市场越需要、市场占有率越高的产品,其中的专利技术所体现的价值就越大。

近年来,各级知识产权管理部门对专利(申请)质量问题高度重视,相继出台了一系列的政策引导措施。研究者对这些政策行为进行了分析评价,认为当前的确存在着专利申请环节质量缺乏保障的现象,并分析了专利申请文件撰写水

① 李春燕、石荣:《专利质量指标评价探索》,《现代情报》2008 年第 2 期,148-151 页。
② 刘玉琴、汪雪锋、雷孝平:《基于文本挖掘技术的专利质量评价与实证研究》,《计算机工程与应用》2007 年第 3 期,16-18 页。

平较低,专利申请的技术创新水平不高,部分专利引导政策和考核评价工作存在重数量轻质量的现象背后的因素,提出了一些政策建议。如将发明专利申请量占比、发明专利授权率、PCT 专利申请量、专利维持率、未缴纳申请费视撤率、视为放弃取得专利权率等指标纳入区域专利工作评价指标体系,改变原有的单纯考察"每万人口发明专利拥有量"的做法。研究者还提出改进专利资助政策,实施专利专项资助,在科技研发项目、产业化项目、企事业单位创新能力评价、人才引进及职称评审等环节增加专利考核评价的内容等建议。其中不少可行性强的内容被国家知识产权局颁布的《关于进一步提升专利申请质量的若干意见》所接受或吸收。也有研究者站在更为宏观的角度,提出要针对专利质量的不同理解角度开展综合治理,弱化政策对专利行为的干预,强化市场驱动的作用等。[①]

二、初步启示

由上述研究可以看出,专利质量是一个相对性、广义性的概念,对它进行专门性的、限缩性的定义是很难做到逻辑上无懈可击的,现在也较难实现对某类或某些年份的专利进行全面、准确的专利质量数值测度。经过多年的研究,我国在专利引证指标、专利维持水平、专利族大小、权利要求数量等指标方面已经取得了一定的成果,也得到了专利研发部门、产业界、政府的重视,初步描绘出了专利质量的轮廓。

专利脱胎于技术,先进的技术必然会催生含金量高的专利。专利反过来又有利于技术的经济转化,为专利拥有者带来竞争优势和可观的经济效益。但是现行专利制度下,技术的研发者和专利的拥有者可能是分离的,专利的拥有者对于产业链的组构者以及最终上市的产品的影响可能是直接的,也可能是间接的,这种不对称性就导致了从专利创制者手中面世的专利不一定是有高技术含量、有竞争力的,属于稀缺性的知识产品。相反,有些时候、有些类型的专利在异质性、难以模仿性和难以替代性方面出现了迷失,这就出现了人们关注的专利质量的问题。专利技术的利用最终要转化成产品。出于资源有效配置的考虑,应当尽量避免质量较低的专利转换成为产品,现有的专利产品在出现质量降低时也应当及时加以扭转,以获得竞争力。在此层面上,专利质量是涉及法律性、技术

---

①　刘洋、温珂、郭剑:《基于过程管理的中国专利质量影响因素分析》,《科研管理》2012 年第 12 期,106—111 页。

性和经济性的重要课题。在学术研究上,下一步努力的方向是挖掘专利质量指标,构建一个科学、全面的专利质量指标体系,并开发出专利质量指数的创建模板和编制依据,以帮助研究人员去掌握单项专利的质量或多项专利的整体质量,评估专利的竞争力。但我们也应当看到,从技术到专利,从产品到市场,这之间有漫长的经济道路要走,不能仅仅满足于专利质量指标数据的增长,还应当紧扣现实的产业形势、创新环境、政策供给等问题,使专利质量真正发挥政策效应、经济效应,而不仅仅是学术效应。对于政策制定者和执行者而言,围绕提高专利质量、完善专利战略、实现专利优化等政策目标,以及帮助推动专利价值评估、许可转让、融资、抵押等科技金融活动,需要观察现实科技和经济生活中专利的产生、运行过程,尤其是在专门产业的专利状态,因为绝大多数专利的本质和最终出路都是技术。专利(技术)有些转化成产品,有些则形成标准或其他竞争工具,但其满足专利使用者需求的属性以及体现的竞争优势是不能抹杀的,这为我们分析专利质量、构思如何提高专利质量有着较强的指导意义。同时,已有研究揭示出,现实生活中人们关注和谈论专利质量,主要停留在追求"量"这一层次上,对专利"质"的要求把握得不准,这也妨碍了针对专利质量的政策设计和实施执行效果。再则,新材料产业的专利质量所面临的挑战与我国专利事业中遭遇到的问题有着紧密的联系,需要从理论研究和现实问题化解等相结合的角度来分析,尤其是从作为地方政府的管理和服务愿景出发,在专利审查质量、专利法律质量、专利经济质量、专利技术质量等方面天然存在着不同的侧重点。比如,对专利审查质量主要抱有引导而不是裁判的态度,将专利经济质量作为核心的关注点。

第二节 专利质量及其影响因素的辩证分析

一、专利质量的重大意义

专利制度对于技术创新存在一定的反向效应。因为专利制度的设计要求公开技术,同时设定了使用技术的授权化和有偿化,其初始目的是希望技术持有人在已有技术基础上不断竞争,推动技术更上一层楼。从总体上看,专利制度是有助于创新的,但具体到每一项专利,由于对科学技术的认知、授权尺度的宽窄等不同,是不是都能反映最新最强的技术,尚难一概而论。如果专利中所蕴藏的技术不是最新最好的,那就说明在一段时期、一个地域内存在创新基础差、创新速度慢的症结,说明这个国家的总体技术水平不高。更有甚者,如果某个国家长期被技术水平不高的专利挤占市场,导致一种企业和个人轻而易举就能申请到专利,不必再为专利投入货真价实的研发努力的怪圈,不仅不能鼓励创新,还会形成挤出效应。一方面,会使得来自区域外的创新程度较高的技术占领高端的专利领域,具有重大经济和安全价值的专利被握于外国人之手,本国人要想追赶必须付出巨大的投入。另一方面,也会使本国、本地区的大量人力物力消耗在无价值专利上,延后了技术和产业升级的重要机遇。

专利的质量不单单是一个科学指标,更是一个复合型的评价体系。首先,从专利的生成来看,那些有创造性,能够代表科学进步方向,同时在现有技术、产业条件下能发挥作用的发明发现才符合专利制度设置的本质。基于此,发明专利因为创造性最强,在理论上是质量最高的,而实用新型、外观设计等专利因为创造性较弱,质量次之。但也不能武断做出此结论。应当看到,由于科技的颠覆性,有些发明专利还未充分产业化,就有可能被新的发明所淘汰,只能在特定时段内体现其质量,而实用新型、外观设计的产业化、市场化成熟度、生命周期或能长过发明专利。其次,从专利的确权来看,高质量的专利意味着专利技术的新颖性、创造性、实用性达到或超过授权标准,专利申请文件的撰写水平也较高,能使专利审查者有效地了解专利的技术价值。从国际视野上看,专利质量高是指能够较顺利、较快速地通过第三国的严格专利审查,获得多国授权。近年来我国专利申请数量的爆炸式增长,造成了专利申请大量积压、审查资源告急、专利代理不能满足需求等问题,国外也有媒体质疑我国专利申请量迅速提高,而国家创造力未能同步攀升,专利质量越来越引起各国决策者的重视,提高专利申请的质量,减少无效审查成为共识。2008年国务院发布的《国家知识产权战略纲要》中提到,要"提高专利审查质量,防止非正常专利申请"。国家知识产权局发布的《2012年国家知识产权战略实施推进计划》开始专题论述"提升知识产权质量";2014年国家知识产权局专门出台了《关于进一步提升专利申请质量的若干意见》,从科技管理机构的角度看,对某一区域或某一行业专利申请质量的最直观观察方法就是看专利申请数量与专利授权数量之间的比例。我国自2012年以来,出现过一段时期的专利申请量小幅度下滑现象,但专利授权量相比之下下滑不是很明显。目前专利申请量和授权量都处于相对平稳状态。再次,在专利可靠性角度上,质量高的专利意味着具有法律稳定性,不会有随时被宣告无效的隐忧存在。从我国专利无效宣告的数据来看,被确认无效的专利数量仅占专利授权量的极小一部分,这说明我国的专利授权标准统一性和结果稳定性方面是比较规范的。最后,站在专利的最终使用者——企业的角度看,高质量的专利就意味着专利能转化成有竞争力的产品,给企业带来良好的经济效益。

二、专利质量的适宜评价指标

当前国内外关于专利质量的测度出现了各种方法,大体上遵循提取各种指标和系数,或进行主观评价等方式。当前在国内外比较流行的专利质量度量方式是专利引证指标。学者们认为,专利所蕴藏的创新思维和技术路线往往会选择在科学文献上进行发表,并引起学术同行的关注和评议。专利的受重视程度与文献的传播范围,阅读频率,研究同行关注和引用的次数之间有密切的关系。同时,从技术生命周期来看,后诞生的专利应当需要说明与已有的技术尤其是已有的专利技术之间的关系,专利与专利之间会存在相互引用的现象,因此产生了专利引证指标。专利引证指标通常包括引文数量和被引次数两个具体数值,以及专利参考文献数量、科学关联度、技术循环周期、影响指数等次级指标。由于图书情报服务的发展,上述与专利有关的科技活动能够比较客观地进行统计和对比。尤其是在比较崇尚学术研究规范性的西方国家,专利引证指标颇受欢迎,那些被引用次数较多的专利享有极高的声誉。换言之,被引用次数多的专利可以视为有价值、有影响力的专利。除了这种较为直接的评价方式外,在经济学领域,研究者们还开发出各种模型、抽取各类因子进行统计,从而计算专利的抽象价值。在实践中,这些方法所显示出的专利质量测度结果不尽一致,实事求是地看,各种方法各有其优点,也存在不足。以专利引证指标而言,可能会存在某项专利已经终止,但研发者为了体现其专利文献的阅读和整理能力,仍然将其引用,而无视它是否还在起作用或者已经被更先进的技术代替。而且,一件专利可能被高质量专利引用,也可能被低质量专利引用,两种情况反映出的专利质量本身是存在区别的,而在最终的统计数据表中不同水平专利的引证数据却很可能是单纯线性化的。如采用隶属函数描述来量化指标实测值的模糊评价法,较好地解决了综合评价中的模糊性(如因素类属间的不清晰性、专家认识评价上的模糊性等)问题,但不能解决评价指标之间的相关性,导致评价信息重复。功效系数法则对评价对象的不同侧面进行计算评分,实现了多层次、多因素及多因子测评,满足了一些企业的要求,减少了单一标准评价而造成的评价结果偏差。但其缺点是只能在满意和不满意两个档次上进行打分,难以在评价指标值范围区间里机动评分,实际应用中显得十分机械,使评价计分失去客观性和准确性。综合指标指数法对指标原始数据进行标准化处理,简明易行,但所测算的结果总体上是一种抽象化反映,只能提供一个参照系,看不出多指标的统计分布区间差异,不同类型专利质量得分之间缺乏可比性①。专家德尔菲法由所筛选的专家发表关于专利质量的意见,依靠专家之间不互相讨论、不发生横向联系等方式避免专家互相影响,但专家和调查人员之间的理解差异和被引诱因素是难以避免的。主成分分析方法选取一部分专利引证指标、专利维持指标和专利范围指标等原始指标以及一部分由专家设计的指标,对两种指标的权重进行设置,形成了彼此相互独立的主成分,减轻评价指标之间的共线性,使计算工作量保持合理,但这种方法较为烦琐只能由少数专业统计人员运用,其中数据的获取会耗费较多的人力物力,也存在一定的时滞性。

作为专利战略执行者和监控者的政府知识产权部门,在对待专利质量问题时需要更多地采取务实的态度。一方面,各级政府的知识产权管理部门需要协助中央的专利授权机关对专利授予审查进行协助和把关,引导、倡导专利申请者在专利申请过程中注意质量,注意整体和细节,让专利审查保持适当的宽严尺度,不让过滥的专利申请轻松过关。另一方面,出于繁荣本地区知识产权,推进创新驱动发展的目标,政府知识产权部门要提醒、指导专利创造者、持有者、使用者这些知识经济主体,像注重商誉、学术声誉一样注重专利的经济和社会价值,在专利的法律稳定性、技术重要性、经济效益等方面实现较高水准。基于此种立场,本研究认为,对于地方性的科技创新活动而言,对专利质量的评估和监测,主要应关注以下几类指标:

首先,不能迷信专利引证指标。如前所述,专利是一种技术性活动,在科技研究场域,专利的分量取决于一定的科学规律。专利引证数量可以对某项专利的独创性和技术领先性做出较可信的注解。但科学研究既有面向未来的不确定性,也有基础研究与应用研究之间天然存在的细节性、小众性、兴趣性等差异,不一定能和经济活动直接对接。就好比一项赢得诺贝尔奖级别的专利技术并不一定能产生亿元级别的经济转化乘数效应,这与当今科技论文中存在的影响因子属于同一原理。一些公共科技领域的杰出贡献会获得科技界的高度褒扬——这直接体现在高引证方面,能够带给我们丰富的科学财富,但不一定能够转化成知

① 吴菲菲、张广安、张辉:《专利质量综合评价指数——以我国生物医药行业为例》,《科技进步与对策》2014 年第 13 期,124—129 页。

识资产。尤其是在专利估值时,不同授权年份和不同技术领域的专利在引证数量上的差异是相当明显的。因此,知识产权管理部门应当辩证地看待区域内专利的引证数量表现,既考虑到年份、行业等表面因素,也要考虑引证链的长短,引证目的,以及新专利与老专利的差异等深层次因素,不能被专利引证数量牵着鼻子走。

其次,关注专利"走出去"的情况。即同一项发明能够在不同国家获得的专利或完成初步的提交专利申请活动。实践证明,无论是基础性专利还是高端专利,都有一部分是广泛使用,多次授权。凡是有经济头脑的专利运营者,都会愿意花费一定的专利申请成本,使其专利受到更大范围、更多国家地区的保护。在经济全球化和技术扩散化的背景下,发达国家研发能力强的企业和大学、研究机构纷纷开展专利全球布局。这种"跑马圈地"尽管带有技术垄断的意图,但对于新兴专利国家和区域而言,还是非常值得仿效的。

再次,关注专利的内涵。具体而言,应当鼓励权利要求数量广泛的专利申请。专利说明书中含有专利权利要求,它包括独立权利要求和从属权利要求等内容。一般而言,专利权利要求数量建立在专利的技术创新能力基础上,专利覆盖范围越广泛,在今后的产业化道路上可选择面也越宽,尤其是需要与竞争对手谈判专利交叉授权时越能处于有利的地位。尽管专利权利要求范围中所列的技术涉及范围在后续的产品成型时不一定都覆盖到,但会给后续的专利研发者和使用者带来一定压力和挑战,也不失为一项高明的专利博弈。

第四,高度关注专利的法律寿命。专利申请及获得授权是知识专利实现经济价值的前奏。在长达10—20年的专利有效保护期内,专利的市场表现才是专利的真正生命线。专利拥有者可以对是否延续专利进行自决。为了确证专利的有用性,绝大多数国家都要求专利权人在专利有效年限内支付一定费用,以维持专利的效力,并证实专利是有价值的。一旦不缴纳维持费用,专利权将被视为永久放弃。专利的维持成本是市场这只"看不见的手"来决定的,即专利能够产生利润回报时,权利人才会愿意付出一定成本。这种制度设计可以将一部分低价值专利清除出技术市场,是检验"为专利而专利"的最有效试金石。在没有外来补贴的局面下,专利权人是否愿意维持专利自然能够反映专利在市场上是否还能具有价值,因此,知识产权管理部门不能错过甄别专利的这一敏感信号。

三、影响专利质量的因素

当前,世界各国将知识产权视为重要的国家财富和国家竞争力,通过各种渠道来推动本国的专利走出去,成为国际性专利。而我国处于后发位置,在此方面与发达国家还有较大的差距。比如,2008 年的统计表明,美国、日本及欧盟发达国家占有效 PCT 国际专利总量的 87.8%,我国占比远远低于上述国家。因此,提高专利质量,说到底就是要使我国的知识产权创造和应用在国际上有一席之地,我国批准的专利能够在其他国家得到承认。企业是申请专利的主体力量。站在整体维度上,我们归纳了一些因素。这些因素对专利质量尤其是企业申请专利的质量产生着一定的影响。

(一)宏观因素

从我国近年来专利授权的分布上看,区域富裕程度、科技实力、研发经费及人力投入、区域专利倾向、跨地区贸易等因素对专利的数量有着明显的影响。对此可以有一种解释,即这些地区有较丰富的专利研发的外部推动力和内在驱动力,形成了较好的专利发展基础和专利发展环境。在这种氛围下,专利申请人有能力也乐于进行研发投入,产学研联系紧密。

1.创新氛围

外部的创新政策及创新氛围对专利质量必然会产生影响,可以用一些具体的指标来评价区域的创新氛围,比如高新技术企业数量、国家级研发机构、国家技术转移中心、国内外技术转移渠道数量;创业投资(VC)和私募股权投资(PE)数量,科技创新型企业上市、挂牌和融资数量,外籍高层次人才、留学人员居留、就业数量,科技创业人才、创新创业中介服务人才、风险投资管理运营人才、企业高级管理人才培养数量,知识密集型产业从业人员数量、科技服务业总产出、创业孵化、科技中介、知识产权等科技推广、科技金融服务及相关服务增加值,等等。也可以通过一些行业近距离观察比较来了解某个区域的创新真实状况。如近年来,深圳市一些中小型的 IT 企业因为"山寨产品"风行一时,使得外界对深圳地区的创新力有较多的看法,有的专业人士评价,深圳市在 IT 产品创新意念、产品上市速度、技术更新换代上走在全国前列,但受限于区域科研机构和科研人员数量等因素的制约,深圳市出现产品多、专利少,产品附加值少、生命周期短的局面。相比之下,上海市科学学研究所对上海市的创新资源和创新绩效进行研究,制订了"上海科技创新中心指数",包含海内外高端人才集聚指标、科技服务业发展水平指标、全社会创新资本集聚额指标、高科技对外投资额指标、企业研发投入指标、中心辐射带动能力指标等较新的指标,上述指标和传统的科技分析指标,即研究与试验发展(R&D)经费、科技人员数量、科技服务业产值、研发费加计扣除、高新技术企业税收减免额等结合起来,对创新环境的判断可以做到虚实结合,更加准确。据测算,2015年上海科技创新中心创新指数值为183.3。在各项指标中,海内外高端人才集聚指标、科技服务业发展水平指标、全社会创新资本集聚额指标、高科技对外投资额指标得分较高。同时,全社会研发经费支出占GDP比重达到3.73%。规模以上工业企业研发经费占主营业务收入的1.39%,是全国平均水平(0.9%)的1.54倍,但企业研发投入指标、中心辐射带动能力指标得分不够理想。虽然上海市专利数量增长并没有停滞,在全国细分领域市场占有率第一的"隐形冠军"企业有450余家,但一些细微的指标变化暴露出了问题,比如2015年上海市企业研发经费支出占全社会研发经费总量比重为60.8%,比2014年下降了2.6个百分点,出现了近10年来首次下降。在企业作为专利主要研发者的大趋势下,企业科技投入的降低对专利质量的影响是无从避免的。又如,上海科创中心PCT专利申请量不够亮眼,2015年上海PCT专利申请量1060件,占全国的3.4%,而北京和深圳分别有4490件和13308件。全国2015年PCT专利申请量同比增长16.7%,上海同比增长仅为2.1%。

2. 企业类型与规模

企业的类型、规模对于专利产出有较强的相关性。一般认为,规模较大的企业集聚了较多的资产和生产能力,也拥有较强的市场力量(Market Force),能够利用各种手段将产品的价格提高到竞争水平以上,抵御竞争对手的反击。而中小型企业在劳动者、劳动手段、劳动对象等生产要素和产品上不如大企业有优势,但中小企业的技术软实力不应被忽略。近年来的跟踪研究发现,中小企业的专利产出有一些自身规律,如企业的市场份额、行业平均利润率增高时,即企业具有一定的市场垄断能力时,企业的专利数量呈现爬升趋势;但当上述两方面达到一个高点时,企业的专利数量反而有所下滑。可行的解释是中小型企业所拥有的先进技术在一定时间内具备了垄断性,企业有较长的时段和较大的空间可以获取利益,因而相对放慢了专利创新的速度,也降低了专利创新的资金投入。另一种趋势是,当企业所在行业集中度较高时,专利也相应集聚在少数几个企业手中。进一步看这些在专利上有作为的企业,如华为公司,其技术水平保持着一定的水准,技术的进步提升了企业的专利水平,激发企业更多地去申请专利,增加专利储备量。技术水平的稳定也保障了企业的经济增长。就像下方经济增长方程式中所体现的,技术通过影响经济增长从而间接影响专利产出:

$$Y = A(t)F(K,L)$$

其中 Y 为产出,包含专利产出,A 为技术,t 为时间,K 为资本,L 为劳动力。技术成为专利产出的一个重要变量。

3. 法律政策因素

与专利质量相关的法律政策因素主要包括专利制度的要求,专利申请的审查流程、专利管理与资助政策等。由于世界各国均采取专利授予权限集中于中央政府的制度,各国专利审查基本流程也较为接近,按照审查制度塑造出的专利在一些性征方面具有共性,即处于同类技术链的中上端。无可否认,专利制度具备科学审查、法律保护、公开通报、国际交流原则等特征和要求,它既是一种法律手段,也是一种经济手段,以保护和鼓励发明创造,促进技术进步,管理和规范专利申请与授权活动。为此,经由专利制度筛选出的专利具有创造性、新颖性、实用性。新颖性意味着该发明创造不属于现有技术,也没有任何单位或者个人就同样的发明或者实用新型在申请日以前向专利局提出过申请,并记载在申请日以后(含申请日)公布的专利申请文件或者公告的专利文件中。其中现有技术是指申请日以前在国内外为公众所知的技术。创造性意味着与现有技术相比,该发明创造具有突出的实质性特点和显著的进步。实用性意味着该发明或者实用新型能够制造或者使用,并且能够产生积极效果。但各国对于专利的可授予范围和口径还是有所不同的,比如对于基因专利、医疗专利、方法专利,各国在是否授予方面还存在争议;在通用性技术申请发明专利方面,各国也会有不同的尺度,亦会有不同的申请和维护成本,不能简单断定科技发达国家的专利门槛较高,而后发国家在专利鼓励方面不遗余力,甚至会降低门槛,但也不能排除客观存在这一类现象,即专利申请审查的宽严尺度在特定时期、针对特定产业会有所松动。本研究所讨论的新材料产业是技术革命冲击程度较深,新思维、新路线、新设备、新制备层出不穷的领域,对于这一产业的专利申请,就连审查者本身也可能存在着较强的信息盲区,因此,这一领域的专利技术水平较难准确地衡量。

在法律基础构架之下,我国各级政府、不同地方也有相应的专利政策,以体现各自的政策意图,这些政策对于专利质量的影响相当直接。目前,我国国家层面颁布了《专利费用减缓办法》和《资助向国外申请专利专项资金管理暂行办法》。地方层面出台了一些资助实施办法和细则,经过近年来的试点和创新,专利资助政策的范围日益广泛,各地推出了专利申请资助、专利实施许可资助、专利权质押融资资助、专利产业化资助、专利维权资助、专利奖励资助等种类。一些地方既有一般专利资助,又有额外资助,有些地方政府资助的费用除了弥补申请的申请费和实审费,还被用于专利代理费、专利年费和维持费。专利资助政策通常被认为对专利的申请数量和专利质量有着正面的影响。最有指标意义的数据是从 2001 年到 2010 年,我国国内发明专利占总申请量的比例从 18.1% 攀升到 26.4%,但这种观点还可以进一步商榷。在统计数据上看,研究者发现专利资助政策的促进作用时间有强弱之分。一般而言,地方政府的首部或者早期的专利资助政策对专利申请量增长的促进作用最为显著,随着时间的推移和专利资助政策的修订及改进,其促进作用有所减弱①。经过实际调研和访谈,我们也发现了一些问题:

第一,专利资助政策多是关注专利申请的成功率。政府各部门存在一种共识,即利用专利审查部门审查的权威性来帮助资助机关评判申请专利资助对象的专利的基本质量。但有些有潜力专利申请可能因法律手续的不完备被延迟或拒绝授予专利,而有些专利申请经过专利代理机构的过度包装,可能顺利获得授权专利。这些申请在专利真实质量上是难分伯仲的,需要有更为细腻的追踪和比选机制,比如关注后续的发明专利的权利要求项数、维持时间、实施转化率等指标,但现在专利资助政策还没有要求这些指标做到达标。第二,现在国家、省、市、县乃至产业园区、乡镇各级政府都设置了专利资助,一些专利申请量较大、排名靠前以及专利质量或价值高的单位可以得到叠加的支持,比如经济和技术实力较强的大中型科技型企业、获得国家科技资金支持的高校及科研单位。这些企事业单位大多已获得被认定为高新技术企业、拥有高新技术产品、知识产权(专利)试点示范、政府优先采购以及融资补贴等多个方面的直接或间接优惠政策,自身完全能够承担专利申请费用。对其进行资助,起到的是"锦上添花"的作用,但难免会出现重复资助、降低资助门槛等现象。相比之下,一些初创型的科技企业,中、小、微型企业,持续创新能力弱,平均专利产出量少、产出难,更加需要政府的"雪中送炭"。第三,专利资助政策经过几轮优化,一些地方政府纷纷将专利资助由之前的申请即资助调整为获得授权后才资助,并且规定一般只资助发明专利和国际专利的申请,对实用新型专利和外观设计专利的资助逐渐减弱,这对于减少低水平专利申请起到了一定的作用。但一些地方的统计表明,专利申请资助政策对大专院校专利申请量的增长刺激作用较大,而对企业和科研机

① 谭龙:《专利激增的驱动因素及机理分析》,《科研管理》2018 年第 9 期,151-158 页。

构的作用不太明显。联系到当前我国高等院校中所存在的专利申请只为了获得授权的虚名,不追求专利的实际利用,科技成果转化率低,专利和产业化脱节的现象,说明专利资助政策和其他的产业政策、科技转化政策之间还没有做到步骤一致,联合调控。

(二)个体因素

个体因素包括企业的专利意识、专利战略,企业专利管理水平、研发投入和研发模式,以及创新障碍克服情况。

专利意识对于企业日常的专利工作具有积极影响,它不但直接关系到企业申请发明专利的意愿,还可以使企业上下,无论是专注于经营、市场、技术还是法律,都关注技术开发、引进、专利的申请、实施和许可等活动,并主动与之相协调,使得企业专利工作更具有效率,技术新成果更有发展前景,专利风险尽可能被及早发现。

当前一些公司把专利申请数量和申请成功率作为内部研发业绩的衡量指标,并用来提升公司的声誉。这说明了企业专利战略日益受重视的程度,但不能随指标起舞,应该更切实地分析企业的专利行为是市场导向还是企业家导向。在专利数量增长的同时,我们也观察到还有相当一部分企业存在知识产权意识薄弱,企业负责人对专利制度的认识度不够,企业缺乏相关政策与激励措施,研发工作效率和研发人员工作积极性不高,企业科技人员申请专利积极性不高,企业已获专利实施率不高,导致其他后续专利申请与实施工作进度不佳的现象。什么才能产出具有一定质量的专利?我们反过来看,如果一个企业或者非职务发明者拥有的专利被第三方拷贝,或者有竞争性的企业在专利申请环节实施专利拦截措施(Patent blocking),以及围绕该项专利的实施许可、收益分享有较为激烈、艰难的谈判,有针对这项专利的侵权案件发生,就意味着目标专利可能是一项有潜在转化价值的、一定质量的专利。

在具有强烈专利意识的工作环境中,科技创新人员的工作动力大,积极性高,再加之有效的激励措施,企业的技术创新与专利工作将形成一个良性循环,对专利质量的提升有益。创新个体时常会面临一些创新障碍,如组织僵化、员工厌恶变革、缺乏相关能力、时间限制、缺乏沟通、缺乏领导等等。

企业的专利战略是一种方针和工具,指导企业有目的、有效率地利用现有专利制度,帮助企业做出专利"进攻"和专利"防守"决断,保持已获得的竞争优势。研究者列举了企业专利战略的分类,如图 3-1。

应当说,企业有清晰、完整的专利战略并不意味着就能够研发出过硬的、有

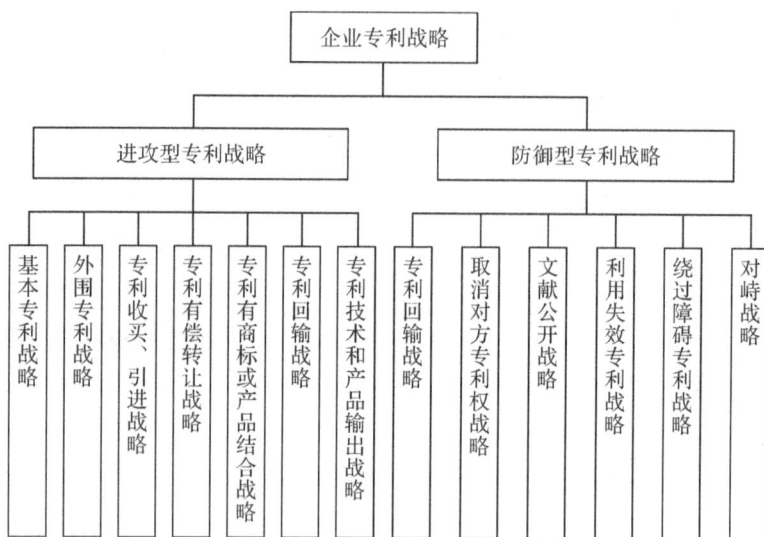

图 3-1　企业专利战略的分类

质量的专利。显而易见的是,比如有些企业为了满足顾客不断变化的需求较频繁地引入一些创新性活动,但并未打算以专利来立企强企;有些企业更是以专利"流氓"战略来扰乱和拖垮竞争对手。但大多数企业的专利战略是希望合理开发新技术,使得技术商品化、逐步产业化,为企业开辟出利润的新领域。有清晰专利战略的企业会积极优化自身的资源配置,积极吸收自身所缺乏的创新资源,使得资源分布朝有利于技术创新的方向发展。

专利管理工作目的是整合好技术、资源、技能和管理系统,建设好获取资源和信息情报的平台,为企业技术创新提供相应的支持。在企业专利管理人员的运作和企业相关部门的配合下,企业根据本国和国外专利制度设定的要求,对各种专利事务进行策划、组织、监督、保障、协调,探索有企业特色的专利工作方案。企业专利管理人员从事专利技术开发、申请、复审、维护、转化和放弃等行为的水平与专利质量直接挂钩。就像经营管理专家所说的,成功的专利管理不是为专利而专利,而应实现与技术创新各个环节的实时互动,以推动新技术的产生、改进、应用和产业化为目标,有效提高企业创新绩效。

(三)研发模式因素

在研发中,"研究"侧重于指预期获得新的科学技术知识和认知而进行的具有创造性和有计划的调查,而"开发"侧重于在开始商业生产或使用前,把研究成果或其他知识应用于计划或设计新的或具有实质性改进的材料、装置、产品、工序、系统或服务。研发活动所包含的基础研究、应用研究、试验开发中都蕴含有专利行为和专利产出。企业研发模式有不同的划分标准,比如内部研发、购并公司、技术购买、合作研发和研发联盟。也可以大致分为基础性研发和应用型研发两种倾向。在研发过程中,有一些共性问题,如存在基础性研究和应用型研究比例或者重心的问题,基础性研究的比例越高,越能够加大专利源的产出,对长久创新越发有利。而应用型研发中需要把握好专利投资周期、专利产出时机等因素。又如,企业围绕着擅长的领域进行自主研发,拥有自己的核心专利,可以赢得超额利润;在其他领域积极寻求合作研发,可以使科研机构、高等院校的研发资源得到充分利用,可以发挥企业间的比较优势,缩短研发成果商业化周期,使一些大型项目的专利连续产出成为可能。企业等研发程序、费用、规章等方面的优化或者升级能够为申请发明专利提供更多的方便。

第三节　具体行业专利质量及提升措施解析

在诸多行业产业中,专利质量均是一个热点问题。笔者选取新材料产业作为样本,深度挖掘其专利质量,着重解决优化专利质量的对策问题。之所以选取这种样本,是因为新材料行业是新兴产业发展的物质基础,是国家认定的战略性新兴产业集群的主力,承担着贯彻供给侧结构性改革精神、促进工业转型升级、支撑产业发展的战略目标。新材料有着巨大的发展前景,现在各省份大力利用政策扶持和加大投资于新材料产业。北京提出打造中关村科学城新材料创新高地,建设千亿元级的北京石化新材料科技产业基地和北京永丰国家新材料高新技术产业化基地;上海以新材料重大专项为抓手,聚焦发展高端金属结构材料和先进高分子材料领域,兼顾高性能复合材料和前沿新材料的创新;宁波市建设了新材料科技城,有着一定的发展基础和发展特色,但目前该行业存在专利的创新性、经济产出性不高等问题。从这个样本入手,可以揭示在专利质量建设上如何把握区域发展的一般规律、借鉴各方成功经验,如何因地制宜,规避盲目开发、低小散的老路。

一、新材料产业的发展态势

新材料是近年来使用率相当高的技术术语,对其有着宽窄不一的解读。根据工信部、科技部等部门对于新材料所做的权威界定,新材料是指新出现的具有优异性能或特殊功能的材料,或是传统材料改进后性能明显提高或产生新功能的材料。根据四部委发表的《新材料产业发展指南》,在未来一段时期内,我国新材料产业的发展方向锁定在以下几个方面。

表 3-1　我国新材料产业的发展方向

大类	具体类型
先进基础材料	基础零部件用钢、高性能海工用钢等先进钢铁材料;高强铝合金、高强韧钛合金、镁合金等先进有色金属材料;高端聚烯烃、特种合成橡胶及工程塑料等先进化工材料;先进建筑材料、先进轻纺材料
关键战略材料	耐高温及耐蚀合金、高强轻型合金等高端装备用特种合金;反渗透膜、全氟离子交换膜等高性能分离膜材料;高性能碳纤维、芳纶纤维等高性能纤维及复合材料;高性能永磁、高效发光、高端催化等稀土功能材料;宽禁带半导体材料和新型显示材料;新型能源材料、生物医用材料
前沿新材料	石墨烯、金属及高分子增材制造材料;形状记忆合金、自修复材料、智能仿生与超材料;液态金属、新型低温超导及低成本高温超导材料

随着我国工业经济的壮大、创新驱动能力的加强,近年来,我国新材料产业处于高速发展的态势。据中央部门的统计,我国新材料产业总产值已由 2010 年的 0.65 万亿元增至 2015 年的近 2 万亿元。在大飞机专用第三代铝锂合金、百万千瓦级核电用 U 形管、硅衬底 LED(发光二极管)材料、大尺寸石墨烯薄膜等方面诞生了一批先进产品,在稀土功能材料、先进储能材料、光伏材料、超硬材料、特种不锈钢、玻璃纤维及其复合材料等产业产能居于世界前列。形成了一批新材料综合性产业集群、新材料产业基地,培养了不少新材料龙头企业和领军人才。在新材料产业,宁波市已经有数以千计的企业在某些产业技术领域表现出较强优势,尤其是稀土永磁材料、石墨烯材料、膜材料等门类。例如,光学膜(包含光学基材和光学基材深加工产品)被列入工信部发布的《新材料产业"十二五"重点产品目录》。目前宁波光学膜的产品线相对较为丰富,各类产品都有企业涉足,产能处于领先,而且宁波市一批高新技术企业在膜产品研发上处于较高水平。如激智科技公司在液晶显示用光学膜(含扩散膜、增亮膜和反射膜)等方面

是国内光学膜龙头企业,全球光学扩散膜前三强。长阳科技公司在光学基膜方面掌握着核心技术,占全国 BOPET 总产能的 1/10。这些进展与新材料专利的蓬勃发展是分不开的。如宁波市长阳科技公司在 2015 年申请新材料专利近 80项,获得授权专利 60 项,其中已授权的发明专利有 32 项。宁波惠之星新材料科技有限公司在液晶显示用光学膜(扩散膜、增亮膜和反射膜)方面被国际知名品牌采购,也有较强的专利实力。与此同时,我国新材料产业整体上还存在多而不强、创新力不足等问题。在此,本研究结合国内外新材料产业和新材料专利成长情况,分析相关的产业政策、专利质量促进政策及其运行效果。

二、新材料产业专利质量的认定方式分析

前述专利质量中需要密切注意的几个方面,包括专利的审查质量、专利的内涵(长度、宽度)、专利的法律寿命、专利的引证情况等要素,都应当在新材料专利质量的评判中加以利用。但结合新材料的特定属性,即新材料作为一种有形的制造业产品,在申请专利过程中主要归口于发明专利。其中有几个方面的问题值得注意:

首先,新材料专利是近年来才出现的专利门类,专利被授予的时间通常较晚,即便是"元老"级别的专利,其技术公开和获得授权的时间也基本上在 10 年以内。如此一来,从专利的法律寿命角度来分析测算新材料专利质量会面临底数不足的状况。其次,新材料领域的科学研究非常活跃,有大量的文献报道。由于科技交流的便利和专利检索系统的发达,现今的新材料技术和产品研发绝大多数会进行文献综述和技术回溯,会提及该研究领域的以往专利。基于此,新材料专利即相关文献的引证现象是十分普遍的,单凭此方面也不足以准确地把握某项或某几项新材料技术专利的质量高低。再次,新材料产业现在仍处于技术储备期和初步产业期,有相当大一部分专利成果处于未转化和待转化阶段,出于技术垄断、国家安全等方面的考虑,一些颇具市场价值的专利还藏在"深闺"中,一旦其投入市场,将有不凡的表现。因此,统计新材料专利市场价值和转化绩效,从而反推新材料专利的质量难免挂一漏万。我们认为,新材料产品的技术含量、创新程度可以通过专利申请和审查方面的表现与反馈来进行评价。保障新材料产品的专利质量也必须从入口严加把关。从专利的创造性、新颖性、实用性方面看,新材料产品的专利质量审查中必然会涉及以下一些问题:

在创造性方面,根据专利法和《专利审查指南》,发明的创造性是指与现有技

术相比,该发明有突出的实质性特点和显著进步。其中突出的实质性特点是指发明相对于现有技术是非显而易见的。如果发明是所属领域的技术人员在现有技术的基础上仅仅通过合乎逻辑的分析、推理或者有限的试验就可以得到,则该发明就是显而易见的,不具备突出的实质性特点;此外,显著的进步,是指发明与现有技术相比能够产生有益的技术效果。例如,发明克服了现有技术中存在的缺点和不足,或者为解决某一技术问题提供了一种不同构思的技术方案,或者代表某种新的技术发展趋势。在专利授权审查中要进行创造性判断,这关系到授予专利权的稳定性,直接关乎专利的质量。在新材料品种的专利申请中,创造性的判断较为敏感,难以把握,是实质审查是一大难点。专利审查机关的主要做法是综合考虑发明与对比文件的区别点、发明实际要解决的技术问题、对比文件给出的技术启示的判断以及预料不到的技术效果等方面,对创造性的判断进行技术分析。这意味着专利申请者要尽力知晓申请日或优先权日之前所属技术领域所有的普通技术知识,能够获知该领域中所有的现有技术,具有应用该日期之前常规实验手段的能力,并且不排除从其他技术领域寻找技术手段,准确地阐明"发明实际解决的技术问题",这样才能夯实专利质量的基础。而专利审查员的立场是站在本领域技术人员的角度,阅读和理解申请文件与对比文件,将公知常识结合到对比文件中,准确确定二者之间的区别特征,并从该区别特征的作用、应用以及能产生的技术效果等多方面综合考虑该区别特征实际解决的技术问题,然后从现有技术中寻找通过所述区别特征来解决所述技术问题的技术启示的思路,来判断申请文件的创造性。如果审查人员发现某宗专利申请给出的技术启示与对比文件结合现有技术相比区分度不大,就会判定专利申请的创造性不足,从而打上低质量专利申请的标签。在某些场合下,不能完全避免专利审查人员会带有一定主观性,在进行创造性审查时,难免会由于自身对本领域技术掌握的程度、对技术的理解分歧等对创造性的判断不一致。最后,有部分专利申请涉及交叉领域,审查难度相应加大,审查周期较长,需要申请者做出周全的应对。

在新颖性方面,新材料产业有很大的科学跨度,除了在实验室合成和测试外,也有相当一部分新型材料品种来源于自然材料所给予的灵感或线索。一些重要的材料是对自然界物质特性的再挖掘、再强化,以及产业化,这些材料产品也面临新颖性方面的问题。如早期,科学家发现蜘蛛吐出的丝在强度和弹性方面超过了钢与橡胶,还具有耐低温、反射紫外线等这些优良性能,可以用于国防、军事(防弹衣)、建筑等领域,但是天然蜘蛛丝主要来源于结网,产量非常低,而且蜘蛛具有同类相食的天性,无法进行高密度养殖。于是,克莱格生物工艺实验室的科学家将能产生蜘蛛丝的基因序列导入蚕虫体内,培养出了转基因蚕虫,并将该基因序列申请了专利,从而垄断了蜘蛛丝纤维的生产。因此,新材料本身的研发以及专利成果化需要有较扎实的产业基础和浓厚的科研氛围,才能有高转化率的科研产出。在这些方面,国外的一些研究机构和大型跨国公司有较强的能力。在汽车、飞机、仪器仪表、信息、生物、新材料等含金量较高的技术领域中,有大多数专利为外国公司所拥有,其份额约占70%以上。甚至于一些前沿研究机构为了在新技术新产品上抢得专利先机,专门形成了一套提高研发和转化效率,保障成果新颖性的路线。包括:①发展高通量计算工具和方法,减少耗时费力的实验,加快材料设计;②发展和推广高通量材料制备和检测工具,更快地进行候选材料验证和筛选;③发展和完善材料数据库/信息学工具,有效管理材料从发现到应用全过程数据链;④培育开放、协作的新型合作模式。

在实用性方面,新材料领域是近年来的科技热点。据统计,我国近年来关于材料科学的国际期刊论文数量剧增。比如,来自中国的学者 2011 年在国际期刊《Rare Metal Materials and Engineering》上发表的论文达到 7228 篇,在另一个期刊《Journal of Alloys and Compounds》上发表的论文也达到 5445 篇。到 2016 年末,根据 ESI 对全球所有高校及科研机构的 SCIE、SSCI 库中近 11 年的论文数据进行统计,按被引频次的高低确定出衡量研究绩效的阈值,分别排出居世界前 1% 的研究机构,我国有 89 所高校进入 ESI 材料科学全球前 1%。其中清华大学全球排名第 8 位,上海交通大学和浙江大学排名分别为全球第 20 位和第 26 位。这些科技成果得到国际学术界关注,但这并不意味着一些科学研究中预测的技术转化方案和产品研发路线是成熟的。事实上,较多材料领域的科学研究报告是阶段性的成果,有些研究很快被后来者的认知和研究所刷新,有多少可以转化为实用性产品,进入商业化还未可知。如近期英国科学家发现,一种有 2 亿 7 千万年历史的生物——帽贝,帽贝牙齿里含有一种称为针铁矿的硬物质,其分子结构是蛋白质框架与针铁矿纤维缠绕形成的组合物质,它的机械强度超过了世界上最结实坚韧的天然蜘蛛丝,不亚于具有最高强度的人造碳纳米纤维。科研人员正积极复制帽贝牙齿结构的材料,将它们运用到赛车、船只、飞机等产品上,并考虑将提取帽贝牙齿有效组分以及合成具有类似材料的方法申请专利,但这当中存在着新材料的合成成功率和实际应用可能性等方面的挑战,科技人员的尝试可能无法得到后续的有力支撑。因此,研发者在申请相关专利时,需要提供足够多的细节证明该技术的新颖性,使得专利审查部门能够较为准确地理解新材料的制备原理。相反,在申请专利尤其是国际专利时,如果不潜心做出研究,而急于申请专利,尤其是为资助而申请专利,则会引发低质量、非正常的材料发明专利多发而又"昙花一现"的现象。

上述关于新材料专利审查质量的评定描述的是一种理想化状态。就目前而言,我国的新材料专利研发还处在新旧研发范式并存和转化的态势当中,即对专利数量和专利产出速度的追求被放在优先位序,还有相当一部分企业和研发机构没有倾注全部力量去打造高质量新材料专利。中国工程院近期对我国新材料产业发展进行了检视,尖锐地指出了一系列问题,具体而言,认为我国新材料原始创新能力不足,缺乏不同学科之间的深层次交流和原创性的理论研究。企业作为创新主体,参与创新研发少、生产跟踪仿制多,普遍存在关键技术自给率低、发明专利少、关键元器件和核心部件受制于人的问题。在研究能力方面,研究者发现目前我国大多数行业没有专门的产业共性技术研发机构,共性技术研发处于缺位状态;由于缺乏良好的资源配置机制和持续有效的投入,因而无法在技术源头上支撑自主创新。更令人忧虑的是,我国新材料没有形成大批具有自主知识产权的材料牌号与体系;通用基础原材料的国家及行业标准、统一的设计规范和材料工艺质量控制规范尚不完善;缺少符合行业标准的新材料结构"设计—制造—评价"共享数据库,基础支撑体系缺位。整个新材料产业中,多数企业仍在"引进—加工生产—再引进—再加工生产"的怪圈里挣扎,使得"中国制造"产品中缺乏"中国创造"元素,只能依靠廉价销售与低层次竞争寻找出路,这在很大程度上制约了新材料产业的跨越式发展。上述研究结论从多个侧面点出了新材料产业的能动研发者——企业和科研院所在追踪新材料科技的前沿,自身拥有撒手锏级别的技术成果方面表现较为羸弱。这种状况下,寄望于专利审查部门提高审查门槛来拉升专利质量是不现实的。进而言之,在国内获得授权的新材料专利本身质量不够过硬,使得中国本土专利在国际上与其他国家展开竞争,会天然处于劣势地位,使得与国外同时起步的新材料产业在一段时间以后被逐渐拉开差距。当然,针对新材料专利采取一套完全没有弹性的严格审查标准会破坏专利授权的信赖保护性,实属没有必要,但根据专利审查的每个环节、每一项具体标准来检视新材料技术的前沿性、创新性,是每一个新材料研发企业和科研机构必须加以重视的使命。

三、新材料产业专利质量调控方式分析

(一)科技战略及产业政策对新材料专利质量的影响

新材料产业虽然发展时间不长,但在全球范围内被视为战略性、优先性的产业,围绕新科技成果、新产业成长不仅是企业、大学的任务,而是上升成为国际科技战略。据有关部门统计,当前世界主要经济体都雄心勃勃地提出了新材料科技和产业发展的计划及展望,发布了一些技术热点,并从科技拨款、高级人才延揽、实验室扶持乃至关键原材料、技术成果进出口限制等方面入手,力图创造和保持本国在一些新材料领域的技术优势和产业优势。具体情形如表 3-2 所示。

表 3-2 世界各国有关新材料领域的发展计划

国别	政策	新材料产业领域
美国	先进制造业国家战略计划、重整美国制造业政策框架、先进制造伙伴计划(AMP)、纳米技术签名倡议、国家生物经济蓝图、电动汽车国家创新计划(EV Everywhere)、"智慧地球"计划、大数据研究与开发计划、下一代照明计划(NGLI)、低成本宽禁带半导体晶体发展战略计划	新能源材料、生物与医药材料、环保材料、纳米材料,先进制造、新一代信息与网络技术和电动汽车相关材料,材料基因组,宽禁带半导体材料
欧盟	欧盟能源技术战略计划、能源 2020 战略、物联网战略研究路线图、欧洲 2020 战略、可持续增长创新、欧洲生物经济、"地平线 2020"计划、彩虹计划、OLED100.EU 计划、旗舰计划	低碳产业相关材料、信息技术(重点是物联网)相关材料、生物材料、石墨烯等
日本	新增长战略、信息技术发展计划新国家能源战略、能源基本计划、创建最尖端 IT 国家宣言、下一代汽车计划、海洋基本计划	新能源材料、节能环保材料、信息材料、新型汽车相关材料等
韩国	新增长动力规划及发展战略、核能振兴综合计划、IT 韩国未来战略、国家融合技术发展基本计划、第三次科学技术基本计划	可再生能源材料、信息材料、纳米材料等
俄罗斯	2030 年前能源战略、2020 年前科技发展、国家能源发展规划、到 2020 年生物技术发展综合计划、2018 年前信息技术产业发展规划、2025 年前国家电子及无线电电子工业发展专项计划、2030 年前科学技术发展优先方向	新能源材料、节能环保材料、纳米材料、生物材料、医疗和健康材料、信息材料等

国别	政策	新材料产业领域
巴西	低碳战略计划、2012—2015 年国家科技与创新战略、科技创新行动计划	新能源材料，环保汽车、民用航空、现代生物农业等相关材料
南非	国家战略规划绿皮书、新工业政策行动计划、2030 发展规划、综合资源规划	新能源材料、生物制药材料、航空航天相关材料等

上述的国家战略与政策布局对新材料科技和产业发展带来了诸多方面的影响，其中自然也涉及了专利领域。强政策扶持下的专利产出必然会增加，石墨烯产业就是一个典型的例子。石墨烯自 2004 年被合成成功后，在力学、光学、热学、电学、化学等领域形成了专利热潮。截至 2015 年 9 月，全球范围内共检索到石墨烯相关专利（族）16517 件。全球已有 40 多个国家和地区拥有石墨烯专利，其中中国占 50.53%，美国占 17.81%，韩国占 17.54%，日本占 6.01%。从数量上看，我国政府对石墨烯研发给予了高度重视和强劲扶持，结果是我国专利申请数量在全世界都占优势，而且从专利增速上看，我国和韩国的专利申请速度快于美国和日本。这种成绩不仅归结于国家政策层面的支持，我国各级地方政府在科技、产业方面的扶持更是专利跃进的重要推手。北京市的一些做法充分证明了这一点。2016 年以来，北京市制定了《北京加强全国科技创新中心建设重点任务实施方案》，凭借创新资源集聚的优势，相继创建国家级制造业创新中心——动力电池创新中心、市级产业创新中心——工业大数据中心、石墨烯产业创新中心等，这些创新中心都打算聚焦前沿新材料研发和科研成果转化落地，北京市政府希望能够在新材料领域解决一批制约行业发展的共性关键技术瓶颈，推广一些新型通用技术，以及创制一批核心技术知识产权和标准。在平台建设上，北京市政府与相关企业共同出资发起设立北京石墨烯技术研究院有限公司，注册资金 10 亿元。北京市还促成了石墨烯研究院和石墨烯产业联盟的建设，以上述三家单位为骨干，支撑起了北京石墨烯产业创新中心，这一运行机制的目标是为整个石墨烯产业提供人才和"众智"型研发模式，争取早日建设成为"全球一流的石墨烯复合技术研究及产业孵化中心"。目前，北京石墨烯研究在全国处于领先，2007—2015 年累计申请石墨烯相关专利数达到 1187 项，尤其是与石墨烯产业相关的科研院所数量及研究人员数量占全国半数以上，有一批在国际上处于领跑地位的院士级专家团队。在石墨烯产业化方面，北京市有较多的明星企业：中国航发航材院下属的 11 家产业公司生产的石墨烯铝合金导线和石墨烯电

子封装材料,成果转化收益达到 7 亿元,成为工信部首批次重点示范项目;京东方公司的石墨烯光电器件、爱家科技公司的三维体系远红外线转化石墨烯材料、名朔科技公司的石墨烯新型散热材料也在不同地区进行了示范应用。根据北京市的新材料发展规划,到 2020 年,北京市将力争在技术上突破石墨烯应用材料复合化共性技术,掌握石墨烯批量化制备及应用的通用技术,在产业方面实现现有材料升级换代,获得 7 个以上国际领先的石墨烯应用,实现 100 吨石墨烯低成本制备和应用,形成千亿级产业核心。为了支撑上述目标实现,北京市力争获得 10 个世界第一流的石墨烯前沿技术,持有 100 份国际专利和国际标准,培养石墨烯领域百人尖端队伍,引导开展石墨烯前沿技术、石墨烯应用技术和石墨烯产业技术发展,形成北京创新主核心、京津冀大平台、全国大网络的石墨烯产业创新发展体系,使北京成为全球石墨烯创新网络的关键枢纽,全国石墨烯产业创新发展的协同中心,石墨烯军民融合的示范区,国家石墨烯高端产业的主引擎和主力军。其他地区的政府也在推行类似的政策。据不完全统计,天津、深圳、沈阳、呼和浩特、常州和宁波等地都提出建设石墨烯研发和产业化基地,上述地方有些是采取研发加产业化"两条腿"走路,有些地方则将重点放在引入外来智力成果及时产业化上。宁波新材料科技城建设方案中也高度重视石墨烯类新材料的研发和应用,在宁波新材料科技城建设主旨中提出,要以打造新材料创新中心、创新驱动先行区、新兴产业引领区、高端人才集聚区和生态智慧新城区为目标,力争成为长三角地区一流的新材料创新中心。位于宁波市的中国科学院宁波材料技术与工程研究所从 2009 年开始先后申请了近百件石墨烯相关专利,在全球各大公司和科研机构中名列第 15 位,在国内排名第 7 位。照此势头发展下去,宁波很有希望占据石墨烯领域的国内科技高地。

从总体上看,关于新材料的产业政策,无论在国家层面,还是地方层面,都是一种正向激励、利益倡导型政策,对于行业发展持积极的态度,而不像部分产业提出要调控产能、限定投资目录等。在这种积极产业政策的影响下,新材料产业的技术研发得到了诸多的利好,但还要具体分析企业、科学机构的行为动机。一种可能性是为了顺应政府的意图,加强新材料专利的产出数量,营造当前的业绩。另一种可能性是不完全按照政府的指挥棒行动,自主地开展专利研发和成果转化。在前一种引导模式下,专利的数量会保持较高的增长速度,但专利的质量则处于未知状况。在后一种模式下,企业按照市场规律和技术定律自律地开展研发和实施技术升级,专利的产出数量不一定会引人注目,但效价比低的研发活动和产出可能会减少。同样是石墨烯产业,从研发水平上看,我国的研究能力不容小觑,在不少领域与国际科学界保持同步,部分领域已达到国际先进水平。但也应该看到,目前石墨烯领域专利还属于"跑马圈地"积极布局的阶段,未来的技术路线、技术标准竞争将会相当残酷,这将使得一部分已有专利被边缘化或失去大规模产业化的机会。未来真正的比拼还是在专利的长远质量上。值得深思的是,目前我国石墨烯专利数量占优,但从专利的引证和产业运营等专利影响力元素上看,美国、日本和韩国的石墨烯专利有相当一部分已经实施了专利布局,其中美国有高达50%的石墨烯专利在他国获得专利,日本也有近30%专利在国外获得授权,而我国石墨烯专利能够在国外获得授权的只占到国内总专利申请量的2%。从具体专利上看,有关国家的专利质量相当引人注目。比如关于热膨胀制备石墨烯的方法及其应用专利,由美国普林斯顿大学持有,并在欧洲、印度、中国、韩国、日本、加拿大进行了专利申请保护,同时围绕该专利,在石墨烯的分散、涂料、阻燃材料、超级电容器、传感器、导电油墨、改性橡胶、透明电极等诸多领域申请了大量的外围专利。我国的主要从事基础性材料研发的科研机构,如中科院宁波材料所,对专利质量有较高的重视程度。这些科技机构在石墨烯专利方面的成绩要优于企业界,而企业无论是在石墨烯专利的申请后劲还是在专利的产业化方面,都还有不少的工作要做,否则必然会拖累我国在这一产业的整体专利质量。因此,针对新材料产业,除了给予整体性的政策扶持和平台建设之外,还需要针对专利申请和运营进行具体化的指导和调控,以便于及时把控新材料专利的发展方向,避免低效专利大量滋生,防止劣币驱逐良币的现象蔓延。

(二)科技政策对新材料专利质量的影响

在创新驱动发展的大环境下,各级政府的科技部门利用财政资源和科技金融等渠道,汲取了可观的资源,将其投放到相应的科技计划项目、技术成果转化等活动中。根据科技发展的中长期规划,新材料行业是科技部门重点关注的领域之一,主要的举措包括组建高水平的科研机构,引进高层次科技人才,推进产学研深度合作,提升科技成果转化效率、促进知识产权创造,对科技成果给予奖励补助等等。与新材料专利活动关系最为密切的科技政策主要包括创新平台建设政策、专利资助政策、科技成果转化扶持政策、检验检测机构建设政策等。前面已经对专利资助政策和创新平台建设对专利质量的影响进行了分析,在此主要讨论专利产出中的重要质量保障——检验检测。

在专利培育速度和产业化转化成功率方面,必要的检验检测服务是必不可少的。根据国家认监委的相关统计数据,2013年时我国共建设了各类材料检测机构 10672 家,从事材料检测的科技服务人员 45.46 万人,拥有各类检测仪器设备 221.21 万台套,初始购置固定资产额度 1367 亿元,用于检验检测的实验室面积为 1651.46 万平方米。年度材料检测业务量为 1.50 亿次,收入 631.88 亿元。这当中包含了新材料的检验检测活动。但新材料产业对检验检测服务有着特殊的要求,即集约化、专业性、一致性。目前,在大多数新材料领域,主持前沿材料研发测试的科研人员主要还是使用自行开发、使用检测仪器的方式,分而用之、闭门验之的现象较为普遍,能够将原理研究、技术开发、工程化研制、应用示范整个链条打通,促进检测仪器通用化、广泛服务化还没有形成主流。新材料产业的飞速发展对我国的材料测试服务业提出了更高的综合化发展要求:一方面,高技术新材料的不断涌现,对材料分析检测技术中的科学仪器装备、测试条件与方法以及检测评价标准与标准物质研制提出了新的创新要求,促使材料测试服务业的服务链条进一步延伸,向材料检测仪器装备研制、材料检测评价标准制定以及材料计量标准物质研制进行深度拓展;另一方面,新材料产业与新能源、生物医药、电子信息、建筑、交通等产业的结合越来越紧密,材料检测与其他学科交叉的领域和规模在不断扩大,如生物学、医学、信息学等。新材料产业与上下游产业相互合作与融合,迫切需要材料测试服务业提供基于全方位的角度,从点对点解决客户的个别技术需求到覆盖客户所在单位整体的一站式服务。

不仅仅是技术研发中的检验,在技术需要进一步成熟,最终成为产品推向市场前,还需要进行各种层次的中试检验。目前我国主要流行两类中试基地:一类是专业中试基地,负责某个行业类项目的中试。另一类是综合性中试基地,既加工、生产一般工业产品,也承担同类技术项目中试和产业化配套协作工作。当前,科技部门负责审批和指导企业、科研机构,利用国家 863、科技攻关、星火、火炬等科技计划、国家工程技术研究中心基地建设计划、农业科技成果转化资金来开展各种中试基地建设和保障中试开展,但困扰性问题还不在少数。

比如,中试基地的发展方向上,是综合性基地还是专业性基地更有发展前景,还需要进一步论证。作为新材料产业,在不同时期、不同市场环境下会有不同的发展重心,比如光伏产业一度发展形势喜人,但很快就出现产能严重过剩、贸易壁垒,以及未来产品发展方向的困扰。在组建类似产品的中试基地和是否有必要针对某项技术成果开展中试时需要充分考虑到产业发展和结构升级的挑战,进行慎重的决策,以免造成资源投入的浪费。由于新材料产业前期研发投入巨大,一些小型的研发团队、创业型公司难以承担庞大的中试时间成本和材料成本,这就引发了如何保持一定程度的中试公益性,如何对专门从事中试活动的人才给予补助，等等问题。如果这些问题没有能在新材料产业发展过程中同步加以妥善解决，则对于新材料产业专利质量的提升，将起到不利的影响。

第四节 提升专利质量的对策建议

一、通过新型政商关系的营建促进科技研发企业的良性发展

近年来，随着"八项规定"的贯彻执行，政商关系不断地迈向正常化、健康化的轨道，"吃拿卡要"等现象明显扭转，但仍有一些问题存在。有一些企业表示知道有惠企政策，但政府工作人员推行不积极，企业真要享受十分困难，因而把这些政策比作"水中月、镜中花"，可望而不可即；有些企业则反映政策落实不到位，有差别待遇。一些干部中流传着为官不利、为官不便，甚至为官危险的观念，庸政、懒政有所抬头。作为政府一端，当然不能滥用权力，但也不能懒政、惰政——不作为、慢作为，而是应以企业需求、经济转型、技术与管理创新为己任，积极适应促改革、调结构、惠民生、防风险等新常态下的新要求，让权力透明化、公正化地运行，充分释放市场活力。政府部门工作人员应当积极作为，敢于担当。应当清楚地意识到庸政、懒政、怠政也是一种腐败，要通过党内党外监督方式，既监督不作为、乱作为，又纠正不敢为、不想为、慢作为，构建和完善新型政商关系。

帮助企业提升专利质量本质上是服务企业。在推进供给侧结构性改革和产业结构调整的背景下，服务企业并不意味着服务于所有企业，而应当有所侧重。但在数量繁多的企业中选取若干企业进行帮扶和服务，也容易出现"政府设租，企业寻租"的风险。对此，在选择帮扶对象时，通过引入专家咨询、第三方资质评估、公示等制度，减少乃至杜绝"扶强不扶弱""扶富不扶贫"的现象。专利质量提升是一项系统工程，涉及税费减免、融资服务、人才引进、行政审批、科技创新服务、创业服务等方面。因此，首先，政府应当积极掌握国内外相关领域的技术动向，组织力量开展专利技术预见，发挥风险预警平台的作用，一方面为企业做好参谋，在专利识别、数据分析、企业需求的挖掘、产业发展规划的制定和执行方面积极作为；另一方面，要在必要情况下指导、帮助企业调整专利战略方向，注重专利风险管理，集中企业资源去占领专利高地，并协调企业联合起来组成公平竞争

性的专利联盟,在专利争端中尽可能维护企业的权益。同时,政府也不应全盘包办、过度干预企业的专利战略和专利管理活动,不能在企业技术研发经费、专利申请数量等方面下达硬指标,搞"大跃进",充分尊重市场竞争和市场选择的基础性作用,使企业能够更主动积极地去完善专利战略。

其次,政府需要扎实做好涉企服务工作。如在涉企政策发布环节,应按照全面执行"阳光政务"要求,在第一时间内在政府门户网站公布涉企政策。对每项涉企政策应当附有编制政策解读,公开实施办法,杜绝政策"养在深闺无人识"以及暗箱操作。发挥政府公共服务平台在为企业提供涉企政策咨询、市场对接和网上展示等方面的作用,在涉企行政审批方面,按照"三个一"要求,将绝大多数行政审批纳入窗口办理,严格做到过程公开、程序规范、结果公平。对一窗受理办结还不够到位的审批事项,要积极推进流程整合。在专项科技、技改、产业扶持资金使用上,要加强科学性和合法性,进行严格监督,按照规定程序进行申报、评审、核查,建立更加完善的评审专家数据库。政府主办的产业服务中心可以为入驻企业提供全过程全方位的服务。包括:(1)提供场所和设备;(2)提供技术与人才支持,促进新材料科技研发机构之间开展合作;(3)提供运营咨询服务,培训、专业训练服务等;(4)提供信息支持,帮助搜集产业市场和技术信息等,促成企业结成专利技术联盟,与其他上下游产业开展互动;(5)帮助新办企业开展设立登记,指导企业制订章程,提供管理与软硬件维护外包服务。

再次,要不定期收集企业对政府部门的意见和需求。可以借助第三方机构和行业协会对企业进行调查,监测企业比较关注的产业、知识产权、财政服务、执法的开展情况,从不同侧面了解和掌握政府部门的办事效率、服务态度及工作精准度。了解哪些部门、哪些干部在服务企业工作中服务态度好,能够想办法为企业解决问题,帮扶能力获得企业认可。

二、抓住中国制造 2025 战略推行的宝贵机遇,促使专利研发与产业化深度融合

制造业是强国之基。改革开放以来,我国制造业已经成为经济增长的支柱,对外贸易的顶梁柱。我国已经形成门类齐全的制造业体系,形成了以石油化工、汽车及零部件、电工电器、纺织服装、食品化工、电子信息等多个优势产业集群。近年来,国家经济增速出现放缓态势,加上国际贸易摩擦因素,制造业遇到了一定的困难。应当看到,一方面,我国的制造业有一些不够大、不够精、不够强的地

方,还存在素质性和结构性问题,包括产业层次比较低,高附加值、高技术含量产品少,企业整体技术创新能力较弱,缺少核心竞争力,等等。在能源资源价格上涨、土地供应日趋紧张、劳动力成本优势逐渐丧失的背景下,企业不进则退。另一方面,未来的制造业竞争必然是先进制造业的竞争,是制造材料、制造科技、制造流程的竞争。中央提出了供给侧结构性改革,补齐发展短板,加快先进制造、智能制造转型的决策,并确立了一批"中国制造2025"试点示范城市,要求各地在体制机制探索上做出积极贡献。先进制造对专利有着强烈的需求,也受到专利数量、分布等方面的制约。为此,要通过科技创新、产业创新、企业创新、市场创新、产品创新、业态创新、管理创新,能够同时作用于制造业的发展。要做好政策规划和科技资源统筹,产学研合作,科技成果转化等政府为主的工作,解决好先进制造专利"由谁来创造""动力哪里来""专利如何用"等基本问题,构建高能高效创新体系。习近平总书记强调,创新不是发表论文、申请到专利就大功告成了,创新要实,要产业化,要创造新的增长点,把创新成果变成实实在在的产业活动。

首先,在专利科技创新布局上,应当认真研究各个产业如何实现重点突破、非对称发展,想一些办法。比如针对不同产业编制较为详尽的科技计划,要精心选择、提高科技认知力和可行性,加强独创性,要求相关科研项目聚焦于新型材料,聚焦于关键技术,将产业、技术、质量管理合拢起来,科研资金要进一步整合,不能搞"政出多门""九龙治水",按目标成果、绩效考核为导向进行资源分配,首要保证在新兴产业领域不掉队,进而能确保形成和保持一些撒手锏。

其次,在创新分工上,要合理配置资源。习近平总书记强调,现在,科技成果转化不顺不畅问题突出,一个重要症结是科研成果封闭自我循环比较严重,科技创新中不乏"孤岛现象",产学研用有机结合屡受制约,各个地区、各类创新主体为了突出成果的标志性以及经济考虑,喜欢单打独斗,有急功近利的趋势。对此,政府需要进行统合、协调。对科技创新中基础研究、非直接营利性研究的,要通过政府科技经费加以支持,帮助申请国家、省市级重点实验室,争取多出原始创新成果,增强共性技术研发能力。对于科技创新中有能力成为产业技术研发集团、产业技术联盟的企业和科研院所,要促进它们强化激励、合理分工,根据时机逐步市场化,对各类创新机构中的人财物等创新要素要放开、搞活,使创新技术尽快成熟化、专利化,创新成果得到知识产权保护,维护好公平竞争的市场秩序。

三、建设专利—产业化通道，助力专利质量提升

从专利到产品，从智力到财富有很长的转化途径，有些专利设想与市场需求和现实技术水平有一定的距离，难以实现产品化和产业化，这种专利的质量和效益是美中不足的。为了尽快使专利转换成产品，使专利更富有含金量，加强专利后期管理十分必要。为此，要注重新材料专利的后端，通过打造产业链来促进专利创造，检验专利质量。

首先，加强重点产业专利的运营模式设计和服务方式探索，促进专利成果转化运用，发挥知识产权价值。国家知识产权局近年培育了一批知识产权运营服务体系建设重点城市，建设目的是创造各种平台，使专利运营与实体产业发展相互融合，相互支撑，促使一部分区域重点产业的知识产权发展质量和效益明显提升，一些新兴朝阳产业可以作为知识产权运营服务体系的主打方向。针对本研究所聚焦的专利质量提升，建议：第一，以培育高价值知识产权组合为重点，组织产业领先企业和科研机构，联合国内其他知名企业、研发机构，吸纳产业链上下游企业进行攻关，在可预期时段内建成特色产业专利池，形成优势特色产业知识产权联盟。第二，做好公益性专利软服务，如集中科技管理力量，发挥科技咨询机构的职能，开展专利信息深度挖掘和定向梳理，统计专利可利用资源的分布情况，编制专利导向目录。第三，引入各类专利中介机构、科技服务机构主动围绕新兴产业专利发展的需求，针对产业专利量身定做专利运营方案，为建立产业专利专门性交易运营中心开展探索。

其次，需要重视科技中试基地的建设。科技中试是技术创新链中的重要环节，既是集基础研究、应用研究、试验发展为一体的技术创新活动，也是涵盖了技术、管理、金融、市场等各方面创新要素的经济活动。科技中试环节涉及政府、企业、高校、科研院所、金融机构、科技中介机构等多个主体，其中的利益分配、知识产权保护、中试项目风险如何承担等问题较为复杂。随着我国科技与经济的结合日益紧密，经济、产业结构调整对提高企业自主创新能力的需求更加紧迫，科技中试环节在技术创新尤其是科技成果转化过程中的关键作用和意义愈加突出。在科技中试的基地建设规划和扶持方面，中央地方均有一些归口渠道。在中央层面，已经实施的国家863计划、科技攻关计划、星火和火炬等科技计划、国家工程技术研究中心基地建设计划、农业科技成果转化计划都提出要支持中试基地，将所需经费列入科研条件建设经费。在地方层面，出台了《沈阳市中试基

地管理办法》《河北省重点实验室、中试基地、工程技术研究中心建设经费财务管理若干规定》等文件,建设了一批中试基地、中试生产线和技术服务网点。目前国内主要有两类中试基地:专业中试基地负责某个行业类项目的中试;综合性中试基地既加工、生产一般工业产品,也承担同类技术项目中试和产业化配套协作工作。新材料产业涉猎广泛,综合性的中试基地更有发展前景。为此,一是要根据新兴产业发展趋势、技术研发方向来选择投建中试、试验基地。一方面加强现有科研龙头单位内设的中试基地建设。中试基地可以按实体性法人建设,按照《公司法》的精神,注册资本可分步到位,可以考虑按照到位比例给予补助。中试基地也可以按照公益性原则来组建,并要求其开放共享,比如获得了政府高强度科技资金资助的研发项目,可以在研发合同中约定拿出一部分资金来投入中试环节,除了服务于本项科技研发任务,也要服务于其他有需求的科研单位。二是要按照市场前景和产业化潜力的标准从现有专利成果中筛选出中试项目,可以进一步完善专利项目的选择、评价、考核等方面的管理机制和专家咨询制度,并建立动态的、科学的优胜劣汰机制,高效地利用中试资源,节约时间和金钱,确保真正具有市场前景和产业化潜力的专利项目进入中试环节。三是根据产业类型多、差异化不明显、产业化比例不稳定、更新时间快等特点,探索一些有利的转化机制,可以考虑在中试项目风险分担上做尝试,如通过保险费补贴的方式来补助。又如,发起建立公共服务平台,及时通报中试结果信息,举办计划转化论坛,交流技术情报,让企业研发人员能够总结经验教训。四是积极发挥财政金融优势,实施孵化效应和乘法效应,如可以考虑对公益性、开放共享的专利公共服务平台中的中试人才进行补助,可以考虑对支持专利中试基地的银行贷款给予政策性贴息,或者向科技担保公司给予补助。可以探索发起专利中试基地发展专项基金,由政府补助发起,由中试基地生产的中试产品销售额中提取一定比例注入该基金(作为考核指标或享受一定的税收优惠),支持后续重点中试项目。在基地建设的同时也要注重科学研究设施的整合和高效利用。中央已经认识到,目前科技资源配置分散、封闭、重复建设问题比较突出,不少科研设施和仪器重复建设和购置,闲置浪费比较严重,专业化服务能力不高。需要通过深化改革和制度创新,把公共财政投资形成的国家重大科研基础设施和大型科研仪器向社会开放,更好地为科技创新服务、为社会服务。一些科研仪器具有少、专、贵、用户不稳定等特点,更需要将利用宝贵公共研发资金购买的设备最大程度地利用起来。

再次,要突破阻力,开展含有专利的自主创新产品补助工作。对本土产品进行保护性补助行之有年。美国《购买美国产品法案》(*Buy American Goods Act*)率先规定联邦政府在制定公共政府采购与政府支出项目与计划时必须优先购买美国本土制造的产品。尽管美国是 WTO《政府采购协定》的签约国，但十分重视并优先保护本国产业的发展，往往以高于市场的价格来优先采购本国产品。其所采用的是以行政命令的方式来引导政府采购资金优先购买本国产品或服务，对于科技创新含量高的产品，在报价中的优惠标准从 6％提高到 25％。在美国军事采购中，甚至有的高科技产品优惠比例可以高达 50％。美国《购买美国产品法案》中规定，美国中小企业的报价只要高于不超过外国供应商报价的 12％和本国大企业报价的 16％，即可获得政府采购合同的订单。英国政府则规定，对于计算机通信等高科技创新产品的采购，政府部门、政府直属的国有公司与实验室等政府相关机构必须优先从本国进行采购。意大利政府规定鼓励优先购买高新技术产品基金政策。德国政府规定政府采购金额在 500 万元以上的货物、工程产品或服务，都必须在欧共体国内进行采购。日本政府规定了采购中对供应商的资格认证，虽然表面上规定对供应商没有国籍的限制，确保非歧视性原则，但同时规定很多例外条款，变相地保护本国企业。如日本规定政府部门、国有企业、国立大学、电信电化公社以及政府系统相关的机构在采购电脑等办公产品时，必须优先采购本国国内生产的产品。韩国政府制定了《产品采购促进法》，规定相关政府部门可以利用各自职能，为加大对自主创新产品的扶持力度，增加科技创新产品的销量，对认定为科技创新含量高的自主创新产品进行优先购买与使用。例如，韩国的公共事业设备（高速列车和核电站等）要求全部采购本国产品，即使本国产品可能价格会高一点，在合理的范围内仍需优先采购。韩国政府为加大对清洁燃料企业的自主研发力度，每年都会以高于市场价 10 倍以上的价格进行政府采购。韩国的《中小企业振兴和产品购买促进法》还进一步规定，对于中小企业生产与研发的科技含量价值极高的产品，经有关部门的综合认定后可以按照政府采购法规定的鼓励中小企业进行科技研发的产品标准实施一系列优先采购方案。我国在前期对自主创新产品采取直接资助鼓励的做法，如广东省规定，对经认定的自主创新产品颁发"广东省自主创新产品证书"，编入《广东省自主创新产品目录》，并优先列入《广东省政府集中采购目录》。广东省各级政府机关、事业单位和团体组织用财政性资金进行政府采购时，应优先购买《广东省自主创新产品目录》中列入《广东省政府集中采购目录》的产品。对具有较大市场潜力并需要重点扶持的试制品和首次投向市场的产品，可以由政府进行首购或订购。但近期由于国际贸易摩擦压力的增大和协调政府间立场的需要，直接给予创新产品补助的做法被暂缓。一些领先专利结晶形成的产品具有抢占国际市场份额、影响供应链、争取市场定价权等战略意义,甚至还有国防和国家安全方面的作用,因此,对这类创新产品要格外重视,加强扶持。同时,资助创新产品难度大,风险高,不少企业宁可不冒、少冒风险,采取追随战略,也不愿意使用和购买新专利,造成了一些产业自主创新产品种类不丰富、市场不畅旺的局面。习近平总书记指出,抓创新就是抓发展,谋创新就是谋未来。不创新就要落后,创新慢了也要落后。要激发调动全社会的创新激情,持续发力,加快形成以创新为主要引领和支撑的经济体系和发展模式。要积极营造有利于创新的政策环境和制度环境,对看准的、确需支持的,政府可以采取一些合理的、差别化的激励政策。针对专利创新产品,可以考虑结合产品生命周期特点,在自主创新产品所处的不同阶段,实施不同的引入、扶持与退出的模式。在扶持过程中同时引入竞争机制,在保护的基础上激励企业再次进行自主创新。对于一些研发投入金额确实很大,单靠企业和科研团队的实力很难一次性投入成功的专利产品,在通过专家论证后,可以考虑给预先订购的买方以补助;也可以考虑借鉴融资租赁方法,即用政府补助资金来采购部分新材料自主创新产品(设备),然后租赁给买方使用,买方支付的租金可以折抵价款,租期满后设备所有权归买方。在自主创新产品已被市场认可而且企业处于继续研发的活动阶段的中期,政府和企业可以共同对研发进行投入,政府补助资金可以给卖方指定用于继续研发。

其四,要建立科技成果转化专项引导资金,来撬动沉睡的专利和科技创新力。"二战"后,美国成立小企业投资公司 SBICS,利用自有资本和联邦政府提供的优惠资金,向具有发展前景的小企业提供创业资金。美国立法规定,SBICS 无论投入多少资金到风险投资项目中,都可从联邦政府获得相同金额的低息贷款。此举造就了一大批活跃的科技企业,带来了硅谷的繁荣。韩国出台《产业教育促进与合作法》《科技成果转化促进法案》,形成了具有代表性的"产学研合作基金会",全权负责所有涉及产学研的合作事务(Industry University Cooperation Foundation)模式。新加坡政府出台了"革新 2020"计划、21 世纪科技企业家计划、21 世纪资讯通信计划、生命科学发展计划等一系列科技计划,政府建立不同类型的风险投资基金,可以参与投资,与风险投资商共同投资技术起步公司,按比例支付中小企业的技术更新和技术咨询费用等,达到帮助企业补充研发费用的作用。我国台湾地区制定了《奖励投资条例》《促进产业升级条例》《产业创新条例》《政府科技研发成果归属及运用办法》,"行政院"设置了开发基金,积极补助各校成立技转中心、区域产学中心、创新育成中心等,推动学界研发成果落实于企业,并设立奖项鼓励从事产学合作表现优异的组织或个人。中国台湾创新育成中心采取"(企业)申请—(中心)审批—(培育)入驻—毕业—毕业后服务"的形式。培育经费主要来自主管方对新项目、新技术的开发资助和技术转让。创新育成中心对其技术或以入股的形式,或一次性转让,或以其他形式融入毕业的企业资本体系中。入驻企业的资金一般由风险投资、银行融资及政府补助资金等3条途径来解决。企业入驻时,需对申请项目加以评估,确定其可行性。申请项目获得通过,就会得到研发的投资支持。入驻企业毕业期限没有统一的规定,但在实际操作中一般以3—5年为限。企业毕业时要回馈育成中心,如投资资金或赠予技术股等,使育成中心能持续经营。中国台湾1996年起运用中小企业发展基金鼓励公民营机构设立中小企业创新育成中心以提升创新研发能力,从而有效地帮助企业降低了研发成本与风险,长期提供创新研发辅导及经费补助。

　　近10多年来,国内各地也引入了政府引导基金运作模式,采取参股基金、融资担保为主,跟进投资、投资保障、风险补助为辅等方式对高科技产业进行投资。1999年,上海市政府设立上海创业投资有限公司,这是国内首家"政府引导、社会参与、利益共享、风险共担"的新型投融资平台。利用这一平台的杠杆作用,上海先后组建了20多家各类别的专业创业投资基金公司,引导社会资金参与多元化创业投资体系。上海市还利用专家优势和人才培养优势,受托管理了国家发改委、科技部等部委的创业投资引导基金等政府资金。深圳市政府出资5亿元成立了第一家创业投资公司"创新科技投资有限公司",还同时在香港注册设立了"中国高新技术产业基金投资公司",注资3000万美元。目前,深圳已经集聚了100多家创业投资机构,创业资本总规模达100多亿元,占全国创投资本总额的近2/5,其中政府占16%,企业占65%,个人占4%,外资占15%。先后投资的项目有400多个,投资金额40多亿元。苏州市国资监管部门以特殊的方式使存续于混合型基金中的国有资本成为资金池,在具体操作时以先执行后备案的方式实施监管。东莞市在投资基金管理上采取两级体制,地方党政联席会议负责对产业投资母基金的国有出资部分实行一次性授权,将监管的工作全部委托至母基金实体中去操作。山西省成立科技创业风险投资引导基金公司,与国内外的创业风险投资机构合作组建面向本省的创业风险投资专项基金,其中与北京实地创业投资有限公司合作成立规模为1亿元的山西实地科技创业风险投资基金,与深圳泰豪晟大创业投资有限公司合作成立规模为1亿元的山西泰豪晟大创业投资基金,重点支持科技型创新企业和发展科技领域;与美国红木基金管理公司合作成立规模为7500万美元的山西红木创业投资基金,重点支持科技型中小企业；与国家发改委合作并吸引省内民营资本 1 亿 5000 万元成立规模为 2 亿 5000 万元的山西实地新材料创业投资基金，重点扶持全省铝镁合金、铁硼、纳米等新材料方面的企业和产品。

产业投资引导基金不一定要达到大型的规模，但应在聚焦性和运行的稳健性上做文章。由于新兴产业企业设置主要障碍是研发和加工制备设备资金，有些专利和产品有可能属于"小众"品种，与其他专利和产品有较大差异，因此，相关行业有必要设立专项产业引导基金。首先，由于当前不少行业研发的领军企业多为民营和混合型所有制企业，在多元产权的大趋势下，产业引导基金可参股投资创业企业，主要应采取协议参股形式，但不能成为第一大股东。同时，可以采取与其他引导基金或"基金的基金"签订合作协议共同进行投资。各类基金可以按一定比例进行同投和跟投，可以相互进行委托，负责股权管理。其次，产业投资引导基金参股期限一般不超过 5 年，存续期内引导基金不参与日常经营与管理，到期后产业引导基金投资形成的股权可采取上市、转让、企业回购及破产清算等方式退出。再次，在创新企业运营过程中，产业引导基金可以按照国家对创业投资企业债权融资有关规定，在适当的时候为符合条件的创业投资企业提供融资担保支持。再次，产业引导基金对所扶持企业应保有制约权，当所投企业出现违法、违规和偏离政策导向的情况时，产业引导基金可按照合同约定，行使一票否决权。

四、继续调整优化专利资助政策，积极推进专利资助政策的质量化、精细化和体系化

从宏观方面讲，专利资助质量化的出发点是确保资助政策由关注申请量向关注专利质量和专利价值转变；专利资助精细化的做法是在对资助对象有效细分的基础上，根据不同对象的特征，制订和选择最适当的资助方式；专利资助体系化的原则是在地区、层级、部门之间开展统筹协调，配套使用资助金，避免出现重复资助和低质量资助。具体到不同产业，首先，产业领域的专利资助要坚持国内发明专利申请、PCT 国际专利申请"两条腿"走路的模式。其次，要探索专利管理部门、第三方评估机构开展密切合作，建立专利质量评估机制。再次，根据各地区产业特征、创新主体类型、规模分布与创新能力现状等情况，针对不同细分类型，选择相应的资助方式。对于首次发明专利申请的企业，给予重点支持，鼓励和引导更多科技型企业实现专利申请"零突破"；对于获得高新技术企业认

定、知识产权试点示范评选、重点发展领域的中小型企业给予重点资助；对于专利申请量有明显增长、专利实施应用有明显成效的企业，给予重点资助和奖励，改变单纯定额资助、计件资助的做法。然后，通盘使用各类资助资金，对省、市、区县政府下发的资金，按照市级资助为引领，省级财政、区县财政相匹配的原则，先由地方进行推荐和建议，再由市级决定资助对象和额度。最后，严格监督，遏制非正常申请行为。目前对专利进行质量评估成本较高，现有技术和能力也难以全面覆盖，因此需要转变思路，充分利用信息化手段，建立起企业专利资助信用数据库，将数据库与国家知识产权局专利数据库、本地区工商管理局企业信用数据库进行有效对接，对企业专利申请情况、授权情况、受资助情况和实施应用情况进行跟踪监测。在决定是否给予资助以及资助的额度和方式上，参考企业经营规模、工商局信用记录、专利申请及资助等信用记录，对于存在交易信用不诚信、违规申请资助、非正常申请资助等行为的企业，给予重点监测；违规严重的记入黑名单，不再给予资助。

第四章 专利权保护原理分析

民事法律权利的法理核心是支配性与排他性,民事法律权利的弱点也在于此。支配性和排他性无法单纯依靠伦理戒律和道德感召而实现,公力救济和私力救济往往总是权利沦陷时才会被运用,人类社会的无数次"枪与火"的争端大多数是要捍卫某一种权利——土地控制与权利、将人作为一种财产的收益权利以及资源权利。民事权利是否受保护、如何被保护成为法律文明进步的标尺之一。专利权作为一种后起的民事权利,有其较为幸运的一面,即它主要是通过法典而不是习惯法来昭示保护之必要,但与动产、不动产等有形权利相比,作为无形权利的专利权保护起来又较为棘手。处于动态的专利权保护事业与处于静态的专利权法律体系相比有其特殊性,比如专利权立法体系的不完备、不一致并不一定会妨碍专利权保护的开展。而专利权保护的残缺将直接损害专利权法律体系的权威性和稳定性。同样的道理是,契合专利权属性和原理的保护才是理性的、适当的保护,否则就会是盲目的、蹩脚的保护。专利权保护的制度精密度应当不亚于其他的经济制度。我们需要在厘清谁来保护、如何保护、保护的程度怎样等基本问题的基础上,开辟新的讨论空间。

第一节 专利权保护框架

一、依法律保护专利权

法律对专利权实施保护受到功利主义的直接影响。功利主义法学主张,现代专利权法趋向于更加依赖于使用政治经济学和功利主义的话语和概念。法律不再评价在某一特定对象中所体现的劳动,而是开始集中于该对象的宏观经济价值,集中于它对于知识和进步,对于国民生产总值或者生产力的贡献。宏观制度应当对专利权领域形成激励,通过授予发明人和创作者对智力成果的排他性权利,达到激励发明和创作的目标,从而最大限度地促进社会福利。在这种思潮下,专利权保护的目标在于让创新者有足够的信心获得足够的利润,以补偿研发的投入。功利主义并不反对专利权进入公共领域,只要在此之前专利权的经济激励的收益高于限制知识传播的代价。因为专利权不同于有体物,它是永不耗尽的,在知识财产上不存在明显的"公地悲剧",知识财产并不会由于消费而受到破坏甚至缩减。但如果对知识产品的激励不充分,知识产品的使用、消耗将使权利人受到效益贬损,如果保护水平低,而使得其他主体能够随意使用、过度使用,失去了保护的价值。正是在承认功利的基础上,我们才发展出专利权法律保护的方式和边界等问题。

法律在专利权保护中发挥的是基础性和示范性作用。有人总结道,保护知识产品利益有两种方法,一种是设权模式,一种是竞争法模式。设权模式是法律预先规定权利取得的条件、权利行使的范围、存续的时间等,使专利权成为一种具有排他性的支配权。而竞争法模式是法律采取赋予消极的请求禁止某种行为的方式来保护,这是一种附加保护[①]。相比之下,竞争法模式做得还不够充分。而在国外,整个知识产权法都被视为属于广义的反不正当竞争法范畴[②]。

对于设权方式和制止不正当竞争方式,尽管立法设计不同,在运用的受重视程度上也有差别,但从专利权保护的整体格局上看,两者是唇齿相依的。反不正当竞争制度执行不好直接危及专利权所划定的专有权,而反不正当竞争制裁如果被滥用,则会对专利权人的利用、移转专利权带来困难,动辄出现撤销权利的情形,因此要在保护正当利益、诚信原则的基础上做到反不正当竞争的合理运用,以实现知识资源的最大化利用,实现动态的利益平衡[③]。

在知识产权保护发展过程中,逐步发展出了民事、行政、刑事多头保护的局面。一件专利,既可能引发专利权无效的行政诉讼,又可能演变成侵害专利权的民事诉讼问题。分轨并行的专利权司法保护,会造成连锁纠纷诉讼现象,这在其他民事法律保护客体中是少有的。

---

① 韦之:《论不正当竞争法与知识产权法之间的关系》,《北京大学学报(哲学社会科学版)》1999年第6期,24-32页。

② 李明德:《美国知识产权法》,法律出版社2003年版,48页。

③ 徐国栋:《民法基本原则解释——以诚实信用原则的法理分析为中心》(增删本),中国政法大学出版社2004年版。

二、借助政府力量保护专利权

知识产权保护是社会公共事务,行政之手在知识产权领域的力量很强,专利权需要国家授予才能享有专有权,审查授权或登记机构的行为以及权利公示手段,都会影响到权利效力的稳定性。著作权、商业秘密权虽属特定法律事实出现时自动产生的权利,不需要经过行政授权的程序,但受到行政管理尺度的影响是无法避免的。

政府也是一个"经济人",政府的经济活动有不少值得评议的地方,这种评议不能简单地同批评画等号,目的在于揭示某种政府行为的路径依赖。在任何一个社会里,要做到经济发达,不但要有激励机制诱使企业和个人积极地进行生产、投资、分工、合作等创造活动,还必须有遏制性机制来解决对生产要素和创新意识的掠夺问题。如果后者解决不好,会使创造性活动萎缩,经济就不发达,社会就贫穷。在自然经济和初级市场状态下,流行"一手交钱、一手交货"的交易方式,合同这种对复杂市场交易进行约束的工具不普遍。因此,初级经济条件下对于破坏财富创造的遏制力不足,经济繁荣程度受限。随着经济发展的需求和法治水平的提升,投资、融资、研发新产品等产权密集型生产活动日益取代自然经济占据主导地位,与此相适应的是私人财产受到严格保护、商业合同得到严格执行的局面。这说明,对于创造活动的保障机制同样得到了加强,而提供这种遏制性公共产品的只能是政府。经济增长理论强调政府在经济中的作用,政府的存在除了维持游戏规则外,还需要修正"市场失灵"。其中主要是 6 个方面:提供公共品,保持宏观稳定,消除经济的外部性,限制垄断,调节收入分配和弥补市场的不完全性和信息的不对称。因而,政府对经济发展起着十分重要的作用,权力与繁荣有着非常密切的关系。

政府除了护佑经济和创新外,也不排除攫取的可能性。过去在中国存在的情况表明,中央政府和地方政府存在不同的利益追求,当中央政府瓜分了经济成长的大部分利益后,地方政府的积极性和合规性将受到冲击,滋生勒索和乱收费等现象。与此同时,地方政府还会对一些局部政策性效应产生兴趣,如开辟地方保护主义下的经济自留地,对于地方上存在的制假售假、不正当竞争行为采取睁一只眼、闭一只眼的态度——只要这些能为地方政府的府库带来充盈。[①]

① 陈抗、Hillman、顾清扬:《财政集权与地方政府行为变化——从援助之手到攫取之手》,《经济学家》2002 年第 3 期,211-230 页。

与政府的矛盾立场相似,官员的个人立场也会产生摇摆,忠诚履职的官员和以权力寻租的官员是同时存在的,少数意图寻租的官员通过改变要素分配规则和流动目的地为自己牟利,走上受贿、贪污、滥用职权、庇护亲属的道路。有时官员也会与上述图利行为产生冲突,如政绩考核压力。地方政府官员如果有升迁的谋划,必须想办法把地方的经济社会发展事务搞好——至少是在其任期内,这在中国又被称为"政治锦标赛"①。这使得官员们重视建构有利于经济发展的规则和环境——包括保护创新,公正地执行政策。

现代政府的行为受到财政、预算的影响非常深刻。在 20 世纪 80 年代前期推行的"分灶吃饭"的财政包干体系中,中央政府通过分配合同规定了地方政府需要上缴给中央政府的收入总额,剩余的部分归地方政府支配。研究者发现,这种留成分配体制给地方政府带来了强激励,使其不再倾向靠中央财政扶持,而是积极推行市场改革,促进经济发展,做大地方政府财政蛋糕。同样,中央财政收入也得到了保障,两个积极性都得到了较充分发挥,中央、地方双方协力推动改革进程,企业的创造、创新活力受到了尊重和保障。但在剧烈的改革转型形势下,国有企业的退步阻止了这种良性循环,中央政府和地方政府都面临着财政收入下行的压力,在财政上互相倾轧。最终,中央政府以强势的分税制取代了地方自主性更强的分成,地方政府无法有针对性地减免本地企业的税收,除非这些企业能争取到中外合资企业、高新技术企业的名号。这种整合压力和行政命令造就的地方受压抑的财政境地增强了地方政府的不确定性和不信任感,政治、社会资本呈现削弱趋势。为了顺利推行税收、质量检验等全局性政策,中央政府创造性地实施了一种垂直管理行政模式,由中央财政来负责税收、海关、检验检疫等机构官吏的行政支出,用垂直任命来保障这些重要岗位的官员更听命于中央政府,以减少政策推行的阻力②。上述举措带来的长远负面效应是减少了地方政府收入和总财政收入,地方政府频频通过攫取资源来补偿财政窘迫和提升政绩,造成腐败加剧、经济发展速度短期化,更加重了企业负担。而当前,虽然这种财政体系没有彻底打破,但出现了一些积极的转变,如改变 GDP 单一考核指标,解放地方政府的束缚;通过财政、科技、信贷等手段强推经济增长方式转型,创新驱动发展,地方政府的注意力更集中在创新上;通过资源税改革、营业税转为增值税,地方政府的财政状况有所好转;通过公务员分配体制改革的论证和实施,地

---

① 刘剑雄:《中国的政治锦标赛竞争研究》,《公共管理学报》2008 年第 3 期,29-34 页。

② 郑春燕:《程序主义行政法治》,《法学研究》2012 年第 6 期,14-18 页。

方政府公务人员收入有望上升,工作积极性回升;通过松绑民营经济发展,扶持小微企业、治理腐败、商业贿赂等行动,增强企业投资创业的信心。这使得中央和地方政府间的财政僵局获得了较大的缓和,一些地方政府不再那么"缺钱",将更多的精力用在了谋划发展,壮大地方经济实力上。在利用巨量投资拉动经济增长的机遇中,一些地方政府比较重视激发企业的创新、创造活动,针对专利权创造、利用、管理和保护开展了一些局部创新。从这个角度上讲,财政新气候是有利于与地方政府推动专利权保护的。

上述这些构成了专利权保护的宏观政策环境。即在整个国家层面上,经济的发展呼吁有相应的专利权保护体系来跟进,而专利权保护本身也润滑了经济发展。但在局部层面,情况不一定这么乐观。一方面,地方政府可能出于发展需要和政绩需要加强本地域的专利权保护;另一方面,地方政府的官员可能出于地方保护需要或者寻租需要,怠于推进专利权保护,使得专利权保护水平不均衡。从短期看,低度专利权保护不会马上在经济上反映出来,如一些制假售假猖獗的地方亦供应出高额的税收,但从创新优势的缺失和对经济攫取性倾向的形成,将会带来长远的负面影响①。

另一个更为具体的问题是,从政府履职效率的角度观察,搞清与教育、医疗、社会保障等部类相比,专利权在政府工作中的权重如何。从表面证据来看,专利权保护的地位显然不如前述几种地位高,专利权管理的专门机构在地方层面是较为弱势的,如专利权局(专利局)过去隶属于科技部门,现在转属于市场监管部门,商标局隶属于市场监管部门(过去是工商行政管理部门,版权局与新闻出版、广电合为一体)。在一些地理条件、发展基础、科教实力较为落后的地区,专利权工作处于停滞状态,专利的申请量与先发地区有着量级上的差异。在政府的各项职能中,有些领域出现过分作为,有些领域出现不作为现象,专利权工作极可能沦为后者。回到问题的根本,专利权保护体现了政府和市场的边界关系问题,即政府该不该管、能不能管好、如何管的问题。经济学围绕这个问题有长期争论。阿瑟·刘易斯指出:"如果没有高瞻远瞩的政府的积极推动,没有一个国家能够在经济上取得进展,……,另一方面,政府干预经济生活造成不良后果的例子很多,……,政府可能会由于做得太少或者太多而遭到失败。"②

---

① 王太平:《知识产权制度的未来》,《法学研究》2011 年第 3 期,84-95 页。

② 吴汉东:《知识产权的制度风险与法律控制》,《法学研究》2012 年第 4 期,63-75 页。

第二节 专利权保护的经济效应与公共管理效应

一、专利权保护对经济体系的影响

专利权等知识产权既是微观的企业等市场主体获取利润和竞争优势的独门"法宝",也是国际化分工、产业链地位乃至宏观经济秩序的重要调节变量。知识经济时代,国家竞争力表现在如何占领技术高地,如何形成从标准到专利,再到产品的整体性优势上。尽管对于知识产权保护与经济发展、技术创新能力的影响机制和影响力度有着各种不同的观点,对一些研究样本的统计分析还未能明确发现知识产权对上述两者的正向效应是显著的,但绝大多数研究是肯定知识产权保护的积极作用的。早年,新经济增长学说就提出知识积累和技术进步是影响经济增长的内生变量,封闭经济条件下知识产权保护能激发本地企业的自主创新。一些实证研究支持了这一观点,认为市场竞争程度越充分,知识产权保护促进经济增长的作用越强。研究者分析了不同国家的知识产权保护强度指数,发现该指数与人均 GDP 之间存在明显的正相关关系,随着人均收入的增加,知识产权保护强度的增加越来越快。随后,研究者在发展中国家获取国外技术、吸引 FDI 和发展贸易中发现了更为具体的证据,支持知识产权保护的必要性。[①]

(一)FDI 领域

研究者调查了 100 家美国企业发现,东道国知识产权保护强度与美国流入该国的 FDI 流量之间存在显著的正相关关系。研究者比较了 27 个不同经济区域国家以及东欧 12 个国家,同样发现知识产权保护程度的提高会促进 FDI 流量的增加。研究者提出的竞争模型指出,发达国家企业在选择 FDI 对象时主要关注发展中国家成本优势和知识产权保护力度两大因素。在成本优势不明显的情况下,知识产权保护强度的大小直接左右 FDI 的多寡。研究者构建的动态博弈模型表明,东道国政府提供适度且有效率的知识产权保护政策可以增加 FDI 的

[①] 李伟、余翔:《中国知识产权保护强度及其评价——以加入 TRIPS 协议为中心》,《科研管理》2014年第 7 期,138-146 页。

流入量,并能引进较为先进的技术。研究还证实了两个市场条件相同的发展中东道国中知识产权保护体系完善的国家能吸引更多的 FDI。研究者根据中国1991—2006 年间知识产权保护、FDI 以及自主创新能力三者之间的关系,发现知识产权保护力度的加大和自主创新能力的提高对 FDI 流入我国起显著促进作用[①]。

(二)技术创新领域

研究者利用质量阶梯的动态一般均衡框架发现,如果知识产权保护大大降低了许可的谈判成本的话,加强知识产权保护可以促进创新和技术转移。研究者认为加强知识产权保护降低了监督和诉讼成本以及其他方面的执法成本,进而促进技术许可活动的增加[②]。

(三)国际贸易领域

研究者提出知识产权保护对贸易影响的市场扩张效应和市场势力效应,并发现知识产权保护强度对总体贸易和出口贸易的影响显著为正,如果考虑到模仿能力的门限效应,加强知识产权保护对进口贸易的影响亦为正[③]。

借助上述分析,结合中国的经济成长情况,可以发现与知识产权保护有密切关联的一些积极的证据或者信息:

第一,在 30 多年时间里,外商直接投资(FDI)对中国经济的发展带来了极大的驱动效应。尽管近几年中国对于 FDI 的吸引力有所减弱,但每年仍保持在400 亿—500 亿美元的规模。为什么全球资本乐意于投资中国?除了稳定的政局和有吸引力的政策优惠,中国的知识产权保护机器也发挥了一定的作用。因此,虽然外国公司对中国知识产权保护水平的满意度不够理想,但它们无法否认中国政府在保护知识产权上是付出努力的。

第二,随着知识产权价值提升和企业对知识产权管理的重视,当前全球范围内的知识产权纠纷处在高发状态。在专利权保护很完善的国家,公司之间也经常发生专利权纠纷,比如美国苹果公司和韩国三星公司之间,苹果和谷歌之间每年都上演专利诉讼。在中国,2008—2012 年,中国各级法院受理了知识产权民

① J C Ginarte, W G Park. "Determinants of Patent Rights: a Cross-national Study". *Research Policy*, 1997, 26, p.283-301.

② Lesser. *The Effects of Trips-Mandated Intellectual Property Rights On Economic Activities In Developing Countries*. Prepared under WIPO Special Service Agreements, WIPO, 2003.

③ 余长林:《知识产权保护与发展中国家的经济增长——基于技术供给的视角》,厦门大学博士学位论文,2009 年。

事案件 245264 件,其中 2012 年受理的案件有 87419 件;而在中国刚刚加入 WTO 的 2001 年,中国的知识产权案件只有 5265 件,知识产权案件在 10 年时间增长了 15 倍。在这些案件中,跨国公司往往作为原告,比如微软公司在中国已经有多宗胜诉的案例。同时,很多跨国公司在中国成立了合资企业,向中国专利局申请了中国专利,在专利权案件中它们的身份是中国的法人以及中国的专利权人,中国政府没有理由不保护这些公司和其专利。随着知识产权案件数量的增加,中国政府已经将建立专门的知识产权法院提上议事日程,知识产权仲裁庭的影响力也在扩大。这意味着,在中国境内发生的知识产权纠纷是可以得到及时救济的。

第三,在经济全球化的影响下,中国已经成为全球制造业的一个重要基地,每年出口大量产品。由于中国在很多产业领域并不拥有专利权,处于产业链的下游,在很多中国企业的成长过程中,对于技术和产品的模仿是必不可少的。大部分中国企业能做到遵守专利权法,通过付费方式获得专利权的使用许可,比如荷兰飞利浦公司、美国高通公司每年都能从中国企业手中收取到相当高的专利许可费。也有一些企业在商标、音乐、游戏版权、专利权方面有不好的记录,我们可以从中国知识产权局和地方法院的数据库中查找到它们。同时,它们的侵权行为会被记录到银行的信用系统中,信用记录差的企业将很难获得融资。虽然从短期来看,通过侵犯知识产权能降低企业的成本,但随着中国修改专利权和著作权等相关法律法规,提高惩罚性赔偿,以及中国政府在保护知识产权方面的行动越来越坚决,从长期来看,企业想绕过知识产权保护从而获得不正当利润的概率将会越来越小,企业为此付出的侵权成本将会越来越高[1]。

经济、管理科学的研究都是在特定时间、空间、语境下开展的,受到理论假设、数据获取、统计方法等方面的影响,所得出的看法并不一定是普适的,有些结论随着时空环境的转换、比较口径的调整、未纳入分析因素的消长等会出现一定的偏倚。在此也有必要介绍一些质疑知识产权保护正面效应的观点,并适当地解释其是针对何种条件,因何种判断标准所得出的。对于知识产权保护的效用具有某种不确定的观点中,有影响的大致可以分为以下几种。(1)部分肯定型。研究者研究了 112 个国家 1970—1985 年间的数据,发现知识产权保护对经济增长的影响系数为正值,但并不显著。研究者分析了 47 个发达国家和发展中国家 1970—1990 年的数据,认为知识产权保护和经济增长之间存在某个分界点,高

---

① 刘春田:《入世 10 年的成就与挑战》,《知识产权》2011 年第 10 期,17-20 页。

于此分界点的国家,其知识产权保护与经济增长之间呈现正向联系[①]。(2)难以判定型。研究者提出最严格的知识产权政策未必会促进经济增长。知识产权保护与经济发展水平之间的关系是非线性的。研究者研究了75个国家在1975年时的数据,以纵轴代表各国知识产权保护指数,横轴代表人均 GNP 的自然对数,发现经济发展水平与知识产权保护呈现轻微的 U 形关系。(3)附有条件的质疑型。研究者提出处于技术劣势的发展中国家过早提高知识产权保护水平并不明智,仅仅依靠加强知识产权保护不足以满足技术创新和经济发展的充分条件。研究者建立了 R&D 与专利保护长度与动态一般均衡模型,发现专利长度的增加反而会使 R&D 规模下降。研究者指出,当专利保护宽度比较小时,增强它会提高社会福利和技术进步率;当专利保护宽度已经很大时,再继续增加它反而会降低社会福利和技术进步率[②]。

从上述这些观点可以看出,部分肯定知识产权保护对经济增长的正面效应的学者提出的观点比较谨慎,与这些研究者同期的一些观察性、案例性研究对知识产权保护所发挥的效应持鲜明肯定态度。这两类观点虽然不尽相同,但其立场是接近的。前述研究者试图进一步发掘在知识产权保护的同时或者在知识产权保护的背后是否还存在某些因素左右着经济成长与创新,但至目前为止尚未形成新的学说,至多是将资本、人力等因素放在与知识产权保持同等的地位上,去考虑其对经济成长的影响[③]。

难以判定知识产权保护对经济增长的效应的学者提出这类观点,主要源于研究的时间序列和采取的模型相对比较简单,一些可能存在的干扰性变量没有被充分地剔除,导致统计分析结果难以呈现某种显著性。

附条件的质疑知识产权保护对经济成长的正面效应的观点的出现反而不是一件坏事,它鼓励我们从经济之外、经济之上去探寻知识产权活动与经济整体绩效的关系,促使我们把目光转向一些社会性、法律性的因素,将知识产权活动中的一些弱经济性、边缘性行为提炼出来,通盘考虑在这些行为模式的影响下,知识产权的内涵效能是否没有充分发挥出来或者知识产权效能会被吞噬。

---

①　M A Thompson, F Rushing. "An Empirical Analysis of the Impact of Patent Protection on Economic Growth". *Journal of Economic Development*, 1996, 21, p. 61-79.

②　许春明、单晓光:《中国知识产权保护强度指标体系的构建及验证》,《科学学研究》2008 年第 4 期,47-55 页。

③　R Ostergard. *The Development Dilemma ; The Politcal Economy of Intellectual Property Rights in the International System*. New York: LFB Scholarly Publishing LLC, 2003, p. 1-163.

二、专利权保护的公共管理效应

前述研究者质疑专利权保护难以发挥正面效应的观点,从政策科学的角度理解可以转换为对专利权保护的政策期望很高,但政策却无法带来理想的效果的问题,这牵涉到专利权保护所呈现出的公共管理效应。

在知识经济环境下,知识产权的地位相当于实体经济中的基础设施。首先,基础设施往往是不可替代的,是私人资本无法完全解决的。政府在基础设施上的投资会直接促进经济增长,产生直接效应;同时由于其外部性,加大基础设施也能提高私人资本的回报率。其次,瓦格纳定律提出,随着经济的发展,人们会增加对于公共支出如社会保障的要求,政府的支出不能全部是生产性的,还应有一些非生产性支出,通过政府介入公共产品来满足。再次,1997年《世界发展报告》将政府职能归纳为4个基本方面:建立法律基础,保持非扭曲性的政策环境,投资于基本的社会服务与基础设施,保护承受能力差的阶层和保护环境。为了实现这些目标,政府需要建立基本制度框架,促进基本服务的公平和消除外部性[①]。结合知识产权领域,如建立专利、商标等智慧财产体系,促进知识产权创造和产业化,通过法律规制侵权行为,等等符合这一方案。可见,政府需要扶植和管理好知识产权保护这一公共产品,但不能仅依靠政府投入的方式,通过指令性形式来投放这种服务,而是要顾及政府与市场的关系,协力提供知识产权保护公共服务。

当前,我国知识产权战略的核心之一是强调自主创新。近年来,我国政府意识到科技创新对于中国企业的竞争力和国民经济的健康发展有重要的意义。因此,象征着创新能力的专利非常受重视。中央和地方政府都制定了专门的专利申请奖励制度,鼓励人们去申请专利。但存在两个突出现象:第一,相当大一部分专利在获得批准后被搁置起来,没有适当的渠道进入商业化。第二,中国的专利申请者偏爱创新性较低的实用新型、外观设计类专利,发明专利数量偏低。这种状况导致的结果是,中国企业的生产线上发挥作用的很多是来自外国的专利技术。从数据中可以看出这一点。2012年中国海关统计的技术贸易额为740亿美元,此外还有一些中外合资企业、中外合作企业中外方以技术入股的金额没有计算在内。中国政府在制定知识产权战略时,还有一个长期愿景,就是希望通

---

① 卢现祥、朱巧玲:《新制度经济学》,北京大学出版社2007年版。

过加强知识产权保护来促进中国本国自主创新能力的提升,减少对外技术依赖。从目前来看,从中国政府的严格专利保护中受益最明显的是那些中国企业购买的外国专利,本土专利虽然也能受到保护,但并不抢手。从长远来看,只有当本土专利对于产业的价值提高,中国的对外技术依存度才会降低。到那个时候,从中国政府专利保护中受益最明显的将是中国本土的专利①。尽管在制定《专利法》时中国政府决定将专利保护标准提高到和发达国家相一致的水平,但遗憾的是,一些地方的政府官员和法院法官在执行《专利法》方面还不熟练,保护专利所需要的资金不够充裕,中国的企业在使用专利上也有一些不符合国际通行规则的行为,一些外国公司指控中国同行有侵权行为以及指控中国政府在保护专利上的消极是可以理解的。一些研究也解释了这种现象。研究者利用分散式威权主义的分析框架,指出中国有诸多负责知识产权执法的具体政府部门,会导致某种分散的利益,造成执法上的冲突,进而影响专利权保护的水平②。研究者将国家能力与专利权保护水准联系起来,详细评判了司法执法、国家专利权局和版权局的准司法执法、商标领域因当事人投诉启动的执法、行政机构的主动执法以及运动式的行政执法(其中绝大部分属于行政执法)中存在的被动执法与无效执法的现象③。

由此,我们认为,专利权的官方保护的初衷很好,但后续的执行情况可能与政策预期有差距④,中国专利政策中值得忧虑的地方应当是专利权的官方保护在何种条件下才能真正发挥出应有效能。同时,值得关注的是,除了专利权的官方保护,还有没有其他可能有效的保护路径,或者说官方保护以及某些亚保护渠道的联合发力,能否矫正中国专利权保护中的一些效能流失情况。

---

① 卢世刚:《决定知识产权收益的几个原则》,《知识产权》1996 年第 4 期,8-9 页。

② Mertha A. *The Politics of Piracy: Intellectual Property in Contemporary China*. New York: Cornell University Press,2005.

③ Dimitrov M. *Piracy and the State: The Politics of Intellectual Property Rights in China*. Cambridge: Cambridge University Press,2009.

④ 欧洲专利局:《未来知识产权制度的愿景》,郭民生等译,知识产权出版社 2008 年版。

第三节　专利保护质量的分析

基本上,专利权的保护是行政保护与司法保护二元并进的,两者之间存有差异,但从制度经济学意义上理解,行政管理机关和司法机关可以归为广义的政府,政府的角色和行为方式对专利权的保护有莫大的关系,因此在看待专利权的整体保护时我们将行政执法部门保护与法院保护统一为广义的政府保护一并加以研究。

一、专利权保护水平的指数化度量

无论是国际社会还是中国本身,都希望对专利权法律及政策的保护效能进行测度和比较,以明确应修补和加强的领域,并相应调整法律和贸易战略。但是由于国情的多元性、立法—执法—守法的不守恒性、宏观和微观视距不同等,定型化描述和定量化评估各个国家的专利权保护情况都是很困难的。受到法律经济学及管理科学的定量化思想影响,国内外研究者从知识产权保护的静态和动态现象中抽象出了一些指标,组构了知识产权保护强度指标来分析、比较知识产权保护水平和能力,反映其起步情况、变化情况,这个研究方法和指标体系对专利保护有着借鉴意义。我们的研究也借鉴这一体系对中国的专利权保护状况进行观察。

知识产权是全球范围内通行的规范和保护智力行为及其成果的法律范畴。虽然知识产权及其法律规范的历史相对较短,但其"全球化"速度却非常快。当今世界各国的知识产权法相似程度是最高的,其典型表现是隶属于不同的法系国家基本上都把知识产权细分为版权(著作权)、专利、商标以及一些新兴权利,都构建了高度一致的知识产权取得方式、权利保护期限、利益分享、侵权审查等制度,因而,对各个国家的静态知识产权法制和动态的知识产权保护状况进行比较成为可能,这也激发着研究者开发出能够测量不同国度知识产权保护状况的计量工具。

研究者提出采用虚拟变量方式,将一国是否为世界知识产权组织(WIPO)协定成员作为衡量其是否达到国际保护的最低水平的标志。这种方法的假设是一国完全履行了知识产权保护国际义务,而这在很多国家是难以实现的[①]。有研究者将专利作为知识产权保护的标志性指标,对各国专利法划分成为 6 个等级,得分从 0 到 5,0 分表示被调查国家没有制定专利法,5 分则表示被调查国家的专利法达到了美国商会制定的最低标准[②]。这个指标比较粗糙,一是它只能比较各国专利法规定的内容是否全面,而不能了解各国知识产权法的实际运行情况。二是这个指标只能将被调查国家归成 6 种类型,不能计算出同一类型的国家之间在知识产权保护上的更具体差异。更重要的是,指标绑定的美国知识产权标准是否能作为普适性衡量尺度,有着较大的争议。

在对上述指标的改进上,有些研究者的做法是利用主成分分析的技术,将各国专利法中的专利保护期限、排除条款提取出来进行评分,所评出的分值不再是整数值,而可以精确到小数点后若干位[③]。同时,为了方便进行国别排名,新增了一项标准,即向全美跨国企业主管发放问卷,调查东道国的专利范围条款对美资企业投资意愿的影响。最后将三项得分予以加权,计算各国专利保护强度指数。这种方法的局限在于难以对各国知识产权保护情况进行经常性的跟踪,而且涉及指标中主观性色彩较浓厚。

对学术界影响最大的是 Ginarte、Park 提出的方法。[④] 1997 年两位学者将知识产权保护强度指标划分为专利覆盖范围(extent of coverage)、国际条约成员资格(membership in international patent agreements)、权利保护的丧失(provisions for loss of protection)、执法机制(enforcement mechanisms)、保护期限(duration of protection)5 个一级指标,每个一级指标又设若干二级指标。一级指标分值为 0—1,二级指标的分值采取简单算术平均数,即用可得分二级指标的数量与指标总个数相除,最后将所有一级指标的得分相加即为一国知识产权保护强度得分。2008 年,Park 教授对 Ginarte-Park 指标进行了小幅修正,增加了几项指标。具体指标情况见表 4-1。

① Falvey R, Foster N, Greenaway D. "Intellectual Property Rights and Economic Growth". *Review of Development Economics*, 2005, 104, p. 700-719.

② Rapp R T, Rozek R P. "Benefits and Costs of Intellectual Property Protection in Developing Countries". *National Economic Research Associates*, *Incorporated*, 1990, 3, p. 75-102.

③ Kondo E K. "The Effect of Patent Protection on Foreign Direct Investment". *Journal of World Trade*, 1995, 29(6), p. 97-122.

④ Ginarte J C, Park W G. "Determinants of Patent Rights: A Cross−national Study". *Research Policy*, 1997, 26(3), p. 283-301.

表 4-1　Ginarte-Park 知识产权保护强度指标

一级指标	二级指标	计分方式	备注
专利覆盖范围	药品	每项二级指标赋分为 1/8,若被调查国专利法将此指标类型列为专利授予对象即可得分,加总后为一级指标得分	软件专利指标为 2008 年新加入指标
	化学品		
	食品		
	动植物品种		
	医疗器械		
	微生物		
	实用新型		
	软件		
国际条约成员	《巴黎公约》	每项二级指标赋分为 1/5,若被调查国批准加入或被接纳为国际条约成员即可得分,加总后为一级指标得分	布达佩斯条约、TRIPS 协议为 2008 年新加入指标
	《专利合作条约》		
	《植物新品种保护公约》		
	《布达佩斯条约》		
	TRIPS 协议		
权利保护的丧失	实施要求	每项二级指标赋分为 1/3,若被调查国对于专利有实施要求,规定了专利强制许可制度以及对已授予专利可以撤销,即可得分,加总后为一级指标得分	
	强制许可		
	专利撤销		
执法机制	诉前禁令	每项二级指标赋分为 1/3,若被调查国专利法中允许权利人申请诉前禁令、对于专利损害赔偿规定了连带责任,在专利诉讼中采取举证责任倒置,即可得分,加总后为一级指标得分	
	连带责任		
	举证责任倒置		
保护期限	发明专利保护期	赋分方法为以被调查国专利法中规定的发明专利保护期限(年)除以 20,其商值即为该项一级指标得分,若商值大于 1(即该国发明专利保护期限长于 20 年)也记作 1 分	

　　为解决知识产权保护的实际绩效的测量问题,国内外研究者进行了各种探索。这些研究大致分两种路径。一是独立设计指标体系,比较有代表性的是 Sherwood 所设计的《发展中国家知识产权保护状况量表》,测量版权、专利、商标、商业秘密、知识产权法律执行、知识产权管理、生命形式、条约、一般公共义务等 9 大领域,有别于只考察专利的做法。Lesser 构建了知识产权保护强度指数,

偏重执行,主要的测量指标包含一国的专利保护客体是否与 TRIPS 协议的规定一致、是否具备 UPOV 和 PCT 等国际条约成员身份、专利局的网页维护等管理水平、该国的腐败感觉指数等项目,将评分范围扩展到知识产权法律事项以外。另一种路径是在 Ginarte-Park 指标体系基础上,根据对国别知识产权保护特色的认知,增加知识产权执法强度指数,合并成为完整的知识产权保护强度指标体系。中国研究者对此进行了耕耘。先后有韩玉雄、李怀祖提出的执法强度 4 指标体系,许春明、单晓光提出的 5 指标体系,沈国兵提出的 3 指标体系,李伟等提出的 2 指标体系,其具体测算依据如表 4-2。在计算各分项得分后再取算术平均值即为中国知识产权执法强度指标。

表 4-2　中国学者构建的知识产权保护强度指标

发明者	指标选项	测量依据	计分方式
韩玉雄、李怀祖	社会法制化程度	律师占总人口比例	该比例除以万分之 5,最大值不超过 1
	法律体系的完备程度	立法时间	一国实际经历的立法时间除以 100,最大值不超过 1(中国立法时间自 1954 年起算)
	经济发展水平	人均 GDP	用中国人均 GDP 除以 1000 美元,最大值不超过 1
	国际社会的监督与制衡机制	是否为 WTO 成员	从 1986 中国开始复关谈判开始至入世(2001 年),每年的得分 0.066
许春明、单晓光	司法保护水平	律师占总人口比例	同上
	行政保护水平	立法时间	同上
	经济发展水平	人均 GDP	用中国人均 GDP 除以 2000 美元,最大值不超过 1
	社会公众意识	成人识字率	该指标的实际比例除以 95%,最大值不超过 1
	国际监督	是否为 WTO 成员	从 1986 中国开始复关谈判开始至入世第 5 年(2005 年),每年的得分 0.05

续　表

发明者	指标选项	测量依据	计分方式
沈国兵、刘佳	经济发展水平	人均国内生产总值	中国人均 GNI 与世界银行公布的 LMI 上限基准的商数
	法治水平	世界银行关于中国法治水平的报告	中国法治水平得分/东亚法治水平得分
	知识产权执法水平	专利侵权保护程度和执法机构保护程度	前者为专利侵权收案数占全部专利类案件收案数的比例，后者为海关或法院民事知识产权类案件查处或审结率
李伟等	经济社会发展水平	人类发展指数（Human Development Index，HDI）	根据平均预期寿命（出生时预期寿命）、国民的教育（成人识字率及小学、中学、大学综合入学率）和生活水平（实际人均 GDP）计算。以 0.8 为标准，用中国当年度的 HDI 指数除以 0.8 得到中国当年度的经济社会发展指数，如果高于 1 则分值记为 1，低于 1 则按照实际比例计算
	法治水平	知识产权案件结案率、律师比例	知识产权案件结案率＝当年度知识产权一审结案数/当年度知识产权一审收案总数，如果高于 1，则分值记为 1，低于 1 则按照实际比例计算。每万人律师数比例达到或超过万分之五时，律师比例分值记为 1；当律师占总人口的比例小于万分之 5 时，律师比例分值等于实际的比例除以万分之 5

在国际上，Rapp-Rozek 对 159 个国家的专利法律强度进行排名，Mansfield 调查了 180 名美国、日本、德国的经理人员和专利律师，征询他们对 14 个技术较为先进的发展中国家知识产权保护强弱的看法[1]。Sherwood 计算了 18 个发展中国家的知识产权保护得分[2]。Ginarte 和 Park 测算了 110 个国家或地区 1960

---

[1]　Mansfield E．"Intellectual property protection, direct investment, and technology transfer：Germany, Japan, and the United States". University of Strathclyde,1994.

[2]　Sherwood R M．"Intellectual Property Systems and Investment Stimulation：The Rating of Systems in Eighteen Developing Countries". Idea,1997,37(2).

年到 1990 年间的知识产权保护强度指数,其中排名前列的是美国(得分 4.52)、奥地利(得分 4.24)、意大利(得分 4.05)、瑞典(得分 3.90),而安哥拉、莫桑比克、埃塞俄比亚等国家的得分为 0。1990 年全球知识产权保护强度均值是 2.46,相比 1960 年时的全球均值 2.13 有一定的提升。他们的统计中未包括英国、苏联以及中国。Park 继续了这项工作,将指标测算扩展到 2005 年。

中国也有研究者用 Ginarte-Park 计算了中国的知识产权保护强度,其得分情况如下。

(一)保护覆盖范围

Ginarte-Park 和 Park 将专利保护的种类分为 8 项,分别为医药品、化学品、食品、动植物品种、医用器械、微生物、实用新型和软件,满足一项得 1/8[①]。中国《专利法》的专利包括发明、实用新型和外观设计 3 种类型。1985 年中国《专利法》保护范围较小,1993 年中国《专利法》修改时将专利保护范围扩大到食品饮料、化学品与药品等 6 项领域。但依照《专利法》第 25 条的规定,动物和植物品种不能授予专利,同时单纯的软件属于智力活动的规则和方法也不能授予专利。

(二)参加国际条约数

相关的国际条约主要有《巴黎公约》《专利合作条约》《保护植物新品种国际公约》《布达佩斯条约》和 TRIPS 协议,参加一项得 1/5。除 2001 年加入 TRIPS 协议外,中国已分别于 1985 年加入了巴黎公约,1994 年加入了专利合作条约和保护植物新品种国际公约,1995 年加入了布达佩斯条约。

(三)权利保护的丧失

权利保护的丧失包括三个方面,即是否有实施要求、强制许可和专利撤销,如果满足其中一条则扣除 1/3。其中专利许可是指在知识产权生效之日起 3 年内是否允许强制许可,如果可以,则扣除 1/3。专利法一直有实用性要求,同时允许有关当事人自知识产权被授予之日起满 3 年后申请专利强制许可。1985 年《专利法》没有规定专利撤销,1993 年《专利法》增加了专利撤销,2001 年《专利法》又取消了专利撤销的规定。

(四)执法措施

执法措施包括 3 个条件,分别为诉前禁令、侵权责任的举证责任倒置和连带责

---

① Ginarte J C, Park W G. "Determinants of patent rights: A cross-national study". *Research Policy*, 1997, 26(3), p. 283-301.

任。1985 年《专利法》已经确立了专利侵权责任的连带责任以及在方法专利侵权纠纷上实行举证倒置原则,2001 年《专利法》第二次修正又增加了诉前禁令制度。

(五)保护期限

保护期限在 20 年以上的为 1,低于 20 年的则取规定年数除以 20 的值。1985 年《专利法》规定的发明专利权期限仅为 15 年,1993 年《专利法》将发明专利权的保护期限延长为 20 年。

表 4-3 我国知识产权立法保护强度

项目描述	年份	1985	1993	1994	1995	2001
1	覆盖范围					
1.1	药品	0	1/8	1/8	1/8	1/8
1.2	化学品	0	1/8	1/8	1/8	1/8
1.3	食品	0	1/8	1/8	1/8	1/8
1.4	动植物品种	0	0	0	0	0
1.5	医用器械	1/8	1/8	1/8	1/8	1/8
1.6	微生物沉淀物	1/8	1/8	1/8	1/8	1/8
1.7	实用新型	1/8	1/8	1/8	1/8	1/8
1.8	软件	0	0	0	0	0
	小计:	3/8	6/8	6/8	6/8	6/8
2	国际条约成员					
2.1	《巴黎公约》	1/5	1/5	1/5	1/5	1/5
2.2	《专利合作条约》	0	0	1/5	1/5	1/5
2.3	《植物新品种保护公约》	0	0	1/5	1/5	1/5
2.4	《布达佩斯条约》	0	0	0	1/5	1/5
2.5	TRIPS 协议	0	0	0	0	1/5
	小计:	1/5	1/5	3/5	4/5	1
3	权利保护的丧失					
3.1	实施要求	0	0	0	0	0
3.2	强制许可	1/3	1/3	1/3	1/3	1/3

续　表

项目描述	年份	1985	1993	1994	1995	2001
3.3	专利撤销	1/3	0	0	0	1/3
	小计：	2/3	1/3	1/3	1/3	2/3
4	执法措施					
4.1	诉前禁令	0	0	0	0	1/3
4.2	连带责任	1/3	1/3	1/3	1/3	1/3
4.3	举证责任倒置	1/3	1/3	1/3	1/3	1/3
	小计：	2/3	2/3	2/3	2/3	1
5	保护期限					
5.1	发明专利($x/20$)	3/4	3/4	1	1	1
	立法保护水平	2.67	2.70	3.35	3.55	4.42

注：①以每年的 12 月 31 日为各指标的评分基准日。

②仅标明知识产权立法保护发生变化的年度。

对于这一结果，杨中楷评估后认为，1993 年中国的分值已经排名全球 110 个国家中的第 20 位[①]。钟佳桂用上述指标对 2005 年中美两国的知识产权保护强度进行比较，发现中国得分为 3.99，美国得分为 4.33[②]。

而建构了中国知识产权执法保护强度的研究者们在借助上述公式的同时，也计算了各自的中国知识产权执法强度指标。以 1995—2004 年 10 年间的数据为对照标尺，韩玉雄、李怀祖等的计算结果区间为 0.44—0.68[③]，许春明、单晓光等的计算结果为 0.445—0.657，沈国兵、刘佳等的测算结果为 0.605—0.717[④]，李伟等的测算结果是 0.433—0.674。用这些参数乘以 Ginarte-Park 强度指数，所得数值就是中国的知识产权保护指数。余长林则利用类似体系测算了对国内各省份的知识产权保护强度，结果表明 2006 年度北京市知识产权保护强度得分

①　杨中楷、柴胡：《我国专利保护水平指标体系构建与评价》，《中国科技论坛》2005 年第 2 期，77-80 页。

②　钟佳桂：《中美知识产权保护强度测度与比较》，《法学杂志》2006 年第 3 期，138-139 页。

③　韩玉雄、李怀祖：《关于中国知识产权保护水平的定量分析》，《科学学研究》2005 年第 3 期，89-94 页。

④　沈国兵、刘佳：《TRIPS 协定下中国知识产权保护水平和实际保护强度》，《财贸经济》2009 年第 11 期，62-68 页。

最高,为 3.788,新疆得分最低,为 2.212,全国平均得分为 2.933,只有 8 个省份高于全国平均水平,与经济发展水平"东高西低"的趋势一致[①]。

二、专利权保护强度指标的评价

从知识产权保护强度指标的研究进展可以看出,研究者构建的知识产权保护强度指标有共同基础及互通性,指标也越来越具有可操作性。作为国际上采用较多的 Ginarte-Park 方法,其优势是包含的测量项目较多,计算简便,便于国别及历史的对比,能够清晰反映知识产权立法的进展情况。两位学者在解释这一方法时谈道,权利的保护何为最佳是难以定量的,唯有从保护的范围、保护的手段、保护的时限等方面去观察,同时,为了准确反映知识产权法律国际化的趋势,有必要将国际条约的加入情况一并考虑。

这一指标的局限性在于:(1)不能准确反映一国保护知识产权的执法努力程度,尤其是"权利保护的丧失"和"执法机制"两个指标维度无法看出一国执法部门在处理知识产权纠纷时的立场倾向是否严格,执法频度是否尽职。(2)指标的区分度不令人满意。最典型的例子是根据这套指标,中国研究者测算对比了中外知识产权保护情况,杨中楷的测算结果为,1985 年、1993 年、2001 年 3 个年份(对应时点为中国修改《专利法》)的中国知识产权保护强度分别为 2.18、3.19、4.19,1993 年的分值已经排名全球 110 个国家中的第 20 位。钟佳桂测算的结果是 2005 年时中国知识产权保护强度得分为 3.99,美国得分为 4.33。沈国兵的看法是该指标所反映的知识产权保护强度偏高,与国内外主流研究者对中国知识产权保护实际成果的看法有一定的偏差。(3)指标的时效性较弱。如果一国的专利法在前次修改后保持稳定或者专利法修改内容未涉及专利保护范围、专利实施许可、专利侵权归责原则等方面,而且未加入新的国际知识产权条约,则该国的知识产权保护强度是恒定的。例如,依此方法中国的知识产权保护强度在 1995—2001 年之间是不变的,同样,从 2001 年至今也是不变的,这与知识产权保护的形势发展是不匹配的[②]。

中国学者修正的知识产权保护强度指标体系相比以往内容更加全面,对于

————————

① 余长林:《知识产权保护与发展中国家的经济增长——基于技术供给的视角》,厦门大学博士学位论文,2009 年。

② 楼煜华:《TRIPS 协议下对中国知识产权保护的法学思考》,《浙江大学学报》(人文社会科学版)2004 年第 1 期,46 页。

专利保护的重视程度高于以往,这样设计的理由在于以及可能存在的问题包括以下几点。

第一,专利是当前最有产业化前景和经济价值的知识产权指标,专利纠纷涉案金额占据了知识产权保护所体现的经济效益的大部分,但我们也应看到两方面的问题:一是从数据上看,中国目前刚刚跨入专利大国的行列,但还远远不是专利强国。目前我国企业和自然人申请和获得授权的专利中,含金量最高的发明专利比例最低,长期徘徊在 20％以下,而实用新型和外观设计专利的占比很高,单纯使用专利数据很难表征出我国是对发明专利还是对其他专利保护得更为到位。二是近年来,涉及商标、电子类产品著作权的纠纷不断增多,如近期曝光的美国苹果公司与唯冠的"iPad"商标之争、广药集团与加多宝公司商标纠纷、微软公司对中国网络服务提供商的盗版软件侵权诉讼、商业场所音乐作品及网上音乐下载付费纠纷等。这些类型的知识产权纠纷在今后一段时间内将会集中爆发,将这类知识产权法律活动纳入知识产权保护水平的监测是十分必要的。当然,有些执法指标设计中已考虑到法院知识产权侵权案件结案率的问题,但有些纠纷并没有进入诉讼,而是以行政部门调处、当事人和解的方式解决,这些结果亦与知识产权保护意识的提升以及职能部门的知识产权保护促进工作密不可分。

第二,立法强度和执法强度两分式的知识产权保护指标体系设计相比以往已形成突破,但在部分指标的筛选上难以体现出知识产权的制度特征与法律特征[①]。

在立法指标方面:首先,只关注专利法本身的修改,而中国关于专利授予、许可和侵权认定事项的法律规范大量以行政法规、规章层面的形式存在;同时,由于专利的专业性强,《专利审查指南》等一些技术通则的修改也能影响到知识产权权利的获得、行使以及利益等关键。其次,对于权利保护的丧失、执法机制这两个维度,从立法上观察会造成一定的偏颇。例如专利撤销的问题,我国 1984年首部《专利法》没有规定专利撤销,1992 年第一次修订《专利法》增加了这一条款,2000 年第二次修订《专利法》又取消了专利撤销的规定,2008 年第三次修订《专利法》没有涉及这一条款。因此,我国的知识产权立法强度在这一项上是不能得分的,但这个分值能说明何种问题呢? 支持方的意见可能是因为无专利撤

①　曲三强:《被动立法的百年轮回——谈中国知识产权保护的发展历程》,《中外法学》1999 年第 2期,121-124 页。

销制度,在先权利人的请求权被削弱,而反对方则会举出《专利法》中的专利无效宣告请求制度来证实其更优于专利撤销制度①。又如专利禁令,这是 2000 年《专利法》修订时新增的一项制度,不少研究者在追溯此次修订的背景和原则时,均认为其是由于中美之间的贸易谈判,为满足加入世贸组织的要求,达到 TRIPS 协定的规定义务而进行的"跃进式"修法。其结果是大大提升了中国知识产权领域的立法速度,并在一定程度上超越了 TRIPS 协议所确定的最低限度的保护标准,形成了所谓"超世界水平"保护的局面,给自己套上"紧箍咒"。由于立法的准备不充分,在实践中存在着专利诉前禁令审查尺度各地不一致、审查过宽等问题。起码在现阶段看来,将其作为中国知识产权保护工作的一项代表性指标还是值得商榷的。

在执法指标方面,指标设计者们注重了统计数据可得性问题,但忽略了选取指标的瞄准性和解释力问题。总的来看,以律师占总人口比例来概括社会法制化程度,以人均 GDP 或 GNP 来形容经济发展水平无可厚非,而依成人识字率、是否为 WTO 成员来指代特定的社会意识、国际知识产权义务等就显得偏离了知识产权保护强度研究的主旨②。成人识字率的指标波动性较小,影响了统计的差异性,而将是否为 WTO 成员这个两分变量硬性改造成为连续变量,更是使得统计结果曲线不可能出现某种波动,呈现一种人为的"平滑"趋势。最值得推敲的是以立法耗用的时间来表征国家法制的完善程度,研究者做出的基本假设在很大程度上不适用于以移植为主要生成方式的知识产权法,而且这种假设也非常不适用于在 60 余年中接连出现新创、停滞、恢复、融合等非常规法律运行过程的中国,这一指标明显不能"洋为中用"。

第三,几类指标体系主要反映的是国内知识产权保护情况,而对跨境知识产权保护的信息反映不明显。近年来,伴随着经济全球化的深入,中国与主要贸易伙伴美国、欧盟、日本等都爆发了知识产权纠纷,发达国家运用 301 条款、337 调查、海关过境知识产权扣押、国际展会临时扣押等方式追究中国企业的知识产权法律责任。从面相上看,这些既带有政治、经济摩擦与遏制色彩,也包含着复杂的知识产权问题。中国企业的角色不仅是"牺牲品",同时也不乏违反知识产权的"肇事者"。国外对我国企业发起的知识产权执法亦能从另一个侧面反映我国的知识产权保护强度,即涉外知识产权纠纷上升说明本国知识产权保护被动因

---

① 何孝元:《工业所有权之研究》,台湾三民书局 1977 年版。
② 王栋令、姜华宣等:《迎接知识经济时代,加强知识产权保护》,《知识产权》1999 年第 1 期,48 页。

素较多;反之,涉外知识产权纠纷减少,说明本国知识产权(宣传)保护工作是积极的。这也提示我们,可以将涉外知识产权纠纷的发生频度和处理结果作为我国知识产权保护强度的减分因素。

综合来看,尽管根据上述指标体系测算出的中国知识产权保护强度比单纯利用 Ginarte-Park 方法测算出的数值要低,但这种"低"并不意味着对现实中的中国知识产权保护绩效的解释力就更为贴切。如果一项指标体系只能显示被统计对象在生命周期中的进展,而无法很好地显现某种程度上的停滞、回调甚至倒退,那么这种单边指标的置信度是不够充分的。诚然,设计一套有别于以往思维定式的知识产权保护强度指标体系要面临信度效度、预测力、普适性方面的问题,需要来自理论研究、实务工作、国际比较等各方面的协同攻关,反复地酝酿、调整。未来在核定中国的知识产权保护强度水平时,可以进行的改进包括:第一步,沿用现有的知识产权保护强度指标体系,对其中一些观测项目进行置换,吸纳新的标准,合理分配各种变量在知识产权保护强度指标中的权重。第二步,按照专利、商标、版权、其他知识产权的体系来构造完整的知识产权保护强度指标,将立法和执法活动合而为一,形成一体化的知识产权强度保护指标。

第四节　专利权保护所面对的专利权纠纷

专利权纠纷的出现可以追溯到专利权法律制定之前。可以说,纠纷是立法的前奏。从宏观上看,知识经济氛围下,专利权作为新型生产力载体和国家竞争力指标的地位更加突出,但专利权的高额利益和易受侵害性使权利保护总体上处于被动状态,不仅面临着个别式纠纷,还会发生批量性的专利权"战争",危及经济安全。一些个案显示,"云计算""大数据"等科技潮流驱动使专利权创造、革新和运用机会倍增。技术元素反过来也使专利权受侵害的风险增加,而且侵害方式将更为隐蔽,侵害损失将更难以计量[①]。同时,不能忽视握有专利权者滥用权利兴讼的情形,当前专利权纠纷在一些领域或环境下愈演愈烈,值得高度关注。

---

① 吴永臻:《网络信息环境的知识产权保护问题》,《河北大学学报》(哲学社会科学版)1998 年第 2 期。

一、专利非法产业链严重威胁专利权保护

侵犯专利权的行为可以出于研发目的，可以出于个人消费（自利）目的，而大规模、常态化的侵犯专利权则是出于牟利的目的，通过仿冒、伪造、擅自使用、不正当竞争等手段去瓜分或侵占专利权权利人的合法利益。这也成为专利权执法的主战场，而危害最大、铲除最困难的是上下游联手，类似正常商业模式的专利权侵权，即产业链化的专利权违法行为。

产业链源自经济学领域对生产组织方式的研究。有些学者认为亚当·斯密的分工理论是产业链思想的雏形，因为他首次注意到了工业生产分工的必要性和效率，随后学者们系统性地提出了生产系统、商品链、供应链、生产链、价值链、战略产业链管理等描述产业系统的内外部结构和相互关系，分析企业如何建立和适应竞争生态，确保成本和效益上的比较优势[1]。同时，各种提法在定性和重点上也有着一定的差异。如供应链描述的是原料、设备、生产、库存、销售、售后等环节，倾向实体性资源；价值链则将但凡能创造新的经济价值或附加价值的部类容纳进去，如研究发展、流程技术、品牌广告等。国内研究者继受了产业链这一范畴后，赋予产业链不同的定义。有学者认为产业链是一个链结构网，其功能是把供应商、制造商、分销商、零售商连为一体，在网内聚集信息流、物流、资金流、技术流。有学者认为产业链是围绕着相关联的产品或服务演变出的一种环环相扣、首尾相接的链条式产业关联关系。有学者认为产业链是产业层次的上下传递，目的是将自然资源变成消费品。关于产业链的核心元素界定，有的看法是是否存在产业层次的上下传递，有的看法是是否存在产业间的技术经济联系，有的看法是产业部门之间是否存有价值链[2]。也有综合型的看法认为，从资源、原材料到产品是产业链的经济使命，价值链是产业链的核心，产业联系是产业链的本质。在概念之外，研究者还划分了产业链的类型[3]，比较典型的分类标准有：一是以核心要素划分，以关键资源或关键技术的开发和综合应用为聚集要素的产业链，如化工产业链、互联网技术产业链；二是以流程划分，以产品（服务）的生产销售（提供）过程来识别产业链，如饮食产业链、消费品物流产业链。当然，两种划分并不绝对，会出现核心要素和通用流程相结合的产业链。基于产业链

---

① 杜义飞、李仕明：《产业价值链：价值战略的创新形式》，《科学学研究》2002 年第 5 期，105—109 页。

② 张耀辉：《产业创新的理论探索：高新技术发展规律研究》，中国计划出版社 2002 年版。

③ 刘贵富、赵英：《产业链的分类研究》，《学术交流》2006 年第 8 期。

的内涵和类型,可以进一步推导产业链的内外部结构及特性。首先,可以从物理维度认知产业链的结构和外壳,它包含着一组具有经济群聚性的产业实体,在时空上有着紧密关联,有序延伸,产业链的各个组成部分构成一种上下游分工是毫无疑义的。在这层分工的背后也存在着竞争与合作等关系形态。其次,可以透过外表了解到产业链的内部流程、聚集要素,了解到其中潜藏的价值流、信息流、技术流。产业链营造了共同利益氛围,上游企业要尽可能满足下游用户的需求,下游用户要回馈一定的价值给上游企业,否则产业链就会脱节。再次,在产业链的价值创造能力恒定的前提下,产业链成员之间的基本竞争逻辑是占据产业链的关键位置,扩大所占有关键环节的价值,在条件成熟时对产业链上下游进行整合或利用自身关键位置减少上下游的价值,从而使自身获得最大价值。最后,可以依据一些标准来评判产业链,如跨越产业的多元度、居于链条中的企业成员联系紧密程度、产业链聚集要素的丰寡程度、产业链准入和规制情况、产业链外部正效应和负效应的比例问题[①]。

在产业链中,最受执法者关注的非法产业链问题,是指全部或部分遭到法律否定性评价甚至取缔的经济行为所构成之产业链。当前,涉及专利权主题的非法产业链逐渐坐大,在非常活跃的互联网商务领域中,出现了各种类型的专利侵权案件,比如制造或者销售标有专利标记的非专利产品;未经专利所有权人的许可,制造、销售、使用专利产品或利用专利方法获得的专利产品;伪造或者变造他人的专利证书、专利文件或者专利申请文件,在相同商品上标注他人的专利号,或在广告或者其他宣传材料中使用他人的专利号,或在合同中使用他人的专利号,使人认为是自己的专利技术。

专利权非法产业链兹生的主要动因包括:第一,市场经济条件下便捷的资源要素、信息、人员流动和商业化模式的培育,使产业链的组构更加便利,也使得过去一些单打独斗型、局域型的违法行动被放大到行业型、区域型、流行型活动,这是非法产业链的经济背景。风险社会背景下的社会安全环境、治理水平等方面在应对分布更加分散,分工更为细密,价值链条更为巩固,规避法律方式更为熟稔,打击多层级多节点的非法产业链时遭遇到很大的压力,效果也不佳。这是非法产业链猖獗的社会与法律背景。第二,非法产业链的社会危害性或者破坏作用不仅仅在于违法损害本身,更棘手的是它们的坐大会形成对相近的合法产业

---

① 陈朝隆:《区域产业链构建研究——以珠江三角洲小榄镇、石龙镇、狮岭镇为例》,中山大学博士学位论文,2007年。

链的竞争,在无法实现违法行为零容忍的情况下,这条产业链的效率就会优于合法产业链。长此以往,会造成非法产业链占上风而合法产业链举步维艰,更多从业者被吸引至非法产业链的情况,如同经济学上的"劣币驱逐良币"的原理。第三,非法产业链在上下游需求的判断、生产链条的拼凑、违法成本的控制、非法利益的分配、遭查禁后的恢复能力、产业链的复制和放大等方面有其独到之处,涉足的行业也更为广泛,暴露在外的产业链部分基本上符合商事化特征,而隐藏在阴暗处的产业链部分容易得到它们的庇护,违法的成功率和执法的侦办难度同时扩大,成为一股商事逆流①。

针对专利权非法产业链的遏制、裂解,研究者根据其他行业中整治打击非法产业链的经验,提出了一些相近的对策。包括:第一,针对不同的非法产业链,首先分析其影响违法目的实现的元素集中在哪些产业链节点当中,从而做出是"挖源头""堵出口"还是"斩断腰部"的决策,如非法复制享有专利权保护产品的产业链,最关键的治理步骤是打掉源头,减少侵权复制品进入产业链的机会;而非法运营商业秘密的产业链,最关键的治理步骤可能是扎紧出口,使商业秘密即使被相关人员掌握,也不敢公然销售图利。其次,需要分析专利权非法产业链中最能创造利益的环节是哪些,围绕这些环节可以构思如何从准入、运行方面大幅度地增加违法成本,从而降低非法产业链的效率。再者,应考虑对与非法产业链形成替代关系的合法产业链的扶植和规范,对被证明单纯依靠市场调节存在较大监管漏洞和侵权风险的,要加大政府规制的力度。第二,以行政执法为先导,形成长效压制。一方面,要通过行政执法的严格化,减少监管盲区,尤其是针对非法产业链的产品输出市场这一环节,在行政执法中发现的可疑违法线索,要及时移交给公安、检察机关,不能重蹈过去"以罚代刑"的失误。另一方面,要在防止渎职现象,遏制地方保护主义上给予高度重视,减少行政职能机关的不作为、弱作为现象。第三,对刑事法进行完善和创新。刑法是风险社会中的最后屏障,特定时期最严格的刑事干预是捣毁知识产权违法产业链比较现实的选择。相比之下,我国当前针对知识产权犯罪的刑事法网与发达国家相比还不够严密②,因此,亟须将上述新近刑事立法、司法的局部经验推广到针对更多产业链犯罪当中;同时,也有必要从刑事法基本理论上更清晰地对产业链犯罪这一形态进行适当的界定,在刑事核心立法攻克产业链犯罪中只有部分环节犯罪化但需要全局

---

① 李娜等:《产业链犯罪:分析工具与治理模式》,《科学经济社会》2013年第4期,122-126页。

② 汤宗舜:《知识产权的国际保护》,人民法院出版社1999年版。

规范的难题,使刑法的导向更加明确,规定更加具有可操作性。第四,针对专利权非法产业链开展综合治理,预防、限制产业链的滋生。涉及非法产业链的直接、间接利益群体众多,也意味着建构产业链犯罪综合治理具有广泛的社会资源。发挥科学、道德、社会舆论的力量,使涉事者意识到非法产业链的危害性和违法性,使民众懂得发现隐藏的非法产业链条,学会防范非法产业链危害,使非法产业链难以遁形,使立场摇摆的经济元素退出非法产业链,才能赢得对抗非法产业链的主动权。

上述这些对策性论述的针对性、可操作性毋庸置疑,但进一步深入思考后,我们的看法是,一方面,专利权在不同国家的产生、发育历程不同,中国的专利权保护重点、难点与西方发达国家、其他发展中国家相比必定有不同之处①。比如,在发达国家,专利权的非法产业链虽然也存在,但由于国外民众、企业对待知识权利的态度、行政管制的能力、商业氛围、法律环境等方面的差异,专利权非法产业链不像中国这么猖獗,难以找到一个国家像我国一样,在街头摊贩手中随手可以买到侵权、盗版的图书、影像制品等物品。针对中国的国情尤其是社情来对症下药,治理专利权非法产业链是刻不容缓的,也有可能是见效最明显的,而对此方面理论界和法律实务界的重视程度还不高。另一方面,正如在分析专利权保护的经济效应时提到的,专利权制度中利己、利他的成分比重相当独特,很多情况下关于专利权的价值认知以及当为、应为的界限比较模糊,处于专利权保护第一线的权利人、利害关系人习惯于游走在法律和政策边缘地带,单纯强调立法、执法途径,过度依赖公权力主导专利权保护的倾向是不明智的。只有深入理解专利权中的利益密码,并启动包括利益调节机制在内的多重调节机制,方能综合性地治理专利权保护中出现的问题。

二、专利权权利间冲突现象给专利权保护带来了不确定性

知识产权权利冲突现象是客观存在的。研究者揭示出知识产权容易与一些私权利的权利认知和权利边界发生冲突,典型的情况包括知识产权与人身性权利之间的冲突等②。相应地,知识产权的冲突也可以分为同一类型权利的冲突和不同类型权利的冲突。前者如发明、实用新型及外观设计专利权;后者如标志

---

① 郑成思:《知识产权论》,法律出版社 1998 年版。
② 熊文聪:《知识产权权利冲突:命题的反思与检讨》,《法制与社会发展》2013 年第 3 期,63-74 页。

性知识产权与创新性智力成果类之间的混淆和冲突,集中表现为商标和外观设计、版权和外观设计之间的冲突。如外观设计专利权与商标权发生冲突,或商标权与著作权发生冲突,或商标权与在先使用的商品的特有的名称、包装、装潢权利发生冲突,或商标权与企业名称权发生冲突等。同时,专利权与一些经典权利之间也出现摩擦,比如专利权和公共健康之间的冲突、专利权同人权之间的冲突[①]。

国外学者的看法是,专利权出现冲突的原因在于:一是权利客体出现重叠(overlap in subject matter),如一件实用艺术品可能同时是专利法、著作权法、商标法的客体。二是权利性质导致的重合。即知识产品竞争者或使用者的某些行为受到权利人多种权利的同时限制,如以美术作品注册商标的权利人依其商标权和著作权都能禁止未经授权的同类产品竞争者的复制行为。三是法律规则的重合,指受国际公约的影响或借鉴其他制度时,导致的规则之间的重合。四是权利累积(cumulation of right)。从解释论的角度看,曹新明教授认为法律设定的权利都是有"度"的,权利主体的权能效应均不能超越"度",否则其行为便可能蜕变为权利的滥用,或者侵入他人的权利领域,他人也不得擅自进入该效力领域,否则会与他人的权利发生冲突。此处所指的度,表现为时间度、空间度、效能度和对象度四种维度。就专利权而言,这四种维度表现为保护期的有限性、空间上的地域性、权能上的独占性和对他人的绝对性。从主体角度看,因为知识产权关系的主体具有广泛性及分散性,建立在相同知识产品上的利益可能归属于不同权利主体,如著作权人与作品载体(如文字作品的载体为书、本,美术作品载体为画布或纸,建筑作品载体为建筑物所有权人)就分属不同的权利体系。从客体角度看,知识产权关系的客体——知识产品具有较强的非物质性,其获取和消费方式极度复杂;从内容角度看,知识产权权利内容主要偏向于对不特定人的禁止,而这是与个人偏好与利益选择针锋相对的。著作权、专利权、商标权其相互之间并不是采取权能分离的制度设计。知识产权通过转让、许可使用的方式进入流通领域时,不存在自物权、他物权之说,也不会产生新的知识产权,这使得知识产权相互之间,以及同其他绝对权之间具有了权利行使上冲突性的导火索。谢尔曼和本特利认为:"知识产权法作为一个法律范畴,本身具有很强的历史偶然性,具有非自然、非哲学的本质特征。"知识产权法律制度处在一个变动过程当中,而且正在不断地演进与发展。这种格局中,权利边界的不确定状态是客观存

---

① 蒋万来:《我国知识产权冲突的成因以及解决》,《浙江学刊》2004 年第 2 期,166-170 页。

在的,权利冲突则伴生于始终①。

专利权的权利冲突会否影响到专利权的保护？答案是肯定的。专利权权利冲突会导致权利人在行使权利的方式和幅度等方面受到质疑,从而造成两重后果。一重是权利主张者按照自己的理解或偏好来"行使"权利,谋求自身利益最大化,而这种行权行为本身可能超越了权利准则,落入了侵权之列。二重是专利权的冲突导致利益鸿沟和专利权法律关系的离散,第三方有意或无意中卷入专利权的权利纠纷,谋求导致专利权的保护顾此失彼,权利难以恢复到正常状态②。

早前,研究者们提出了一些抽象的专利权权利冲突协调原则,如认为在相同权利发生冲突时,应当遵循扬先抑后原则,张扬在先权利,否定在后权利。在效益不同而权利发生冲突时,应当遵循效益最大化原则,张扬宏观效益权利,并举微观效益权利,使权利效益最大化。在效应不同而权利发生冲突时,应当遵循取正弃负原则,张扬正向效应权利,打压负向效应权利。在样态不定之诸权利发生冲突时,应当遵循综合评价原则,张扬积极理性权利,限制消极传统权利。依据这类规则,有些专利权权利冲突得到了消化③。

也有研究者建言,消除任何一种权利冲突的首要任务是定位整理好权利网络,争取在四个方面取得进展:第一,要线条清新,轮廓分明;第二,要权源准确,层次有序;第三,要效应突出,扬抑流畅,聚合了法定权利之实质核点,让权利主体更能充分地发挥其权利效能;第四,要透视性强,指向明晰,联络经济、社会发展的前锋为权利繁衍而创造的机遇④。但权利网络的建设非一朝一夕之事,而且权利网络还触及显性利益和背后支撑价值的争夺问题。作为权利网络确认机制的知识产权法律并不总是能及时地做出改造,也无法自动实现知识产权的价值,价值的达成需要知识产权的权利博弈。因此,不能寄望于法律层面的利益协调机制来化解所有的知识产权权利冲突。从冲突的主观因素看,法制进程的深化使得社会主体的权利意识勃兴是一件好事,但社会主体争取权利、维护权利的行动不断升级,维权意识高涨并相互冲突,会酿成更多的个案纠纷,法律反而会疲于应付⑤。从解决冲突的法律逻辑看,有时依据法律所做出的合法性/违法性

---

① 彭著:《现代信息环境下的知识产权冲突及应对策略》,《图书馆》2007 年第 5 期,67-69 页。
② 刘红:《我国知识产权权利冲突解决途径探析》,《知识产权》2004 年第 6 期,41-44 页。
③ 冯晓青、杨利华:《知识产权权利冲突及其解决原则》,《法学论坛》2001 年第 3 期,50-54 页。
④ 曹新明:《论知识产权冲突协调原则》,《法学研究》1999 年第 3 期,72-81 页。
⑤ 谭华霖:《知识产权权利冲突的内在机理及化解机制》,《知识产权》2011 年第 2 期,23-29 页。

的判断会忽略一些重要的元素。如"老干妈"商业标识,最后被告被认定为不正当竞争,但不可否认的是被告对于"老干妈"标识的商誉积累也做出了重大的贡献。同样的例子也存在于红罐凉茶、狗不理包子、永和豆浆等案件中。同时,依靠法律来解决冲突,需要耗费庞大的司法资源,当事人寻求救济法律成本高,也会使部分当事人对设置权利的法律产生怀疑,削弱法律的权威性。最终,使得市场秩序不稳定,风险具有不可预测性。

第五章　社会资本的引入

　　无论从经济、伦理、哲学还是从法律意义上看待知识产权问题,其社会纽带都是无法割断的,在影响甚至支配知识产权行为的诸多社会键中,社会资本是值得关注的一环。近年来,社会资本与知识创造、转移、分享等方面的话题屡屡被人们提及,而社会资本影响知识产权的可能性和必要性等话题还需要进一步梳理。

　　根据博弈论,法律不可能直接控制社会规范,社会规范也可以独立于法律之外。法律本身在很大程度上内植于社会契约的传统,规范与法律之间可能存在着挤出效应及替代效应。埃利克森提出在法律不健全的社会中,社会规范是异常重要的,社会规范可以被看成是一套"控制者选择的规则"(Controller-selecting Rule)。安德烈·施莱弗认为,在越落后的地方执行法律问题,越容易让人产生对立法动机的怀疑,有必要从基本的社会正义出发去发掘社会规范的作用。因此,应该更重视社会规范对社会行为的引导作用,即强调那些可以转变成为自我实施的社会规范。劳伦斯·莱希格认为,建构性体系(architecture)、市场、规范和法律体系共同构成一个整体。人类行为受制于上述四种类型的约束规制。法律仅仅是这些约束规制之一。在传统的观念看来,法律以某些恰当的方式引导人们的行为,如果法律所规定的秩序不能得到遵守,那么法律在事后就会进行惩罚和制裁。然而,社会规范同样具有规制人类行为的作用。它们可以说是次优的约束。社会规范约束了人们的日常行为,但不是通过集中式的国家强制或者法律强制[1]。考希克·巴苏认为,应该从经济学上重新处理社会规范问题。他认为,人类社会行为中存在着三种不同的社会规范[2]:(1)理性限制规范(rationality-limiting norms)。它阻止人们选择某种特定行动的规范,不论这

---

　　① 秦海:《法与经济学的起源与方法论》,载吴敬琏主编:《比较》,第5辑,中信出版社2004年版。

　　② Benson B L. "Legal Philosophy". Boettke P J. Ed. *The Elgar Companion to Austrian Economics*, Hants:UK Edward Elgar, 1994, p.270-275.

种行动带给当事人的效用为多少。理性限制规范改变了当事人的可行选择集，缩小了当事人的选择空间，推动了"自律"。一个社会的法律属于他律，法律多了未必就是一件好事，自律要优越于"他律"。如果"他律"建立在不尊重"自律"的基础上，那会更糟糕。（2）偏好转变规范（Preference-changing norms）。偏好转变规范是指改变人们的偏好的规范。这种规范会随着时间的推移变成人们偏好的一部分。（3）均衡筛选规范（equilibrium-selection norms）。它协调人们在众多的纳什均衡中选择某个特定的纳什均衡的规范，但是策略与行动的选择完全是当事人的自身利益所在，比如"女士优先"的习惯。均衡筛选规范是博弈论应用的分析结果。它通过审视人类行为之间的互动博弈以及可能产生的循环方式，并引导人们适应社会规范。这些社会规范在产权和契约领域特别值得重视。

博登海默指出，正义关注的是法律规范和制度性安排的内容，以满足个人合理需要和主张，并与此同时促进生产进步和提高社会内聚性的程度，以维系文明的社会生活所必需为目标[①]。正如科塞所说，冲突经常充当社会关系的整合器。通过冲突，相互发泄敌意和发表不同意见，可以维护多元利益关系的作用。冲突还是一个激发器，它激发新的规范、规则和制度的建立，从而充当了利益双方社会化的代理者。

第一节　社会资本的理论源流

一、关于社会资本的研究回顾

自法国社会学家布迪厄最早将"社会资本"概念引入社会学研究以来，这一概念的学术影响力迅速突破传统的学科界限，得到经济学、政治学和管理学等诸多学科研究者的青睐。早期研究者倾向认为，社会资本是指一个社会中人们的合作倾向，在社会资本比较高的社会里人们倾向通过合作来获得社会效率的最大化，而不是互相猜疑、互相算计，导致囚徒困境。[②] 研究者们则进一步强调，社

---

① 博登海默著，邓正来译：《法理学：法律哲学与法律方法》，中国政法大学出版社 2004 年版，25 页。
② Coleman J. *Foundations of Social Theory*. Cambridge，MA，Harvard University Press，1990，p. 20-28.

会诚信、合作道德规范和团队精神都属于社会资本的范畴,从理论上肯定了社会资本在提高社会互信合作方面的作用。进一步提出社会资本通过以下两个机制提高社会诚信:第一,社会道德对人们不守信行为形成内在约束;第二,社会舆论对人们不守信行为给予外部惩罚①。

按目前学界较一致的看法,社会资本概念可以分为两个基本层次:一个是微观层次(又称个体/外在层次)的社会资本。它是一种嵌入于个人行动者社会网络(social network)中的资源,产生于行动者外在的社会关系,其功能在于帮助行动者获得更多的外部资源。另一个是宏观层次(又称集体/内在层次)的社会资本,它是群体中表现为规范、信任和网络联系的特征,这些特征形成于行动者(群体)内部的关系,其功能在于提升群体的集体行动水平。大量经验研究表明,微观社会资本有助于个人得到就业信息、社会资源、知识及社会支持,因而有助于人们获得更高的社会经济地位;宏观社会资本则对提高社会的经济绩效、推动和维护民主化进程、消除贫困、保证社会的可持续发展等起着不可或缺的作用②。

在这些理论启发下,有些研究者关注了社会资本对社会结构和社会关系的影响。研究者解释说,在亲戚、朋友、生意伙伴之间,关系和声誉类的社会资本能够起到维系合作的作用,因为对熟悉的人撒谎很容易被发现,会让声誉扫地,从而失去未来大量的合作机会,得不偿失。其他研究者也发现,在社会资本水平较高的社会中,人与人之间比较容易打交道,特别是在陌生的人之间或者在陌生的环境下,互相欺骗的情况较少发生。研究者也认为,社会资本和社会互信在大型企业、政府机构中特别重要,因为在大型企业或者政府机构中,人们与其他员工打交道的机会不多,如果大家都不守信,互相扯皮,则企业和政府必将陷入低效率的困境。近年来,大量研究者投入精力研究社会资本在促进一国经济增长方面所起的作用③,如探讨了社会资本与金融发展之间的正相关关系,指出社会资本比较高的国家和地区,人们投资股票等风险资产的意愿比较高,因为被上市公司和交易商欺骗的可能性较低。研究者指出,在 20 世纪初,世界各国的法律体系远没有今天之高效,政府监管也很薄弱,但当时股票市场仍然能有效地运转,

---

① Bertrand M, E Duflo, S Mullainathan. "How Much Should We Trust Differences-in-Differences Estimates?". *Social Science Electronic Publishing*, 2004, 19(1), p. 249-276.

② Boyd R, Rieherson P. *Culture and the Evolutionary Process*. Chicago: University of Chicago Press, 1985, p. 2-5.

③ Fukuyama F. *Trust*. New York: Free Press, 1995, p. 31-33.

因此不难看出社会资本和社会互信是维系股票市场运转的重要原因[1]。研究者探讨了社会资本或者社会互信在风险投资领域的应用。在政府管制与社会资本自治之间的关系上,研究者举出荷兰的例子,认为荷兰虽然是个小国家,但拥有不少像飞利浦那样的大型跨国企业,其原因是荷兰这个国家的国民之间互信程度很高,使企业得以做大[2]。研究者对意大利各省的研究表明,在司法效率很低的省份,社会资本在金融发展中所起的作用比司法效率比较高的省份大。研究者分析了中国在不完善的法律体系下取得骄人的经济增长的现象,认为中国的私营企业往往从丰富的非正式融资渠道获得大量的资金来支持其成长,而非正式融资渠道如向亲戚、朋友、民间互助会、民间非正式金融机构进行短期借贷只能凭信任、关系、声誉来维系这种融资关系,两个研究不约而同地确证了社会资本在法律制度不健全的社会中能够发挥独特的作用[3]。研究者还考察了国与国之间的互信,对两国人民的双边贸易、跨国股票投资以及跨国直接投资(FDI)所起的促进作用[4]。研究者分析了社会资本在外资高科技企业的投资区域选择、股权结构选择和研发投资选择等方面发挥了与知识产权执法保护类似的作用。

二、社会资本与社会发展

以全局性眼光看,当代社会所呈现的发展态势是:第一,主流性的市场经济。市场经济本身没有特定政治和社会属性,将市场经济划分为社会主义的市场经济和资本主义的市场经济不能改变市场经济已经成为人类经济生活主流的状态。尽管市场经济有着固有的缺陷,但在过去一个世纪中人类社会几种经济形态的发展史证明,市场经济是一种有效形式,而且迄今为止还没有找到比它更好的经济生活主导范式,在市场经济下各种权利才有生存发育的土壤,其中自然包括知识产权。[5] 第二,立场、价值差异但程序、规则一致的民主法治。人类历史发展规律证明,民主法制是不能被摈弃或背叛的,否则将带来无穷的灾难。目前,世界范围内除了少数坚持绝对君主制的国家、高度政教合一的国家、个别极

① CrePon B, Duguet E. "Estimating the Innovation Function from Patent Numbers: GMM on Count Panel Data". *Journal of Applied Econometrics*,1997,12(3),p. 243-263.

② Adler P S, S W Kwon. *Social Capital: The Good, the Bad, and the Ugly*,2009.

③ Allen F, J Qian, M. Qian. "Law, finance, and economic growth in China". *Journal of Financial Economics*,2005,77(1),p. 57-116.

④ Gambetta D. *Trust:Making and Breaking Cooperative Relations*. Cambridge:Blackwell,1988.

⑤ 余永定、李向阳:《经济全球化与世界经济发展趋势》,社会科学文献出版社 2002 年版,22 页。

权制国家,其他国家都普遍推行宪制,这就是民主法治最基本的依托。民主法治面临的另一个重大障碍是基本要件已经具备,但核心的权力分配和权力监督没有建立起来,导致权力高度集中,没有能力遏制腐败。权力的不受管束必然导致公权力侵蚀私权利或者公私权利得不到一体性、平等性保护。作为私权利的知识产权很容易成为受害者①。第三,悄然崛起的现代社会。国家、社会、公民的关系是历史发展和革新的主轴。无论是政治国家与社会二元化理论还是三分法,都需要摆正社会的位置,激发社会的活力,由社会自身来解决一些问题。在强国家、弱社会的语境下,社会建设的任务尤其繁重。站在知识产权的视角下,现代社会将提供数量庞大的知识社群,相对接近的知识价值旨趣,较为协同的知识保护行动,这是单靠公权力机关所提供不了的。追求知识价值,倡导权利保护完全有能力成为一场持久性的公民运动②。第四,席卷全球的科学技术潮流。当代科学技术革命的影响力和创造力远超人类社会任何一个时期。几十年前,人们痴迷于"第三次浪潮""地球是平的";十几年前,人们在谈论信息化、网络化;今天的人们则对大数据、云环境津津乐道。科学技术对经济、政治、社会、文化的影响无所不包。相比之下,知识产权是科学技术与人的交互中的一个公约数,它极可能是一个双赢化的公约数,也可能演变成一个博弈性公约数。第五,人文精神、人的价值沐浴全球。马克思主义对人类社会发展高级阶段的设想是人的充分的自由。而今天我们正在努力营造的是以人为本、包容发展③。政治、社会、法律制度的进步使人的解放有了更广阔的空间,科学技术的发展使人有了更大的想象和实践武器,财富积累和文化繁荣使人更懂得审美、更乐于实现自我。知识产权是人的精神运动及其物质化的优雅的方式,同时,知识产权制度需要适应人的自由发展。像西方国家曾兴起的计算机软件源代码开放运动就给知识产权带来新的发展课题,需要知识产权制度因势而动。总体观察,社会发展趋势带来的冲击将造成当前社会的地位抬升,恰如自然发展历史中的造山运动,当前社会将真正成为人类文明发展的新高峰。上述这些历史趋势将是一个漫长发展和不平衡发展的过程。在这一过程中,观念、制度、行动难免会出现一些摩擦和冲突,正所谓文明进程中的冲突,知识产权制度也概莫能外。

---

① 李忠斌:《全球化与公民社会》,广西师范大学出版社 2003 年版。
② 史美强、蔡武轩:《网络社会与治理概念初讨》,台湾《中国行政评论》第 10 卷(第 1 期)。
③ 顾丽梅:《信息社会的政府治理》,天津人民出版社 2003 年版。

三、社会资本的价值

社会资本是文明社会的隐形财富，能够适用于各种不同的社会发展阶段。奥斯特罗姆指出，社会资本的建立是克服集体行动困境最适当的路径，社会资本会考虑不同的生活角度下的个体的主张、要求和愿望，我们通常区分的个体利益、社会利益、公共利益都在社会资本中得到一定的体现。^① 尤其是在社会公共事务管理的功能方面，社会资本较为直接地影响调整社会公共事务、执行社会职能的效果。通俗地理解，在经济、社会生活中，社会资本往往与一些传统型或者新兴型的价值风尚、行为准则、评价尺度联结在一起，通过这些社会软力量来发挥其效能，比较常见的有诚信原则、互惠机制等。

在当前条件下，社会资本有助于市民社会经济、管理能力的增强，是对日益膨胀的市场力量和逐步衰落的国家权力的一股替代性力量。依据理论基础与时代背景，政府治理演进大致可分为政治与行政分离时期（1900—1926）、行政原则时期（1927—1937）、挑战时期（1938—1947）、挑战回应时期（1947—1950）、政治科学时期（1951—1970）、新公共管理与全球治理时期。在不同时期呈现出不同的政府治理特征，政府与市民社会也存在着不同的联系。1887 年美国总统威尔逊提出政治与行政分立，行政应存在于恰当的政治范围之外，政治不应当操纵行政，以及在行政部门建立起体现单一权力控制中心的科层制两个重要理念。古德诺对政治与行政二分原则进行了系统的理论阐述。认为是国家意志和政策的表现，行政是国家意志的执行，行政部门应公正中立地执行这些政策。受泰诺的科学管理思想影响，一些行政管理学家开始寻求通过科学管理来提高政府行政效率，并取得显著成效。如文官体制、职位分类、绩效考评等，这些都加速了公共行政的非政治化，使行政体系主要从属于效率的目标。^② 西蒙提出的行为主义决策理念修正了上述观点，他认为任何公共行政都是组织当中的决策者应用各种工具，根据价值、事实与后果三种前提进行决策的活动，进而促进组织的效能和效率，公共行政应服从于工具理性。20 世纪 80 年代，西方国家兴起行政改革浪潮，使各国政府的行政管理文化纷纷从公共行政转变为公共管理。为区别于以往的公共行政，这种模式被称为"新公共管理"，主张政府的职能定位应为"小

①　钟京佑：《全球化与公民社会的治理》，台湾《中山人文社会科学期刊》第 12 卷（第 1 期）。

②　谢俊义：《社会资本、政策资源与政府绩效》，台湾《公共行政学报》2002 年第 6 期。

而精",主张引入企业管理理论、方法及技术,并引入市场竞争机制,强调顾客导向及提高服务质量,积极追求 3E(Economy, Efficiency, Effectiveness),即经济、效率和效能目标。各国政府以企业家精神检视推动的政府再造运动,形成世界性官僚体系的一项变革文化①。20 世纪最后的 20 余年间,信息化、全球化时代,网络空间的兴起,政府治理中同样面临着经济资源驱动难以持续发力,全球化的影响日益加深,国际范围内的竞争力问题被提上日程,本国的治理和全球治理的关联性越来越强,造成传统国家与社会的关系面临严峻的考验。为迎接全球化、信息化与国际竞争加剧的挑战,以及摆脱财政困境和提高政府效率,各国政府都在寻求优质的治理模式,以符合新全球经济或知识基础经济的需要。在资源、价值的权威性分配上,政府不再是唯一的主体,而必须在很大程度上容纳其他行为主体进入这一程序,与其他行为主体合作、协商,达成一致相互监督。公共行政的力量除了来自政府的公权力外,其他在社会每一面向都形成政策制定与执行中心,对行政运作与政策制定发挥影响力。市民社会基于"市场失灵""政府失灵""福利国家危机""志愿主义""第三者政府论"等理论观点,介入或参与许多原本属于政府治理的领域。人们的目光转向社会,逐步发现建立在市场经济和社会化大生产基础之上的市民社会相对于政治国家而言是一个私人活动领域和非官方公共领域,市民社会的自主性相对于国家的权威性格与企业的营利性格有其独特优势,是现代社会良性运行和协调发展所必不可少的重要功能系统。一个积极参与的市民社会,能提高社会网络信任感,促进社会资本的累积,若能与具备治理能力的国家机关紧密联结将出现良性循环。尤其在国家财政日趋困难的情形下,一个多元的且独立于国家之外的自组织的市民社会是协力政府治理的一个不可或缺的条件,能够发挥公部门所难以望其项背的功能。因此,由市民社会与政府携手发展知识经济的各种系统性功能,成为政府治理的重要课题。市民社会可以定义为独立于国家和市场的社团和行动领域。在这个领域中,市民可以组织起来,单独或集体寻求实现某些对他们而言很重要的目的。市民社会与政府、与私人部门之间的界限也不是铁板一块,按照治理理念,政府有时也表现为企业家风格,而企业也会将重心转向社会责任领域。市民社会与企业及政府的区别,主要在于市民社会拥有规模更庞大,分布更广泛的社会资本。在政府和私人部门中,市场交易活动或科层组织活动中的许多交易成本被社会资本所化解,部分机会主义行为、资本局限性、少数人利益等现象得到缓解,信息传送的断点被修复。

---

① 李英明:《新制度主义与社会资本》,台北杨智文化事业股份有限公司 2005 年版。

社会资本的突出效果是通过网络关系进行社会参与。华裔社会学家林南提出,社会资本根源于社会网络与社会关系,是根植于社会结构的资源,而可借由目的性取得或动员①。日本学者认为,社会资本是经由互信、互动关系所凝聚的资本,社会资本的存在与否,将可决定一个国家经济的繁荣与竞争力。普特兰认为,市民参与的规范与网络,有助于经济成长与强化公共机构的效能,由此而衍生的社会资本存量,在一些国家和地区的经济发展与政府绩效提升上发挥了关键作用。不管是哪个时代,哪一种政府治理模式,社会资本的网络建构都是不可或缺的。在社会资本承载的网络关系中,处于有利位置的一方,能获得大量的、可靠的、及时的和有利的信息,将网络治理上的有利地位转化为竞争优势。知识经济的获利诱因为知识扩散、技术创新,知识应用培育②。为确保社会资本得以持续累积,必须由政府、市民社会、企业建立适当的联结机制,只有联结才谈得上国家与社会网络关系的形成。这种联结不仅局限于政府牵线,将企业、社会组合起来,还要开辟正式渠道之外的互动管道,塑造丰富多样的网络关系。联结不单纯是工具性的利用,而是一种自主性的行动。联结的既可以是实体性的资源,也包括知识与价值。

社会资本具有促进资源流动和互补(appropriable)的特质③。在一定条件下,社会资本作为一种协调人际行为的非正规制度,或非制度化的行为规则,较之政府的行政管制、企业的市场调节途径,更能节约成本,并跻身为一种资源分配方式。

第二节　社会资本与法律生活

影响法律价值实现的因素中,社会资本是不可或缺的。同理,法律纠纷的调适也离不开社会资本。在人类社会普遍存在各种社会关系的调整上,社会资本倡导的行为准则和法律能够进行较为精确的对位,尤其是所有人都被卷入的财产性法律关系。社会资本机制肯定财产行为存在社会价值,认同人对有价值的存在物可形成支配。更重要的是,社会资本机制为权利人采取什么方式让渡财产的问题提供了一些价值选择和伦理判定的模板,如尊重独立人格和人的尊严,

① 曾冠球:《从"代理"到"合伙":组织建立社会资本的理论分析》,台湾《中国行政》2004年第74期。

② 林益正、王政智:《从社会交换理论与交易成本理论分析组织内之知识分享行为》,台湾《人力资源管理学报》2005年第5卷第2期。

③ 边燕杰:《评 Social Capital:A Theory of Social Structure and Action》,《台湾社会学》2005年第5期。

将产权关系推广为一种社会关系①。

一、社会资本促进产权观念改造

过去在高度集中的公有制经济体制中,一切财产都属于国家、政府、集体所有,产权形式非常单一,几乎不存在个人财产权。在这种经济结构下所诞生的社会资本,即我们通常提到的单位社会的氛围和人际关系,对于这种本身具有较大模糊性与笼统性的共有产权关系进行了神圣化、均等化,帮助维持这种局面。而在改革开放以后,新的产权形式不断涌现,原有的单位社会体制趋向解构,多年积累的组织、系统、单位、班组等样式的社会资本消失殆尽,一些市场经济条件下的社会资本得到了酝酿,如提倡和激励个人的劳动及财富创造,在拥有产权方面平等看待每一个社会成员。这种社会资本是承认个人和群体差异的社会资本,在解决仿佛是人人所有,而实际上并非人人所有的旧式产权关系矛盾时发挥了新锐作用。同时,这种社会资本呼吁政府要重视个人产权,重视创造产权的个体。在个人产权彰显的基础上,这种社会资本也认为我国需要建构和维护社区产权、行业产权、国家产权等公共产权②。

二、社会资本纠正财产权观念上的传统误区

中国所在的东方地区的传统文化存在群体主义、重义轻利等倾向。关注整体利益、社会效益、精神利益胜于关注个体利益、物质利益和个别化利益,在两者冲突时往往偏向前者。相应地,传统文化对于创新事物的人格展现不足,在这种思潮影响下,不少人认为智力创造的成果属于时代、归属于群体,而非归功于个人。在利用知识产品方面也天然地认为是一种公器,人人得而用之。新时期的社会资本发生了很大的转变,认为智力产品来源于个体的心理活动,而心理活动显然包含了个体的人格或意志,所有的智力产品都体现创造者的人格,无论是技术性强的智力产品还是主观性强的艺术作品,在创作过程中创作者的意志和人格充分地体现出来。虽然有些智力成果受外部条件的限制,其展现人格的因素

---

① Evans P B. *State — Society Synergy*: *Government and Social Capital in Development*. CA: University of Califomia, 1997.

② Deleon L. "Ethics and Entrepreneurship". Policy Studies Journal, 2005, 24(3), p. 495-510.

会少一些，但我们不能因此就认为这些知识产品不体现人格①。出于对创造主体自由意志和人格尊严的尊重，新时期社会资本张扬所谓财产权代表着一定社会所确认的人们对某种财产或资产所拥有的各种权利，而且是人的社会存在的一种肯定方式。在一定的物的存在和使用问题上需要建立人们之间的各种权利关系，不但将财产的利用奉为权利，并且将很多权利与财产挂钩，甚至民主权利、自由权利也有其财产意涵。在利用他人权利指向的财产时也建立了规则，不赞成无序的、任意的利用②。

三、社会资本重视分配前提和规则

在前提方面，新时期社会资本承认财产权的可转让性。一方面肯定转让权是主体自由处置产权的权利，象征着主体自由；另一方面主张采取何种方式，怎么去让渡财产存在价值选择和伦理约束问题，主体对抽象物享有独占性权利，他人要利用此抽象物的有形载体，必须得到抽象物主体的同意，这样就在物质依赖关系之上添加了一层人身依赖关系。在分配规则方面，新时期社会资本支持财产具有社会属性，分配财产时要体现自我性、排他性和效率性③。自我性是人的尊严和人格确立的基本表现之一，意味着凡财产分配总会受到主体意志的支配，权利人是自主的，不能无视权利人来进行分配。根据财产的有用性和稀缺性可以延伸出财产的排他性，也就是主张财产权的划分应能够实现产权的不可侵害性，产权人以外的其他人的行为应当是无害的。效率性是认为各种财产资源的配置应考虑到激励和约束机制方面的问题。

四、社会资本注重权利的特殊性

在权利主体方面，新时期社会资本的态度表明，同样的物权可以为两个或更多的人同时拥有，但同样的专利权则不能同时为两个人所拥有（如相同的发明创

---

① Drucker P F. Knowledge—Worker Productivity The Biggest Challenge. *Califomia Management Review*, 1999, 41(2), p. 79-94.

② Lin N. *Social Capital*: *A Theory of Social Structure and Action*. New York: Cambridge University Press, 2002.

③ Frederickson, H. G. eorge. *The Spirit of Public Administration*. San Francisco: Jossey Bass, 1996.

造只能授予一个专利权)。在权利授予方式上,新时期社会资本不受传统认知上专利权作为特权应由君主个人授予,或封建国家授予,或由代表君主的地方官授予的影响,倡导权利的自然性[1]。在权利调节上,新时期社会资本注重移植历史经验,发挥习俗、理论等调节工具的作用,将一些约定俗成的规范引入专利权的法律依据当中。如当权利主体的独占性力量增长以至于影响他人的消极性自由时,不对权利进行必要的干预可能会面临危险。

五、社会资本重视创新的全面价值

正是由于人们看到知识创造不单是个体的个性化行为,并发现知识活动不仅有利于促进创新,而且有利于促进经济发展,才开始关注创造者及其共同体。新时期社会资本主张个人从事创造性活动离不开其他人的相互行为,存在着一种知识创造中起重要作用的知识共有物,一些在他人创新性活动中酝酿出来的信仰、观点、理论是进一步创造的可利用资源[2]。同时,对于创新产物创设独占性权利时,要防范大量的权利被集中在少数人手中的不利局面。

第三节 社会资本参与专利权保护的可行性分析

在建构专利权纠纷的整体性的解决方案中,社会资本可望成为一颗可利用的棋子。

因为社会资本在保护专利权中可以发挥功能的场域是宽广的。

一、社会资本有助于张扬专利权的人格价值,使权利人获得财产外的额外收益

由于个人禀赋和技能的差异,每个人能够获取和积累的知识产品有很大的

---

[1] Nye J S,et al. *Governance in a Globalizing World*. Washington D. C. : Brookings Institution Press,2000.

[2] Held D,et al. *Global Transformations : Politics, Economics, and Culture*. Cambridge : Polity Press,1999.

差别,专利权是有利于勤奋者和知识化人才的,这种有利不仅体现在经济报偿上,也体现在自我价值实践上,而社会资本在积累、宣扬个人的人格权、荣誉权的领域有很大的用武之地。法律制度在保护专利权人的人格权方面有一些制度设计,它通过对知识产品的占有和使用来宣示知识劳动者的意志自由和人格尊严,但是法律授予的权利是正规的,标记着自由意志的定在知识产品却是具体有限的,它不能代表知识劳动者的无限的创造自由。自由意志的本质必定要冲破具体财产的有限性,通过不断放弃其既有的定在或物的有限性样式,寻求一种无限的拥有。

二、社会资本有助于加深专利权的利益幅度

无论发明还是版权,法律都授予创作者一种有限权利。作为专利权前提的思想、构思,不可能实际性被某个人私有。而社会资本的功能在于激励专利权人,持续进行知识生产、加工、传播,成为社会进步的驱动魄力。正如摩尔所谈到的,一种社会体系或制度产生出有利于自由意志的最理想条件,能帮助知识生产活动的社会整体效用最大化。一些看法认为,专利权作为一种非竞争的产品,使用者之间发生冲突的可能性会有所下降,因为知识产品的生产者无力也不可能凭借自身的力量实现对知识产品的占有,并且不可以凭借自身力量排除他人利用,利用国家公权力可以完成对专利权的财产化保护,但对于非物质体、思想性保护不像保护实在财产那样熟练[①]。社会资本启动了认知过程,酝酿出一些思想保护的集合来激励知识生产。

三、社会资本有助于克服专利权法律保护的外部性

波斯纳从经济学的视角出发,审视了专利权的合理性,认为专利权保护必须在激励知识生产与限制知识传播之间进行平衡,缺少专利权的保护或弱专利权保护将会减少知识的生产,而过强的专利权保护就会阻碍知识的传播,会增加知识再创造的社会成本,专利权必须寻求一种适度保护,在最大程度上激励创造者并在最大程度上使社会公众受益,实现社会福利的最大化。适度保护不意味着

---

① Evans P B. *State－Society Synergy*: *Government and Social Capital in Development*. CA: University of Califomia, 1997.

淡化专利权的制度化保护,而是采取各种手段来降低知识产品的创造者或投资者无法收回其表达成本或投资成本的经济和社会风险,将市场以外的机制引入各种形态的知识产品的生产和有效分配,社会资本就为顺应这种思想提供了一种可能性。研究表明,社会资本是一种宝贵的市场资源,它能激励社会公众从事知识生产或投资,促进知识的生产,推动科技的进步和文化的繁荣,从而促进社会总福利或社会净福利的最大化。尽管社会福利的最大化并不是个体福利的最大化,社会福利并不能等同于个人福利,而且二者有可能相互冲突,但个体总是社会有机体中的细胞,社会福利总体是个人福利的总和。社会资本考虑的是在社会福利最大化的同时如何尽可能减少牺牲个人的福利,社会资本主要靠关注个体的多元价值追求,为个体提供政府资助①,授予奖章或荣誉,社会公众的尊重等回馈。现代心理学表明,人的行为不仅受到理性的支配,同时也受到非理性因素的制约,如激情、潜意识等对人的行为影响也非常大。对许多热爱创造、热爱科学的智力劳动者来说,在其从事知识生产的动力因素中,激情可能占据了重要位置,而非逐利的理性。再比如说,同情心、仁慈心、怜悯心也可能成为创造者进行开发药品的动机。

第四节　我国专利权保护格局中社会资本影响状况分析

改革开放以来,中国的经济社会发展给国际社会留下了深刻印象,创造出诸多的中国元素乃至中国模式。中国知识产权事业同样处在这样的时代背景下,因此,我们有责任也有一定的理论自信在知识产权保护和管理方面大胆地运用中国视角、中国经验开展探索。社会资本的介入为知识产权保护开辟了一些新思路,提供了一些便利条件,在此首先考察基础性、现状性问题,然后具体分析社会资本如何介入知识产权保护。

一、社会资本渗入知识产权生态

环境是制度发展变迁的重要影响变量。环境范畴涵盖经济、政治、公共管

---

① 徐月宾、张秀兰:《中国政府在社会福利中的角色重建》,《中国社会科学》2005 年第 5 期,81-93 页。

理、法律、道德等多个层面，共同构成了知识产权产生、发展的系统生态环境。不同历史时期的知识产权生态对知识产权的制度设计产生了各种诱因。当前，知识产权生态呈现出以下几个方面的特色。

(一)知识产权泛财富化日益普遍

知识产权作为现代社会生产力中的关键要素，它得到资本的青睐和泛财富化是自然而然的事。今天，知识产权的创造主力军已经由科学家、文艺家转变为企业、公司，孵化知识产权的除了智力因素，还有浓重的资本色彩。知识产权和资本产生了互相促进的效应，不但确立了企业的技术优势，也使得围绕研发的人才策略、激励机制、管理模式和市场营销机制相应健全，使得资本更具有活力[①]。资本对知识产权影响非常深刻，在很大程度上，创新创造者的智慧成果需要通过资本的认可才能获得报酬，而资本力量的运作则可能无限放大智慧产品的经济价值。如一部作品如果得不到出版商和网络传媒的青睐，作者将默默无闻；一个品牌如果没有广告宣传、公关包装的巨大投入，其知名度会大打折扣。一组专利数据也能说明这一点。根据深圳市司法机关的统计，目前深圳市有80％的专利归企业或控制企业的经营者所有，这些专利中以企业经营者或控制人被记载为发明人与设计人的占53.3％，还有46.7％的专利属于企业，或其经营者利用员工的职务或个人发明创造活动申请了知识产权。随着知识产权保护范围的扩张，商业秘密、集成电路布图设计、商业外观形象等已经实实在在地成为企业无形资产的一部分。一些投资人懂得知识产权的市场价值，通过开发或者购买有创新性的知识产品来争取市场竞争优势；通过不断研发新技术、新产品来保持领先地位；通过持续的品牌和商标宣传战略，甚至对产品技术含量和新的功能名词极度吹嘘来提高知名度和市场占有率；通过控制知识产权来控制市场、资金、人才等生产经营要素。产业资本、金融资本的介入使得对知识产权保护的呼声高涨。在深圳，法院受理的专利纠纷案件中95％的案件由企业或经营者提起。有人甚至认为，与其说知识产权制度保护的是创新，不如说知识产权制度保护的是对创新的投资。在此背景下，知识产权的实质目标不免会受到一些影响，知识产权不仅要为权利人自身带来财产利益，而且最重要的是要给投资人带来丰厚的回报。资本控制知识产品生产与知识产品为资本谋取垄断利润，经由知识产权的不断强化而达成合谋。一个现实的表现就是知识产权保护客体不断扩张而带

---

① 仇元福、潘旭伟、顾新建：《知识资本构成分析及其技术评价》，《中国软科学》2002 年第 10 期，116—120 页。

来知识产权的私权膨胀,从而呈现出促使知识产权与社会公共利益之间矛盾加剧的趋势。

(二)知识产权制度日益社会化

知识产权是法律赋予人类智力创造与创作成果及商业竞争中标记等知识产品的民事权利,是市场经济条件下有较多需求的一种基本权利。同时,知识产权是调整社会基于知识产品的创造与应用所发生的利益关系的一种制度设计。目的是解决知识产品作为资源的权利归属和利益分享问题①,提供某种激励和调节的利益机制和平衡机制。知识产权作为一种社会存在,社会制度和社会公众对其有一个理解和接受的过程。对于知识产权及其背后的制度设计可以进行更为社会化的解读。

首先,知识产权权制度是一项财富属性比较中正的制度。知识产权与其他财产相比,呈现为中性,不容易被异化为"善财"(如亲身劳动所得)和"恶财"(如血汗资本),知识产权的创造既有必然性(需经过创造者艰苦的智力劳动),也存在偶然性(如瞬间灵感,多人同时创造而一人成功),但都体现了较强的正义性。知识产权的创造不具有普遍性,有知识能力的知识产权权利人进行权利积累和财富转让符合文明逻辑和优选原则;同时,知识文明的不断进步性也使产权人的财产聚敛不会是永久的,过时的知识是难以为创造者带来财产效应的②。正如劳动理论所说的,通过劳动而拥有其劳动产品的所有权,是劳动者人格权的表现和扩张。劳动使人与客观物质世界联系起来,被施加了劳动的客观世界成了自身扩大化的产物,成为一个完整的人不可分割的一部分。劳动使人与自己的主观世界联系起来,使人获得了绝对的意志自由和人身自由,人们无法拒绝承认这一自由。自由是社会繁荣与进步的根本条件。个人越自由,他的个性发挥得越充分,他的创造潜能便越能得到实现,他的自我实现程度就会越高。每个人的创造潜能得到发挥,社会就会进步。

其次,知识产权制度是一项向公众开放程度较高的制度。胡格斯认为,知识产权更易满足资源富足与平等获取的条件。知识产权与有形财产的区别在于有形财产在同一时间里只能被一个人或一个团体利用,而知识财产可以被许多人

---

　　① 周俊强:《知识、知识产品、知识产权——知识产权法基本概念的法理解读》,《法制与社会发展》2004年第4期,43-49页。

　　② 杨伟敏:《知识产品生产方式的转变与知识产品生产者对资本的依赖》,《云南社会科学》2008年第1期,110-114页。

同时利用。它不是豪车、别墅,无论是思想上还是实体上,大部分社会主体可以直接或间接从中获益,因为每一个新创造的思想都可以被其他创造者利用,而且社会成员对思想的利用不可能耗尽思想,思想会随着利用而扩大,会激发更多新思想的产生,人们知悉新思想线索不需要依赖财产所有者。每一个知识创造形成的实体物在渡过一定的时间和区域保护期后,都会进入公共领域,绝大多数权利人没有必要去摧毁它或者湮灭它,它将有益于公众。

再次,知识产权制度不是全流通化的制度。作为有形财产,除了伦理限制,公共安全与健康限制,如器官、麻醉品,大多数是可以在市场上流通的。而在知识市场上,有一些不同的规则。比如知识产权制度不允许对社会有重大意义的中心思想成为私有财产,一种成为社会普遍需要的思想产品不被允许财产化,不能在知识市场上交易①,如自然科学的发现、地理知识。由于这些特殊的思想避免了被私人控制,经常出现在有形财产中的问题也就在知识产权领域中自然消失了。从另一个角度看,知识产权制度不希望出现社会浪费,即有需要利用知识产品的人但知识产品却不能被利用。从流通的目的——利益上看,知识产品的创造人可能无法从知识产品中收获财产利益,他们收获的还有可能是奖赏、感激、承认、公共财政支持等报偿。正如知识产权制度通过授予创作者对其作品的所有权来实现他对自身个性和意志的拥有,并使他的个性和人格得到社会公众的尊重。

(三)公私并重的知识产权保护格局不可逆转

我国知识产权保护主要以司法保护和行政保护为主,民间保护则处于后发阶段。但知识产权的本底性质是私权,在知识产权的保护流程中,第一反应链条应当是权利主体的自力行动,而公共权利的角色应当是迅速跟进并为其提供支持,以及对重要的权利事实进行实体确认和程序规范,对发生频度高的知识产权风险进行预防和救济。因而,知识产权的保护及其强度是官民一体性的议题及其反馈结果,不能也不应单纯地理解为一种官方的行动。反观现有的知识产权保护体系,存在比较偏重对官方保护的记录和评定,忽视民间在知识产权认知和保护上的进展。与此同时,我们也应当看到,对知识产权开展保护的不仅仅是民商事法律部门,而近年来关于知识产权的刑事案件审判的数量和影响力在不断增加,这要求我们在理解知识产权保护强度时应当站在法治一体化的高度,而不

---

① 谭华霖:《知识产品法益保护模式探讨——兼论法益与权利之冲突》,《政治与法律》2011 年第 7 期,109-115 页。

仅仅局限于官方的、民事性的保护。

(四)知识产权保护成为社会治理的有机组成部分

《中共中央关于全面深化改革若干重大问题的决定》明确了推进国家治理体系现代化的目标,为中国多种社会问题的解决提供了根本性的体制资源。治理是公共管理领域为防止政府失灵和市场失灵而发展起来的一种公共管理实践模式。治理的主体是政府、市场和社会,强调国家与社会合作;政府与非政府合作、公共机构与私人机构合作,强调在公共事务管理中各方的参与、谈判、协商、合作、互惠,以求实现善治。治理体系所涵盖的范畴包括各类经济、社会、法律风险的应对机制,社会需求的回应机制,公共产品提供机制,政府、市场、社会各方利益整合和共识凝聚机制以及其他一些建设性机制①。这些治理机制需要考虑及时、便捷、成本效益合理、专业化程度高,体现一定的人性化。同时,治理机制需要相应的信息通道、社会网络和认知框架。

治理直接作用于纠纷解决。知识产权纠纷不仅造成经济损失和创新梗阻,而且导致社会福利损失,增加社会系统风险,社会治理范式在社会矛盾调处、公共安全管理方面的表现证明其同样擅长解决知识产权纠纷引发的社会问题。知识产权纠纷本质是私权之争,具有争议主体的民间性、权利处分的灵活性、纠纷解决基准的非法律化、纠纷解决主体的非法律职业化等特点,在知识产权保护中运用社会治理的机制和技术较为适宜。当前,知识产权快速发展,产生了知识产权保护的难度较大、权利主体需求难以实现或知识社群间过度经济化等问题,需要有相应的治理机制。

关于知识产权的社会治理研究,目前还处于起步阶段,基本可以明确的方面包括:

知识产权社会治理的主体问题。在知识产权社会治理中,政府担起支持者的责任,建立有效的激励机制。提供诸多激励知识产权利益相关者合法运作的"政策包"。包括提供支持知识产权保护的公共财政资源以及倾斜性政策,并建立知识产权治理评估监管体系。同时,个人、经济组织、社会组织,营利性主体、非营利性主体都可以成为知识产权治理主体。知识产权治理首要提倡的是协商、合作、宽容、互利共赢的精神。

知识产权社会治理的路径问题。第一,应对照德行为先的社会治理立场,务

---

① 张秀兰:《用治理的方法建构新型社区福利服务体系》,《中国社会科学报》,2013 年 12 月 2 日,第三版。

实地宣扬平等、宽容、互利的纠纷解决义理。推崇遵从程序正义、信任处理结果、诚信履行裁决的制度认同,强化纠纷机制的思想支撑。第二,应根据公私合作的社会治理宗旨,推进组织资源和人力资源建设。既注重发展法院、行政执法机关附设的纠纷解决机构,也鼓励民间性、行业性纠纷解决机构的发展,授予其适宜的权能,规范政府的监督指导职能。第三,应吸取提倡协商的社会治理风格,在知识产权纠纷解决过程中提倡当事人协商达成权利处分交易,鼓励当事人自我调适、自我约束。统筹协调可能导致在协商中产生冲突的纠纷处理时间、办案费用等因素,减少摩擦。第四,应接轨包容、平衡的社会治理价值观,慎重地设置知识产权纠纷裁决标准。不简单划一地区分是与非,避免将纠纷制造者标签化,中立地看待当事人之间的利益博弈。第五,应复制众人参与的社会治理行动观,在纠纷解决过程中突出人的因素。扩展支持非诉讼纠纷解决的社会网络,广植社会资本。第六,在知识产权治理中,建构支撑体系非常有意义。通过整合促进知识产权保护的人力资源、机构设施资源、组织资源、社会资源来搭建平台,进行创新①。

二、知识产权社会资本的逐步成型

知识产权是知识、经济和法律三者的高度结合。知识是核心内容,法律是制度保障,经济因素则既是目标,又是驱动力。我们的看法是,知识产权还要考虑一些社会因素。如先用权现象,第三人在权利人专利申请日之前已经制造相同产品、使用相同方法或者已经做好制造、使用的必要准备;第三人在商标注册前从事了商标的持续使用与对商品或服务的推销,意味着第三人已经先期投入了资金、设备,做出了设计制造行为。又如平行创作的情形,不同的作者在互不接触的条件下,同时创作出了相同或极为近似的作品。在商业秘密法律框架内,两个或两个以上权利主体通过各自投入的直接劳动和物化劳动,开发出相同或实质相同的技术方案。从法律规定的后果看,第三人的境遇不会因为权利人获得知识产权而变得更坏,消费者对知识产品的获取和自由收取信息的能力没有受到影响,而弥补这种差距的是创造性劳动中所固化的社会资本。在未出现权利争议前,第三人适当、审慎地使用和管理自身的技术、商誉、作品,体现了自律的社会资本,消费者对知识产权被赋予后第三人商业地位的继续承认是基于信任

---

① 刘旺洪:《社会管理创新与社会治理的法治化》,《法学》2011 年第 10 期,44-48 页。

的社会资本,而同行之间不至于成为冤家,共同进行产品服务的改进和成本适度化,体现的是互惠的社会资本。在商标的注册环节,有些权利人申请的商标内容文字中包含有一些地名、通用名称或者表示商品特征的词汇。这些通用词汇属于公共领域的知识和信息。是否允许把公共信息资源作为商标权人私有的商业标识呢?考虑到作为一种标志性知识产权,尽管存在着一定的混淆风险,但商标法采取了一种宽容的态度,其内因是什么?从社会资本的角度观察,可能的原因是法律信赖商标权人不会突破商业行为应有的诚实信用限度,同时法律也确认对注册商标中含有的地名等通用词汇,商标专用权人无权禁止他人合理而适当地使用。这种权利饶让避免了洛克所说的"在占有商品后又容许它被毁坏,从而消灭了他人能够使用的状况"的违反自然法的浪费现象。这表明,需要通过某种元素来巩固和提升知识产权的法律与社会义务,帮助我们分析的工具包括信任机制、自律机制、社会交换、社会责任等,以增进整个社会的社会资本。

在尊重知识、鼓励创新创业、倡导诚信的社会正向氛围里,不乏这种知识产权保护的有利元素,包括互惠、社会责任、社会交换、社会权利,我们将其概括为知识产权社会资本[①]。

(一)互惠

互惠是极富社会性色彩的范畴。简单理解,互惠是指用积极的行为回应他人的积极行为,是个体间相互依存与互补性关系的生动体现[②]。互惠的前提是感觉到他人的善意,作为回应,给他们一种奖励性的回报。在如何判断他人的行为上,人们往往根据的是行为意图以及行为结果,传统道德中要求的"与人为善,推己及人"就是最朴素的互惠。用经济领域的眼光看,善的含义更为明确,包括公平的意图、公平的分配,有时是两者兼具,有时则存在着行为人的潜在意图难以判断,但行为结果仍属良善的现象。

互惠与利他处于不同的层次,后者是泛在性地对人类行为的积极回应,表征着更高的道德水准。在商业活动中,利他性是忽略成本的,而互惠是考虑成本的。互惠也不完全等同于社会网络营造。在商业生活中,人们之间往往会以礼物馈赠的形式来进行交往,这种赠送并不过多地考虑回报,即"交个朋友",行为

---

① 项安安、余翔、李娜:《在华外资企业知识产权新型保护途径研究》,浙江大学出版社 2019 年版,76 页。

② 李晓义、李建标:《互惠、信任与治理效率——基于比较制度实验的研究》,《南开经济研究》2009 年第 1 期,103—123 页。

者没有考虑在近期或者将来是否需要进一步和被赠予者建立互惠关系[1]。

互惠更接近于社会交换的模式。具体到商业交往中,互惠会表现为在谈判或订立合约的过程中形成注重支持,一定程度上为对方着想。经过较长时间的培育,互惠会演化成一种把获得既有的支持放大成较大回报的责任感,类似于中国传统文化中的"滴水之恩当涌泉相报",并使这种行为对行为的回报能够持续下去。互惠的明显优势在于能够简化人际关系、权利关系中复杂的计算、谈判过程,帮助人们形成共同的预期,降低博弈的风险与成本,引导人们有序地交往与互动,形成经济均衡、心理均衡和规则均衡[2]。市场经济下非常重视资源的高效配置和利用,强调更多有潜力的要素转换成现实的资源,增加产出。在发挥市场机制基础性和关键性作用的同时,还需要重视其他类市场机制和非市场化机制的作用。有研究者就提出,市场主体之间的互惠合作可以产生"互惠性增溢价值",形成对有限或稀缺资源的互补,促进市场繁荣。如果将之推广到社会领域,则会带动社会效益的产出倍增,形成社会繁荣。

互惠是达成目标的一种"助剂",而最终的检验标准是能否使经济财富与社会财富增值。财富的孵化要素分为四种:一是人均物质资本与其他生产性资源的不断累加集聚;二是知识及其应用的不断增进或强化;三是企业家精神;四是社会资本的不断生成与优化。互惠能够把这些要素凝聚在一起,强化它们之间的协同关系,形成扩大效应。

在知识经济条件下,相对于可见资源,知识、科技水平的财富属性日益明显,从根本上改变了单一的"资源—劳动力"的经济循环方式,使得原本存在区隔的产业部门、层级融合成不可分割的整体,也使得国与国之间、人与人之间的界限更加模糊,更趋于复杂网络化。知识、技术虽然也有估值手段和交易规则,但知识迁移和技术扩散的渠道还不通畅,因此,实现知识、技术层面的联合、互动,有助于激发更多的财富、价值,即知识、技术方面的互惠。知识产权是知识、技术的外化,在知识产权领域谋求互惠、达致互惠,生成特定的分工规则与交易规则,改进分工基础上的利用,增加资源与人之间互动的联结点,营造较佳的知识产权均衡反馈,推动科学技术发展上新台阶,进一步延伸知识——财富转化链条,优化社会网络,催生新的互惠能力与互惠机制。

---

① 刘敬伟、蒲勇健:《行为经济学中的公平互惠——和谐社会的经济理论基础》,《当代财经》2008年第4期,10-15页。

② 蔡芸、杨冠琼:《社会繁荣、互惠性增溢价值及其生成的基础》,《光明日报》,2012年5月29日,第11版。

在不同时空条件下,有不同的互惠维度,用通俗的话说:"帮人要帮到哪个分上。"互惠共同的底线应是公平公正。公平、正义本身就是人的社会本性之体现,是人的社会价值追求之所在。公平公正一方面源于人的天赋自觉、道德内省和认知趋同,即善恶区分、价值判断;另一方面来自对分配行动和结果的辨识能力,对多重自我实现的评价能力。自觉践行公平、公正指针是困难的,它更倾向传统依赖、制度塑造、环境压力。

(二)社会责任

近 10 年来,企业社会责任理念(Corporate Social Responsibility,CSR)在全球范围内兴起,使得企业社会资本的话语更具体化。狭义上看,企业应不仅只对股东负责,还需要对关系人团体如消费者、雇员、供货商、债权人和主管机关以及其他如当地小区甚至环境等负责。具体而言,企业社会责任可分为三个层次:第一层次是传统的善行,如公司通常会从税前盈余中提取一部分用于员工福利和社会公益,取之于社会,用之于社会。管理学大师波特教授认为,企业盈余的1%应用于行善或公益用途,可以为企业创造额外价值,使企业社会责任成为公司竞争优势[1]。很多公司不仅仅限于开出支票做慈善,还发动股东和员工投身公益事业,让投资者知晓慈善款项使用是否得当,让员工有公益方面的参与感和成就感,从而提升公司社会形象。第二层次是风险控管责任。如果发现产品或生产行为可能或已经对社会或环境造成伤害,或者遭受舆论批评,那么公司不仅仅要通过金钱赔偿来解决问题,而且要下决心管控社会风险,采取积极的措施与政府、非政府组织(NGOs)、公众团体进行沟通、商谈,如实披露信息,订定行为准则,承诺操作透明化。同时,公司也与同行竞争者商订共同规则,提高预防和处置水平,降低危害风险,形成行业自觉。公司的这种态度既起到防御公司经营风险的作用,也可以在危机公关中成为加分因素。如企业注重环境社会责任,保护环境不仅有利于社会,也对公司有益,通过减少污染和浪费,资源利用可以更有生产效率,而且产品能得到消费者另眼相待。第三层次是战略性企业社会责任,即企业在制定发展战略时,将社会责任作为重要考量因素,树立做好事才能使经营成功(Doing well by doing good)的理念,帮助企业致力于可持续发展,以高于法律法规的要求去尽可能提升员工福利、社会小区环境与公共福祉,赢得可以创造实质效益的契机。波特教授指出,长远看来,社会和经济目标本质上并无

---

① 赵艳荣、叶陈毅、李响:《基于战略视角的企业社会责任管理研究》,《企业经济》2012 年第 9 期,35-38 页。

冲突,而是完整的联结。企业当前的竞争力取决于企业可以使用劳工、资本和自然资源来生产高质量的产品和服务。而长远的竞争力在于企业能够参与社会事务,使企业与社会同蒙其利。波特教授还通过财务视角建构了利益收敛函数,说明企业的经济利益与社会利益结合。如果企业的慈善行为纯粹只考虑慈善的目的,那么只会产出社会利益,这样的慈善行为将无法长久。同样地,企业慈善若只考虑商业利益,那社会难以同蒙利益。企业的慈善应同时兼顾社会利益及企业本身的经济利益的观念,将企业社会责任概念置入企业的核心营运中,使其成为公司 DNA 的一部分,即能影响整个公司的决策。反过来,通过企业战略来引导和实施负责人的行为可以为企业获得竞争优势,企业就能利用这些额外的利润进行慈善活动①。要做到这方面,企业还面临巨大的挑战。因为很多企业还缺乏清晰的战略商业架构,同时一些内外部因素干扰了企业社会责任战略的确立。

当前,企业确立社会责任战略,具备一些有利条件:第一,企业所接触的社会资源(Growing affluence)日益丰富。只有在物质资源和其他"软资源"丰富的条件下社会责任的议题才会受到关注,短缺经济无法支持社会责任。当人们有能力购买交通工具,有能力消费文化产品时,人们就会关注哪种交通工具更节能、更环保,对环境的影响更小,关注文化产品是否拥有版权,其内容对消费者的影响是否正面。这些都建立在可支配资源和消费能力充裕的基础上。所以,社会责任议题首先在发达国家引起热烈关注。

第二,企业面临着日益加深的全球化趋势。全球化使得商业模式、信息广泛传播,关于企业社会责任的标准也引发了广泛的争论,但某些标志性的企业社会责任模式也以极快速的方式在全球扩增。跨国公司在某些方面发挥了引领作用。当企业面临着全球的商业机会,需要面对全球的消费者时,企业会更加谨慎地处理公众关系。由于全球各地文化、习俗的差异性,有些行为在一个文化区域中可能是必须的或是可被接受的,而在另一个文化区域可能是被禁止的。欧美地区的公司会观察发展中国家法律法规对环保、劳工等方面的法律和社会政策动向,而发展中国家的公司要进入欧美市场,社会责任法律成为它们的必修课。一些公认性的社会责任理念和规则被逐步强化和推广。

第三,企业处在科技和资讯异常发达的时代。当前企业的发展壮大与知识经济、信息经济密切关联,尤其是互联网时代,信息传播方式和人际、商际交往方

---

① 苗振青、李良贤:《基于共生视角的企业社会责任研究》,《企业经济》2012 年第 2 期,20-22 页。

式发生了很大改变,企业和消费者、企业和社会公众在互联网虚拟空间同样能够产生交集,而且,互联网在一定程度上强化了消费者权利,商家和消费者之间的明显信息不对称情形发生了很大的改变①。企业需要理解消费者、吸引消费者、巩固消费者,需要善于、主动与媒体打交道。信息咨询和交往沟通的频率和内容的非失真性使得社会责任很容易刺激出社会资本的各种话题。

第四,企业品牌问题变得更加突出。在很多时候,品牌是企业经营成败的关键点,能够使消费者感受智力发明创造的力量,感受公司的历史和现实能力,进而形成对品牌的忠诚。在很多情况下,品牌与公司已融为一体。有的公司高调地通过花费人力物力建立品牌,包括社会责任的品牌,能够增强公司的竞争优势,进而直接反映在公司的销售及利润上。但企业社会责任在法律判定上较为棘手,尤其是在涉及知识产权的社会责任上。

当前,知识产权的保护范围在全球持续扩张,保护水平在国际范围内迅速提高,各种具有市场前景和投资价值的新型知识产品不断被纳入专利权保护范围。如生物技术领域的植物新品种、动物品种、微生物和微生物学方法、基因与基因方法,其中有些内容是传统专利范围所没有的;信息技术领域的计算机软件、集成电路、数据库、网络传播权和技术措施权等则扩充了版权的保护类型;商业方法这种原本属于人类智力活动和思维方法范畴而不具有可专利性的知识产品,也有被逐渐归入专利客体范围的趋势。专利权制度面对这种冲击,需要做出如何保护更多的客体,如何改进授权标准及授权程序的行动。创新者及其投资人对专利权保护的需求超越了社会公众的需求。相应地,创新者及其投资人所应承担的社会责任也应当增加。如呼吁专利法保护商业方法,就要承担起让公众安全、便利使用电子商务服务的责任;要求专利权制度保护数据库、网络版权作品,就要承担起增进信息自由传播、知识公共分享的责任;要推行技术措施和电子合同,就应当保障作品的可得性;要获得对遗传信息及其派生产品(如基因药物、基因诊断与治疗、转基因植物品种)的权利,就要负起便于公众对基因信息相关利益的使用与分享的责任;要对自然资源和传统知识(如基因资源、民间艺术)进行高科技开发生产基因药物、艺术作品等知识产品,就要承担尊重保护资源来源拥有者、原住民权利的责任。总之,曾被视为"富人的粮食、穷人的毒药"的知识产权制度不能进一步恶化,不能像科斯和波斯纳曾说的,知识产权制度在超过

---

① 李志强、郑琴琴:《利益相关者对企业社会责任履行的影响——基于成本收益的经济学分析》,《企业经济》2012年第3期,15-20页。

最优点之外进行扩张所带来的危险与该制度随着复制成本(特别是与质量相应的成本)的持续下降而面临被毁灭的危险是一样大的。知识产权获得保护的同时,知识产权利益者的社会责任也应相应增进。

(三)社会交换

社会交换是一类重要的社会资本活动形式。谈及交换,人们会自然而然地联想到民事契约的"对价",它实质上是以权利的义务为外壳的利益相互交换关系[①]。在商业活动中,经济上的对价强调平等主体在进行交换时,以相当的付出来取得等价的收获,而深层次的对价在于社会关系层面,人们确信将自己的一部分利益分出去或者将义务负担起来,可获得公共权力对自己应有权利实在的法律保护[②]。在这里,民事主体运作的不仅仅是法定义务,也涉及一定的社会义务,所获得的是相应的法律权利和社会资本,这种跨法律的权利和义务交易属于社会交换关系。

社会交换的正当性基础在于,首先,每个人都有通过其创造性的劳动获得知识产权的平等机会。获得的方式既包括原始创新或创作,也包括借鉴、引用前人的智力成果,每个人愿意或者不反对自己的智力成果最终进入公共文明领域。其次,每个人分享知识财富的权利平等。知识产品生产的最终目标是增加公共利益,直接目标是给创造者带来名誉、财富等现实利益,分享这些文明成果是公共利益实现的方式,不应当被闭锁。但分享并不意味着免费地使用,也可以是支付许可费的法定许可,但先决条件是知识产权创造者和使用者之间保持平等,使用知识产权的渠道多元。

在著作权制度中,法律确认作者对其作品拥有较长期限的专有权利,而作者则相应地需将其作品公之于众并发行传播,这些作品在保护期届满后,就自动无偿地进入公共领域。这就体现了一种社会交换精神。一方面,创作者通过作品获得经济利益的期望可以实现,创造得越多,经济上的回报越可能相应地增加。另一方面,著作权制度对作者精神权利的永久性保护,使作者自己的精神生活体验与社会文明体系建立了联系,贡献了公共知识,同时收获文化荣誉,形成了超越经济回报性的社会回报,这也成为促使作者进行智力创造的另一重动力。

在专利制度中,政府代表社会公众对科学技术以及生产力发展的概括需求

---

① 沈伊默:《从社会交换的角度看组织认同的来源及效益》,《心理学报》2007 年第 5 期,918-925 页。

② 冯必扬:《人情社会与契约社会——基于社会交换理论的视角》,《社会科学》2011 年第 9 期,67-75 页。

与发明人进行交换,用授予的垄断权利来换取发明者公开技术的对价关系。政府承担着在一定期限内依法保护专利的责任,专利权人则有义务将其发明创造的技术方案完整清晰地公之于众,并最终归之于公有知识领域。

在商标制度中,国家支持商标权人在一定的商品和服务领域获取和使用商标,以帮助消费者区分商品与服务的来源,并促进品牌信誉的建立。《商标法》设定的规则是,只让商标注册人使用注册商标,排除其他人获取和使用相同或类似的商标。这一规则中隐含的意思为:一方面,消费者通过商标可以确信商品或服务的提供者是谁,消费者消费商品的代价中也包含着消费商标;另一方面的约束是商标权人在展示自己商标的同时应做出对消费者承担商标质量责任的承诺,由于消费者是不特定的,因此,商标权人的承诺带有社会性,是与多数人利益实现进行交换。

在科学和文化发展道路上,有较强的知识继承性规律,任何新作品都直接或间接地利用了已有的知识财富,任何新技术都建立在前人的研究开拓基础之上,后来的创作者、发明者都需要能够合理地利用前人的作品或者发明设计成果。后续专利权创造主体与已有专利权主体的交换至关重要[1]。如对于作品的利用,他人可以在一定范围内合法地使用著作权人的作品,用于交换的对价是尊重作者的著作权精神权利和财产权利,尤其是精神权利中的各项权益,即在文明体系中准确地标记著作权人的地位。对于这种利用,双方之间不一定构建民事契约,维系双方之间信任关系的是社会交换契约:著作权人信赖后来的利用者不会故意去篡改、亵渎其精神创造成果;后来的使用者通过吸取前人创造的营养形成超越前人的新文明成果,在成果内容、形式等方面可以不受到原有成果的约束,享有创作的自由。在专利法中,他人被允许在科研实验中使用专利方法或产品,以便研发出新的科技成果。但目前,在一些方面社会交换的有效机制发挥不足,存在着作者使用权与作者著作权、改进专利与基础专利的论争无法很好地平息解决等现象。在这种事件中,专利权人和社会公众之间的平等沟通关系没有构建起来,双方都抱有限制对方利用专利权成果的想法,把主要精力放在专利权的限制与反限制、正当使用和不正当使用等细节上,而对于如何汲取社会资本元素开展弹性较强的社会交换没有很强的兴趣和行为,导致专利权摩擦常态化、利益对立尖锐化。但我们没有理由将"洗澡水和孩子一起倒掉",忽略社会交换可能

---

① 文鹏、包玲玲、陈诚:《基于社会交换理论的绩效评估导向对知识共享影响研究》,《管理评论》2012年第5期,129-138页。

带来的纠纷解决契机,而一味地求助于行政保护、司法保护。

但社会交换并不一定促成公平①,有时会出现强专利权人和弱专利权使用人之间的交换,需要联合其他社会资本共同发挥作用。如公平原则,即主体之间公平相待,交换应该是有偿互利的;经济利益合理照顾,在法定范围内应该兼顾各方当事人的利益;财产责任合理分担,当权利人的财产利益受到损害时,应该得到同等价值的补偿。

(四)社会权利

社会权利是一种抽象观念,是权利价值理念、产权伦理原则在社会主体心理意识中的内化,包括社会主体对一定权利价值和原则规范的认知定位、意志取向、情感倾向,反映了社会共同性的利益、要求、意志反映和表达;与个别主体的权利行为、道德行为相比,存在着某种高于、异于个体目标理想的方面,有可能发展出新的价值目标。

在财产获取问题上,社会权利观的看法是人对财产的支配一方面是人的自由意志和本质力量的体现,另一方面是人的社会存在和社会价值的肯定方式,精确地反映了人与人之间的关系。财产制度的确立在与人们普遍信奉的社会和产权价值观相吻合的场合时,才可能有效地运行,反之则成为乌托邦,比如人民公社时期的"公共食堂怪事"。在财产转让问题上,社会权利观一方面承认财产权的排他性、权利独立性,支持依法律机制和产权制度建构财产转让的依据和运行原则,划定财产行为的尺度;另一方面,社会权利观注重财产转让中的伦理原则和道德意识,并主张主体认知和处理财产关系的实践精神影响着财产权利的制度安排和人们处理财产关系的实践,有必要对财产制度作为一种社会强制制度存在进行证明,对财产行为的正当性、道德合理性进行评价②。

不同社会条件下,关于财产制度的权利价值观、权利道德批判观存在差异,受到它们影响的主体道德意识、道德良知和自律性行为准则会影响人们的价值追求③。对于当前的知识制度而言,社会权利观强调,如果公民对专利权的独占性权利进行无限追逐,知识产品利用中所隐含的人身依赖关系就会产生一种危险,也就是专利权这种无形财产制度不是促进社会共同体的自由,而是限制自由。当专利权主体所独占的抽象物为社会所普遍依赖的重要资源时,该类抽象

---

① 周安平:《社会交换与法律》,《法制与社会发展》2012年第2期,54-65页。
② 杨光斌:《社会权利优先的中国政治发展选择》,《行政论坛》2012年第3期,5-11页。
③ 王春福:《社会权利与社会性公共产品的均等供给》,《中共中央党校学报》2010年第1期,90-94页。

物主体即意味着拥有巨大的威胁权力,国家公共权力有必要进行调节。

三、社会资本对专利权保护的渐进式影响

社会资本对专利权发展和保护的渗透是没有既定规划和路线的,在专利权创造、利用、管理、保护等维度的制度变迁和主体实践中,都可能存在专利权接纳社会资本元素以及社会资本元素通过各种方式附着于专利权事业的痕迹。因此,社会资本采取的是一种渐进渗透的方式,给专利权事业尤其是专利权保护带来一点一滴的改变。需要指出的是,我们发现有些场合下社会资本的注入已发挥积极的效应,而在另一些场合,我们则发现社会资本的缺失产生了较为明显的弊病。

(一)社会资本对专利权创造主体的保护效应

专利权来源于创造,科技活动是专利权尤其是具有指标意义的专利的重要产出方式,专利权保护构成科技活动的经济和智力投入的最终防线作用。如果没有妥善的专利权保护,前期的科技投入将化为乌有。反过来,科技活动的专利权行为的适法性、合规性将对后续的专利权保护产生巨大的影响,无论是在实体法意义上还是在程序(证据)法意义上。从实践上看,科技政策、科技合作、科技利益的制度安排和实践模式对专利权保护是有影响的,可以视为专利权的前体。在上述这些科技行为中,也有社会资本发挥保护效应的证据。具体的机理和表现是以下几种。

1.社会资本增进了科技工作者的社会福利

科技活动受到经济体制、国家目标、法制化进程、创新文化、知识产权文化以及科技自身发展状况等诸多社会环境因素的影响,科技活动中的专利权制度设计的落脚点是将其产业化,发挥创新驱动发展的作用,但在这方面形成的一些显性和潜在规则并不是完美的。

我国近年来十分关注科技创造的产出问题。2002年科技部和财政部发布的《关于国家科研计划项目研究成果知识产权管理的若干规定》规定:"科研项目研究成果及其形成的知识产权,除涉及国家安全、国家利益和重大社会公共利益的以外,国家授予科研项目承担单位(以下简称项目承担单位)。项目承担单位可以依法自主决定实施、许可他人实施、转让、作价入股等,并取得相应的收益。同时,在特定情况下,国家根据需要保留无偿使用、开发、使之有效利用和获取利

益的权利。"2007 年《科学技术进步法》第 20 条规定:"利用财政性资金设立的科学技术基金项目或者科学技术计划项目所形成的发明知识产权、计算机软件著作权、集成电路布图设计专有权和植物新品种权,除涉及国家安全、国家利益和重大社会公共利益的外,授权项目承担者依法取得。项目承担者应当依法实施前款规定的知识产权,同时采取保护措施,并就实施和保护情况向项目管理机构提交年度报告;在合理期限内没有实施的,国家可以无偿实施,也可以许可他人有偿实施或者无偿实施。项目承担者依法取得的本条第一款规定的知识产权,国家为了国家安全、国家利益和重大社会公共利益的需要,可以无偿实施,也可以许可他人有偿实施或者无偿实施。项目承担者因实施本条第一款规定的知识产权所产生的利益分配,依照有关法律、行政法规的规定执行;法律、行政法规没有规定的,按照约定执行。"因此,我国对公共资源形成的知识产权的权属和收益也有了管理依据。政府对科研单位最为关心的收益权给予了明确保障。这对科研单位而言不仅仅是法律依据,更是一项牢固的社会资本,最明显的表现是对科研成果知识产权有兴趣的产业界可以放心地与科研单位开展前期、中期合作,而不必等到知识产权的核准程序揭晓[①]。由此可见,"知识产权财富理念"的养成是知识产权社会环境建设的重要标志,而这也是科技社会资本的基本内涵。此外,在科技计划项目和科研机构工作中,培养和宣传知识产权意识,营造政府管理部门、科研活动实施部门、社会公众的认同、理解和支持也是非常有利于知识产权保护的社会资本的。

　　2. 社会资本未能遏制科技与专利评价中的"搭便车"倾向

　　科技评价是科技管理活动的有机组成部分,由科技评价细分出的知识产权评价可以用来检核知识产权权属,规范知识产权运用,巩固知识产权收益。目前,在科技评价中,最受重视的是科研项目、科研论文及科研奖励等,对专利权失去了应有的重视程度。最明显的表现是我国科技成果中通过专利权作为标志,例如以专利、软件版权、植物新品种权等为依据的成果比例较低[②]。在专利成果中,最能反映自主创新程度的发明专利的比例偏低,约在 30%—40% 之间。职务发明数也明显低于国外同类数据,为 50%,而国外一般在 90% 以上。造成这

---

　　①　何炼红、陈吉灿:《中国版"拜杜法案"的失灵与高校知识产权转化的出路》,《知识产权》2013 年第 3 期,86-90 页。

　　②　谈毅、仝允桓:《中国科技评价体系的特点、模式及发展》,《科学学与科学技术管理》2004 年第 5 期,16-19 页。

种现象的原因比较多,一方面,成果创造人不看重、不熟悉专利权,大量成果在未获得专利权保护的情况下向社会公布,造成专利权流失。即便是申请了专利权的,一些权利要求也比较模糊,或者未采取必要的权利防御措施。另一方面,可能是这些成果的创造性含金量较低,不符合专利权的保护范围。同时,在科技活动中,为了追求上述论文、项目、奖励,还不乏不讲科研诚信,抄袭他人智力成果,编造实验数据,夸大创新性,封闭自身研究不共享研究成果,不协同创新,以及一些成果署名、职务发明与非职务发明的争议。同时,这种学院化风气还影响了科技人员的成长、专业技术职务的晋升以及科技创新的积极性。这说明专利权评价体系的导向和价值评判存在问题。

从法律和政策层面看:(1)现行科技法律法规对知识产权评价的规定非常分散,内容上过于笼统,缺乏体系性和权威性。如《科学技术进步法》第 20 条主要着眼于科技活动中的知识产权归属和保护,没有提及知识产权运用和管理[①];《国家高技术研究发展计划(863 计划)管理办法》对于科技活动中的知识产权权属的规定不够具体,缺乏相配套的实施细则。(2)知识产权评价的比重较低,评价因子比较简单粗糙,缺乏详细的办法,如软性指标多、硬性指标少,量化指标多、质量衡量少。不少地方要求将知识产权作为科技项目的产出,但并不作为强制性评价指标。设置数量性的专利评价指标做法居多,助长了专利权申请过滥的情况。(3)专利权的评价活动并未落到实处,流于形式和表面程序,重形式走过场,重数量轻质量,存在短期利益行为和急功近利、浮躁浮夸的不良风气。(4)科研单位对专利权评价的重视程度不够。一是专利权意识淡薄,存在重论文、轻专利的倾向。二是功利性强,部分科研成果在质量上并未达到预期目标和创新标准,却以一些非核心性专利权来申请验收结题。三是制度人员和保障欠缺。大部分科研单位没有制订符合本单位科研特色的专利权评价指标、规程,专职专利权管理人员配备较少,熟练掌握专利权评价技能的人才尤为缺乏[②]。

从社会资本层面看:清晰健全的专利权评价体制对科技事业的健康发展和和谐的科技氛围形成发挥了定海神针的作用,国外的科技活动中虽也暴露出一些丑闻,但科技人员的敬业性、专业性,对专利权的尊重,对违反科研诚信、侵犯专利权处理的坚决为我国树立了一定的典范。我国专利权评价,在指标内容、组织机构、制度、职责、实施与控制机制、人员、信息和资源等要素及其联系组合流

---

① 俞立平、潘云涛、武夷山:《科技评价中指标初步筛选的实证研究》,《科技进步与对策》2010 年第 5 期,116—121 页。

② 方衍、田德录:《中国特色科技评价体系建设研究》,《中国科技论坛》2010 年第 7 期,13—17 页。

程中没有充分考察知识产权社会资本的渗透情况。在评断是否获得知识产权（且权属清晰）、是否有效使用知识产权、是否合理保护知识产权、是否科学管理知识产权、怎样有利于激发知识产权、如何平衡分配知识产权创造、应用的贡献程度、如何慎重地对待知识产权争议、如何自觉地维护知识产权等方面还没有和社会资本进行桥接，反倒是专利权申请过滥的情况难以纠正，这与专利权评价指标草率地使用量化标准，将取得几项专利权与达标或奖励直接挂钩的现象有一定的关系①。我们大胆地提出一个观点，中外科技评价制度之间的差异在某种意义上也包含着科技活动中的社会资本的理解差异和蕴含数量差异，越是将社会资本元素成功融入科技行为中的科技评价制度抑或相关的制度，其在知识产权创造中的能动作用发挥得就越顺畅，遇到的制度内外阻力就越小。

（二）社会资本对专利权利用者的保护效应

专利权常常是在利用中保护，同时在保护中利用。让社会公众充分地利用专利权是专利权管理部门和专利权创造者的政治责任和社会责任，在此过程中，社会责任元素有必要被重点加以推介，特别是当资本将专利权包装为商品，将科技创新过程整合成科技资本等要素投入的流程时，对资本力量的导正和约束必然要强调社会责任，如对于药品、专利等的政策立场。

1. 社会资本声援了药品使用者的权利保护运动

药品是关系到人类健康的特殊产品，在保护药品研发方面所付出的努力以及容许药品的规模化生产、全球化扩散与拯救生命的冲突一直存在。当今时代，药品研发是一种高科技活动，会耗费大量时间和金钱。同时，无论在商业多么自由发达的国家，药品都是一种特许性商品，由当局严格监管，颁发市场准入。在20世纪80年代，世界上有50多个国家还不赞成药品可以被授予专利，掌握大量药品研制和生产的医药生产大国对此非常不满，在国际场合施加强大压力以促使各国将药品列入专利保护范围。同时，发达国家还针对能够仿制药物工程提供巨大便利的药品数据进行立法，它们主张药品数据保护能促进制药企业的热情，减少他们的开发风险，也让人们可以获得更安全、疗效更确切的药物，应将其纳入专利权保护体系。在乌拉圭回合谈判中，发达国家大力推动药品数据保护的国家化，通过 TRIPS 协议使药品数据保护立法上升为国际法准则。协议第39条第3款规定：当成员以要求提交未披露过的试验数据或其他数据作为批准

---

① 李振兴、杨起全、程家瑜：《关于我国基础研究和前沿技术科技评价问题研究》，《中国科技论坛》2009 年第 1 期，13-15 页。

使用了新的化合物实体的药品或农用化工产品上市的条件,如果该数据的原创活动包含了相当的努力,则该成员应对该数据提供保护,以防止不正当的商业使用。同时,除非出于保护公众的需要,或除非已采取措施保证对该数据的保护,防止不正当的商业使用,成员均应保护该数据以防其被泄露[①]。

在我国,由于对药物研制过程所取得的试验数据内含的价值认识不足,加上《专利法》制定初期没有将药品专利纳入保护范围,药品数据长期处于无法律保护的状态。在加入 WTO 谈判过程中,中国开始重视药品数据保护。在《中国加入 WTO 工作组报告》中,中国政府承诺,为遵守 TRIPS 协定第 39 条第 3 款,中国将对为申请使用新化学成分的药品或农业化学品的上市许可而按要求提交中国主管机关的未披露试验数据或其他数据提供有效保护。这种保护包括,采用并制定法律和法规,以保证自中国政府向数据提供者授予上市许可之日起至少 6 年内,除数据提供者外,未经数据提供者允许,任何人不得以该数据为基础申请产品上市许可。在此期间,对于任何第二个申请上市许可的人,只有当其提交自己的数据时方可被授予上市许可。所有使用新化学成分的药品或农业化学物质均可受到此种数据保护,无论其是否受专利保护。在国内法上,2002 年出台的《药品管理法实施条例》第 35 条规定:国家对获得生产或者销售数据和其他数据实施保护,任何人不得对该未披露的试验数据和其他数据进行不正当的商业利用。自药品生产者或者销售者获得生产、销售新型化学成分药品的许可证明文件之日起 6 年内,对其他申请人未经已获得许可的申请人同意,使用前款数据申请生产、销售新型化学成分药品许可的,药品监督管理部门不予许可;但是,其他申请人提交自行取得数据的除外。2007 年修订的《药品注册管理办法》第 20 条规定,按照《药品管理法实施条例》第 35 条的规定,对获得生产或者销售含有新型化学成分药品许可的生产者或者销售者提交的自行取得且未披露的试验数据和其他数据,国家食品药品监督管理总局自批准该许可之日起 6 年内,对未经已获得许可的申请人同意,使用其未披露数据的申请不予批准;但是申请人提交自行取得数据的除外。作为一种行政性保护,药品监管机关在执行数据保护时深受产业发展、利益格局划分与专利权保护方面之间的关系的限制,药品数据保护的具体规则也在不断地磨合调适,在存在着高投入风险和高垄断性利润为主线的医药商业帝国中,法律的切入难度和可干预力度是有限的。也可以说,法律

---

① 白婷、陈敬、史录文:《TRIPS 协议中药品数据保护制度分析》,《中国新药杂志》2009 年第 19 期,1823-1825 页。

的设计标准和规范内容时刻服从于宏观的国家利益、中观的产业利益,同时,法律对医药技术发展规律也被迫做出一些妥协,呈现出诸如药品试验例外方面的规定。专利权是因应人权还是因应经济权利在药品问题上体现得特别"纠结"。我们的看法是,人权解决的是能否生存和发展的问题;而经济权利解决的是如何更好地生存与发展的问题。从专利权宗旨比较,它的重要性不及生命、健康、自由、平等等基本人权。从权利获得方式来看,专利权中有一部分是法源化的权利,不需要专门授予或公示,有一部分是后续授予的,针对一定期限、一定的行为、划分一定层次的权利,也就是存在受限可能性的权利①。与一些民事权利相比,类型化的专利权存在着较多的受限制情形。对于其中的原因,我们认为是社会权利观念深刻地影响了专利权的获取与保护。专利权是一部分社会成员通过其智力劳动或国家授权程序而获得的垄断权利,不是所有人都能享有的,个别化权利与普遍权利的共存之道是个别化权利享有优位的同时,在其上附加一定的社会责任。以克服普遍化权利实现的困难。在药品领域,由于发达国家的药品专利政策和法律对仿制药品的生产与跨国贸易进行了限制,不利于欠发达国家解决公共健康危机,伤及发展中国家人民的生命权、健康权整体利益②。因此,全世界都在反思药品专利权人的知识利益和财产利益的正义性,认同对其赋予较强的社会责任,在法律层面,由发达国家与发展中国家在世贸组织的协调机制下进行了广泛深入的讨论,调整立场,达成了 TRIPS 协议的有关共识,有条件地允许在更大范围内适用对药品专利的强制许可,可以向缺乏生产专利药品能力的欠发达国家出口仿制药品。在社会层面,在一些法律不适宜规定或者无法逐一做出规定的事项中,则敦促药品专利权人承担相对应的公共健康社会责任。因此,对医药研发及其专利权权利人做出与其他专利权不同的规制,从表面看是一种法律意志的进化,而实际上,应当归因于社会资本框架内的群益元素、社会责任元素、社会权利元素在发挥效应。

2.社会资本影响专利联盟的运作模式

随着知识经济的深入发展和技术竞争的日益激烈,围绕着核心专利权尤其是专利权做文章的专利权管理日益专业化、复杂化。以法律为基础,以博弈为焦

---

① 陈颖、李姣、李军莲:《中国药品数据的知识表示方法研究》,《现代图书情报技术》2013 年第 6 期,9-15 页。

② 吴锁薇、韩晟、陈敬、史录文:《药品数据保护对我国药品费用及可及性的影响》,《中国新药杂志》2012 年第 20 期,22-24 页。

点,以管控为常态的各种类型的知识管理活动应运而生,这些活动远比法律制定时所预期的情况复杂,所牵涉的商业利益关系、公共关系、技术关系混杂交错,给专利权保护带来了复杂的影响,尤其是像专利联盟方面的事务。

美国专利商标局(USPTO)认为,专利联盟是两个以上专利权人协议,将其所拥有之专利权彼此互相授权,或共同授权给第三人之安排。专利联盟的成员彼此间会有交叉授权(cross licensing)约定,通常会由单一窗口(可能由联盟成员成立新公司或以某个专利权人为代表)负责整合协议的专利权及授权许可合同的处理。这种定义没有将专利联盟与技术标准挂钩,而只是认为专利联盟是单纯的专利权利联合。最早的专利联盟可以上溯到美国1856年成立的缝纫机专利联盟。而催生专利联盟的最典型案例是1917年Wright公司获得了通过扭转机翼稳定飞机飞行的方法专利,Curtiss公司也发明了通过机翼阻力板增强飞行稳定度的专利。两家公司联合起来限制其他航空制造业,甚至影响了美国为对付第一次世界大战而进行的作战飞机制造。在官方协调下,美国飞机制造商协会(Manufacturers Aircraft Association)成立航空器技术专利联盟,对这些关键专利进行整合,消除了大量生产飞机的障碍。随后在生化、无线电、电子、信息技术等产业纷纷成立了专利联盟[1]。

研究者认为专利联盟有利有弊。认为专利联盟对提升竞争力有帮助的观点主要有:第一,专利联盟机制有利于降低交易成本。联盟成员间可以通过互惠契约的方式进行交叉授权。需要使用特定技术组合的成员可以借助专利包裹授权方式,获取所需的所有技术,避免了与数个专利权人分次进行谈判,提升了效率,降低了交易成本。第二,专利联盟机制有利于技术信息交流。专利联盟提供了联盟成员之间进行技术、资讯交流的平台。在未形成专利联盟时,各公司均对研发成果竭力加以保护,避免成果泄露使得竞争者受惠。而形成专利联盟之后,成员间考虑的是如何避免重复研发造成浪费,以及如何展示自身的核心专长,如何从其他成员的研发中受益,因此,交流技术信息成为必要选项[2]。第三,专利联盟机制可以帮助联盟成员分散风险与分配利益。专利联盟框架下,联盟成员所拥有的专利权可以通过估价转换成某种类似股票的份额,经过出让专利联盟的技术,联盟成员初期研发的投入得以回收的可行性大增,即便是联盟成员从事的是一些基础性的、市场需求不大的研究也可以收回研发投入。在生物科技这类

---

① 刘林青、谭力文、赵浩兴:《专利丛林、专利组合和专利联盟——从专利战略到专利群战略》,《研究与发展管理》2006年第4期,86—92页。

② 李玉剑、宣国良:《专利联盟与专利使用效率的提高》,《科学学研究》2005年第4期,513—516页。

研发成本与风险均高的研究领域，专利联盟更能发挥降低研发风险的优点。第四，专利联盟机制可以消除联盟内的阻碍性专利以降低研发上的风险。联盟成员各自持有的专利中，有些专利技术可能是制约其他技术开发的关键因素，而持有该专利的权利人在加入专利联盟之前可能不愿意授权或不愿意让这项专利失效，而通过专利联盟的整合，可以使各方成员了解对方的立场和联盟整体的技术发展方向，对一些阻碍性专利进行取舍。以生物科技为例，核酸（nucleic acid）专利极容易构成阻碍性专利，妨害下游的应用研究及专利商品化。专利联盟机制可以整合特定基因及其应用方面的所有专利，使上游的研发、中游的应用、下游的商品开发形成产业链，提升专利的含金量。第五，专利联盟机制有助于降低专利权人间的诉讼频率。研究者认为，在有些场合，拥有阻碍性专利的专利权人常对竞争对手的产品或生产过程提出专利侵权诉讼，如果结成了专利联盟，专利权人之间可以选择的方式包括相互授权，或对外打包授权，专利诉讼的诱因自然减少。第六，专利联盟机制可以减少专利壁垒（patent stacking）的冲击。假设一项创新技术克服了大部分的阻碍性专利，而最后一个阻碍性专利权人仍坚持以不合理的价格索要专利授权使用费，会对创新者带来很大的困扰，甚至使创新技术流产。凭借专利联盟的实现，可避免创新行为因为被最后一个阻碍专利所困，而前功尽弃。

在专利联盟的弊端方面，研究者认为：首先，专利联盟会有意庇护无效专利。专利权人会面临竞争对手或者同期开展研究的人员提出无效申请或在相关诉讼中被裁定为无效专利的局面。尽管专利行政审查是不适用和解的，但是当事人之间仍有妥协的空间，比较巧妙的方式是双方共同组成专利联盟或交互授权，将存在效力争议的专利纳入其中，原本对专利存有异议的一方可能接受某种利益交换条件而放弃申请专利无效的法律诉求。其次，专利联盟会加剧市场垄断与控制。专利联盟的成员是一种平行竞争关系，凭借联盟协议圈定各自的商业活动范围和技术领域，瓜分某些具有竞争性的产品生产和加工方法，或者商定产品市场份额，不利于市场自由竞争。再次，专利联盟会降低研发意愿。由于专利联盟内技术的流通性较高，在信息取得容易的情况下，研发人员可能仅就既有技术进行应用性改进，而拒绝进行创新意义上的研发，反而不利于企业长期发展[①]。在具体的行业，专利联盟显示出不同方面的优势。2006 年世界卫生组织指出，在生物技术领域实行专利联盟，如果充分发挥一次性（one-stop）授权机制，将有

---

① 岳贤平、顾海英：《专利联盟的微观机理研究》，《情报科学》2006 年第 5 期，15—20 页。

利于提高专利许可的效率,并可分担研究开发中的风险,减少阻碍性专利 (blocking patent)的现象。生物技术专利联盟对于发展中国家尤为有利。经济 合作发展组织(OECD)的报告指出:专利联盟的模式可以在生物技术领域尝试。 制药产业中一些传统力量并不热衷于牵头参加专利联盟,制药业者之间也可能 会产生分歧,但专利联盟有利于专利权的紧密衔接。

从不正当竞争的角度观察,结成专利联盟有可能会引发联合行为、独占滥用 行为、搭售行为等,触发限制竞争或不公平竞争。当然,这些可能性与专利联盟 的组织行为、架构、运作方式、功能等有密切关系。当前,在已经成型的专利联盟 中,这种风险已经显现。1998 年,在美国联邦贸易委员会压力下,成立于 1992 年的 PRK 专利联盟(Photorefractive Keratectomy Summit Technology)宣布解 散。这个专利联盟由 Summit Technology 公司及 VISX 公司组成,在近视矫正 眼科手术领域拥有角膜切割技术专利。全美所有眼科医师实施 PRK 手术时,必 须向 PPK 专利联盟支付 250 美元的许可费。美国联邦贸易委员会认为,该专利 联盟成员通过联盟方式垄断市场,要求所有眼科医师支付高额权利金,间接提高 消费者负担,违反了《反托拉斯法》(Anti-trust Law)以及 1995 年颁布的关于智 慧财产权授权的《反托拉斯准则》(Antitrust Guidelines for the Licensing of Intellectual Property),应该受到惩罚。

以社会资本的角度考量,在专利联盟组建过程中,应争取做到构成专利联盟 的标准与条件由联盟成员民主协商,共同订立。具体而言,专利联盟应尽可能吸 收本领域拥有必须性专利(Essential Patent)的权利人加入,不能有意排除部分 专利权人,对于一些持有互补性专利的权利人要求加入专利联盟,应充分告知其 专利联盟的使命和联盟的基本规范。在联盟专利库的审定上,可以聘请独立的 第三方专家,进行专利联盟内必须性和有利用价值的专利审查,避免重复性 专利。

在专利联盟运行过程中,须提倡以下方面[①]:第一,对专利的取舍做出合理 的判断;第二,建立授权许可使用费的幅度规范,确保联盟成员之间支付许可费 的合理、可接受性及公正性;第三,协商好联盟成员独立向外进行专利授权的条 件和方式;第四,对于联盟成员的资产信息进行适宜的保护;第五,避免创新行为 受到抑制;第六,联盟成员之间不得串通图利以及过度限制产业链下游厂商的

---

① 徐明华、陈锦其:《专利联盟理论及其对我国企业专利战略的启示》,《科研管理》2009 年第 4 期, 164-169 页。

活动。

在专利结盟过程中,较为成功运用社会资本元素的实例包括电信产业的专利联盟,例如 1997 年 MPEG-2 专利联盟、1998 年 DVD(3C)专利联盟、1999 年 DVD(6C)专利联盟、2001 年 3G 专利联盟以及 2006 年数字电视接收器专利联盟等。其中 3G 专利联盟包括 12 个公司会员以及上千个专利的阵容,运作了 5 个主要的 3G 行动通信标准,专利联盟对每个不同的通信技术标准设立了专利群组,各群组均组建了一个管理公司,负责处理联盟内 3G 关键性专利鉴定、促进 3G 产业对专利权议题的了解,处理专利授权的合约与执行工作。Gaule 分析了 3G 专利联盟之成功原因,包括联盟成员所拥有的技术与专利有紧密的联结关系,联盟内采用垂直整合的形式,纳入有效性专利和必须性专利,授权内容具备一套标准化、非排外性且公平性之流程。相比较而言,生物技术产业的专利权人则存在较多破坏市场公平竞争的痕迹,一些厂商也局限于采取专利购买和交叉授权的方式,因而其专利联盟并不发达。

第六章 融合社会资本元素的
专利权保护路径演进

在创新、创造驱动发展过程中,专利权不自觉地充当着守门人的重要角色。专利权对经济、文化、文明的责任日益重大。在实体性的专利权保护方面,通过国际条约和国内法的不断充实,一些巨大的利益鸿沟逐渐缩小,全球专利权法律规则已呈现出高度的趋同性。但对于实体法律的落实,专利权保护的程序性规定则千差万别。各个法律主权国家都要构思如何使自己的执法、司法程序能够与专利权实体保护规则相适配,如何化解层出不穷的专利权纠纷。

第一节 知识产权暨专利权保护的发展趋势

一、知识产品和知识人是知识产权(专利权)的鲜明主题

在知识产权发展中,知识产品和知识人是核心的概念。理论学说认为,劳动理论可以成为知识产品创造的伦理基础,对知识产品赋予价值的正当性也可以从道德上进行辩护。承认知识产权、维护知识产权价值方面,知识人也应承担法定义务和社会义务。时代的进步给知识产权和知识人带来了巨大的影响。在知识产品方面,主要的影响因素来自科技发展给知识产权带来的新变化。我们在生活中看到的依靠众多科技精英和巨大的资金、技术双密集型投入的高科技产业是典型的代表。为了维系竞争力,确保高额投入能够收回,高科技行业尤其是以尖端技术为特色的行业,对专利的渴求和围绕专利的布局与竞争非常激烈。经济全球化加深导致"世界制造""全球营销"现象越来越普遍,产业链各个环节

前所未有地重视和膜拜"专利"这一虚拟财产。高度企业化的技术转移机制使得与技术相关的商业秘密、不正当竞争等问题与专利、商标产生了同类效应①。

而知识人方面的影响主要来自为了适应知识产权要素化、资本化而发展出的形态纷呈的商业业态以及民众生活、社交方式改变带来的新兴知识产权消费及分享过程②。20世纪后半期出现的计算机深刻改变了人们的生活,这种产品中高度凝聚着人的创造性智慧和传承性知识,同时也非常脆弱,非常容易被破解和仿造。在信息化时代中,人们津津乐道于虚拟化生活,各种网络社交媒介上充斥着海量的信息,原创性文本和转载性文本充斥其间,也引发了无穷的争议。可见,知识产权的社会运行还有很多的问题需要解决,如知识产权的设置是否有利于人的存在与发展,知识产权的转让是否符合人类主流价值观,知识产权的利用是否体现人类社会公认道德原则,等等。

二、知识产权(专利权)的内核和外壳不断扩充

知识产权具有非物质性的特点,需要通过一定的形式来表现或固定。这需要借助于有形物,如书籍、光盘、商标标识物、专利产品等,后者可被视为知识产品的物质载体("外壳")。保护知识产权就要保护好知识产权的载体,如禁止盗版出版物的发行流通意味着各种形式的盗版出版物都不见容于正规发行渠道。但知识产权的载体亦是一种物,有其所有权,可以存在用益权以及以物的使用为目的的债权等民事权利,有自物权人,也有他物权人。这些权利的行使对于知识产权的保护有着重大的意义。如作品载体物所有权人对载体的占有、使用、收益、处分行为的适当性,会影响到著作权人对作品享有的著作人格权和财产权。商标商品、专利产品进入流通领域后,所有权人对物的占有、使用、收益、处分会否插足商标权人的商标权及知识产权人的知识产权。以著作权载体为例。著作权法并没有明确规定,作品载体被毁损是否导致著作权被侵犯,因此在审理作品手稿、教案等丢失而发生的纠纷时,司法认定的结果不一致。最初的做法是认为手稿丢失侵犯的是手稿的物权,并不侵犯著作权,而近年来的做法是确认在特殊情况下可以构成对著作权的侵害,理由就在于载体和客体在特定的情况下是不可分割的。当作品载体为唯一物时,如果载体灭失,则作品也不复存在,导致著

---

① 刘诗白:《知识产品价值的形成与垄断价格》,《社会科学研究》2005年第3期,41-47页。

② 南振兴、范新民:《构建我国的知识产品经济学——知识产品经济学始点范畴研究》,《河北经贸大学学报》2003年第3期,1-6页。

作权人无法实现其著作权,因而也是对著作权的侵犯。但在几宗美术作品毁损案件中,法院则引入了著作权穷竭的理论①。国外判例中还有在对著作权载体的所有权人与著作权人分离的情况下,允许著作权人享有一定的接触请求权。②由于知识产权权利人和知识产权载体的权利人之间关于知识产权财产属性的运用有着更为复杂的经济利害关系,法律对其中一些情形做了规定。《著作权法》规定美术作品原件展览权归属于原件所有权人,而电影作品和以类似摄制电影的方法创作的作品、计算机软件的出租权属于著作财产权,归于著作权人,以减少作品载体所有权人利用载体出租而导致的著作权人同载体所有权人之间的利益争夺。《知识产权法》规定了权利用尽原则,即专利权人制造、进口或者经专利权人许可而制造、进口的专利产品或者依照专利方法直接获得的产品售出后,使用、许诺销售或者销售该产品的,不视为侵犯专利权。但这不是一种完整的权利用尽制度,为专利权人对载体的流通限制还缺乏明确的法律规制,而由之引发的一些专利权的人身权问题也没有很好的救济方式。从知识产品得到更切实保存的角度出发,所有权人和著作权人之间减少互相设限,加强沟通,诚实信用地行使权利是非常重要的。法律的规定是无法万全的,法律之外的力量还需要被引入。

在知识产权的内涵方面,最高人民法院在分析知识产权司法审判时对知识产权进行了初步的划分,包括技术性知识产权(专利、技术秘密、计算机软件、植物新品种、集成电路布图设计)、与市场竞争有关的标识性知识产权(商标、地理标志)和表达性知识产权(作品和录音录像制品)及其他新类型知识产权(计算机网络和新技术等)。此外还有传统知识、遗传资源和民间文艺持有者依法享有的相关权益。这是对知识产权的一种限定性解释。而依照扩张性解释的逻辑,知识产权是一个开放性概念,或者说是一个权利包,可以容纳相关相似的一些权利因子,尽管知识产权的法定性以及知识产权的国际化、统一化趋势不主张无限制地设定新的知识产权,但还是有部分势力以权利保护的名义积极地进行知识产

---

① 大型壁画《赤壁之战》案件中,著作权人认为拥有壁画所有权的饭店没有提前进行沟通,就拆毁这幅壁画,侵害了其对壁画享有的著作权。法院的看法是饭店拆毁的是属于自己财产的美术作品原件,是对自己合法拥有的财产行使处分权,该行为不属于《著作权法》第49条规定的关于侵犯著作权行为之列。美术作品原件所有权转移后,著作权人依然有权利禁止他人行使某些著作权,如署名、出版、改编等,但对作品原件实施权利需要得到所有权人同意,所有权人没有法定和约定的义务在拆毁壁画原件前必须履行告知或协商的义务。

② 西班牙《知识产权法》第14条第7款关于"缺稀件利用权"的规定:"当作品的孤本或者珍稀本为其他人所有,为行使发表权和其他使用权,作者有接触该孤本或者珍稀本的权利。在行使上述权利时,作者不得要求取走作品,接触作品的地点与方式应当以尽量减少给所有权人带来的不便为宜,如果造成任何损失与损害,应当予以赔偿。"

权的扩张。在我国,知识产权权利内容扩张也表现得较为明显,知识产权单行法的每次修改,都会不同程度地扩展权利内容。如《著作权法》修改,将著作权扩张到网络空间,赋予了权利人以信息网络传播权来保护作品在网络中的利益;将出租权设定为著作权的权能。《专利法》第二次修改,将许诺销售视为侵犯专利权的事由,对专利侵权判断采用等同原则、多余指定等,都是专利权权限扩张的现实写照。而在专利权活动中,也出现了专利权与商业融合的现象,如在著作权领域存在一些创作活动已经和产业紧密相连,甚至一些作品本身就构成了产业链条的重要组成部分,在这种情况下,产业活动与单纯的创作之间的关系难以截然划分。与此同时,专利权活动中的一些伴生物,如域名、作品标题、知名商品(服务)特有名称、包装、装潢等,一向为人们所忽视,只要这些事物达到了知识产权保护要件,就可以成为知识产权。如作品标题一般不属于著作权法保护的对象,但如果标题具备独创性而满足作品构成要件时,则可以受到版权法的保护而享有著作权,或者作为连续出版物的标题、名称具备第二含义而申请注册商标,从而受到商标法保护。在国外,法国《知识产权法典》规定:"智力作品的标题,只要具有创造性,同作品一样受到本法保护。即使在规定的作品保护期限届满后,任何人均不得在可能引起混淆的情况下,以个人名义在同类作品上使用该标题。"意大利《著作权法》第100条规定:"作品的名称为该作品所独有,未经作者许可,不得复制用于其他作品中。作品因种类或者性质相差很大,可能产生混淆的,不适用前一款规定。期刊中的特写所独有的标题,未经作者许可,不得复制用于其他作品。报纸、杂志或其他期刊停刊未满两年的,名称不得复制用于其他种类或者性质相同的作品。"西班牙《版权法》第10条第3款规定:"只要作品的标题(或者其他名称)具有独创性,就应当作为该作品的一部分享有版权。"

三、专利权问题越来越受到竞争法关注

公认的看法是,专利权在商业竞争中的地位已经越来越重要。Sullivan 估算,在1978年企业价值有80%为有形资产,20%为无形资产;而在1988年,有形资产骤降为45%;到了1998年,有形资产仅存30%[①]。在文化产业、生物技术、信息技术引领下,一些新经济色彩的公司更是实现了无形资产的颠覆性革

---

① Sullivan P H. *Value—Driver Intellectual Capita: How to Convert Intangible Corporate Assets into Market Value*. New York: John, Wiley & Sons, Inc, 2000.

命。老牌的迪士尼公司有形资产占 20.7%,3M 公司有形资产为 16.1%;而微软公司与雅虎公司,其有形资产仅分别占 0.3% 与 0.0%[①]。这说明专利权具有巨大的杠杆作用,在经济战场上发挥着举足轻重的作用,相应地也容易被资本势力所操弄,影响公平竞争。因此,专利权问题不单单受民事法律关注,竞争法等经济法也非常关注。

由于技术估价的走高和流转的规范化,关于技术授权的法律规定应运而生,在专利、版权等专利权的利用上形成了统一的规范趋势。通观世界各国和地区关于技术授权的法律规范,大体上可以分为适用范围、安全区、市场界定以及对于各类授权类型的评价方式等内容。第一,关于适用范围。美国司法部和联邦贸易委员会 1995 年制定了《专利权授权反托拉斯指导原则》,规定技术转移和授权的适用范围包括专利、著作权、营业秘密及专门技术授权,不涵盖商标。欧盟 2004 年制定的《技术授权集体豁免原则》(EC Technology Transfer Block Exemption Regulation,TTBER)主要规范"双方企业间许可生产契约产品之技术授权协议",涵盖的技术授权协议包括专利授权协议、专门技术授权协议、软件著作权授权协议以及混合授权协议。日本的《反垄断法有关专利权利用之执行准则》(Guidelines for the Use of Intellectual Property under the Antimonopoly Act),涵盖了发明专利、新型专利、集成电路布局、种苗、著作权法及新式样。第二,关于市场界定。美国司法部对传统商品市场(goods market)、技术市场(technology market)以及创新市场(innovation market)等进行了区分。其中,技术市场是指授权技术与其替代技术所形成的市场范围。创新市场指包含从事特定新的或改良的产品(或工艺流程)的研究发展,以及具有替代该研究发展能力的近似研发。美国认为当授权技术与利用该技术产出的产品在不同市场上营销时,有必要从技术市场观点分析授权契约所产生的竞争效果。欧盟将市场区分为技术市场和产品市场。欧盟在认定技术市场的竞争者时认为,企业对外授权(license out)竞争技术,不会侵害到彼此专利权的市场,即技术市场的实质竞争者。欧盟认为,产品市场的竞争者指的是在缺乏技术授权情形下,活跃在契约产品所销售的特定产品和地理市场,通过投入必要的投资或转换成本得以营利,不会侵害到其他权利人专利权的企业[②]。日本对技术市场及产品市场之界定方法,与一般产品或劳务市场相似,主要以需求者替代性标准来界定。一般而言,

---

① Smith G V, Parr R L. *Valuation OlIntellectual Property and Intangible Assets*. 3rd ed. New York: John Wiley & Sons, Inc. 2000,p. 131-147.

② 蔡桂云、李爱兵:《企业间技术授权理论:一个文献综述》,《现代管理科学》2011 年第 2 期,53-55 页。

所从事的技术交易的技术转移难度高,或该技术可能运用于其他领域,则属于技术市场的范畴。如果某项技术在特定领域为多数企业所普遍使用,使用者难以避免该项技术,或难以找到其他替代性技术,可以将该技术界定为特定的市场。第三,关于安全区。美国认为技术授权行为通常情况下是促进创新与提升竞争的,因此需设定一个安全区,对一些行为不进行反垄断调查,如某项技术授权行为不存在明显限制竞争者,不构成违法。或者授权人和被授权人在相关市场上的合计占有率不超过 20%。欧盟的《技术授权集体豁免原则》第 3 条规定,当竞争者间存在着授权协议,而授权双方在特定技术市场或产品市场之市场占有率合计未超过 20% 时,可享有豁免之利益;若授权协议属于向多方授权,各权利人在特定技术或产品市场(分别)未超过 30% 时,可以适用豁免之规定。日本规定,对于使用某项技术生产的产品,采取销售价格、销售数量、销售市场占有率、销售区域或销售对象等限制措施,但并未在研究开发活动、改良技术、专属授权义务等方面实施限制,而且上述产品的市场占有率合计在 20% 以下者,原则上不对其限制行为进行审查。在无法计算产品市场占有率,或者不宜以产品市场占有率判断技术市场竞争状况的情形出现时,如果有 4 名以上拥有可替代技术之权利人,那么也不干预其技术限制行为。第四,关于评估原则。美国对大多数技术授权限制的案件采取合理原则进行评估。合理原则是将限制竞争造成的弊端与促进技术整合效率带来的好处进行对比。首先,需确定某种技术授权行为对于促进竞争是否属合理必要的行为,即授权限制与促进经济资源整合或提升效率等效果间,必须有目的与手段上的合理必要性。如果授权行为中的一些限制条款借着整合效率(integrative efficiency)之名,而进行限制竞争之实(sham),则可将其判定为违法行为。欧盟过去在技术授权集体豁免审查中引入白、灰、黑名单制度,现在则只列出黑名单——即恶性限制竞争条款(hardcore restrictions)[①]。技术授权协议中若包含此类条款,通常会严重地限制竞争,因此整体授权协议都将被判定非法。日本的做法是,首先判断是否属于重要技术。这里的重要技术是指相对于其他技术,对该技术实施采取的限制行为对竞争具有重大的影响。重要技术不一定是优秀的技术,主要考虑的是产品市场上该技术的实施状况、迂回技术开发或转换使用替代技术的困难度、该技术权利人在技术市场或产品市场之地位等因素。其次是审查技术实施的限制行为是否具有减损市场竞争的效果。应考虑限制行为的内容及形态、被限制技术的用途及重要

---

① 田晓丽:《讨价还价能力对技术授权的影响》,《现代管理科学》2012 年第 11 期,48-49 页。

性,限制与被限制的当事人间有无竞争关系、当事人之市场地位(市场占有率、排名顺位等)、所属市场的全体状况(竞争者之数目、市场集中度、交易产品之特性、差别化之程度、营销渠道、新业者进入市场的难易程度)、有无正当理由给予限制,以及对从事研究开发或取得授权之意愿有无影响等因素。第五,关于违法行为。如日本法规定,在特定之产品市场上,具有竞争关系之多个事业,为相互使用供应产品所需之必要技术而成立专利联盟,对新加入事业或特定事业,在无正当理由下,拒绝为技术实施之授权,共同阻碍新进业者加入市场或促使特定既存业者之经营活动困难,造成实质限制该产品市场竞争之效果者,即有可能构成对他事业营业活动之排除行为,违反《独占禁止法》第3条之规定。在特定之技术市场上,拥有替代技术之技术竞合者,各自将其所有之权利,经由专利联盟为技术实施授权之情形,若有共同决定授权条件(包含技术实施之范围),或相互限制技术改良或授权对象之行为,而实质限制该技术市场竞争之效果者,即构成联合行为违法。此外,专利联盟运作中围绕权利金计算、回馈授权条款、交互授权与集中授权以及专利联盟的管理等,也有违反公平竞争的情事。遗憾的是,对于一些技术限制行为,现有反垄断法只能宣告其不违法。如日本规定,限制技术实施领域、实施期间或范围;限制生产地区或最低生产数量、商品出口限制、限制使用特定商标,规定被授权人有积极制造及销售授权商品义务、专门技术保密义务、改良技术非专属回馈授权义务、技术实施过程中的知识经验报告义务,通常被认为系授权协议中之合法行为。

　　知名商品也是如此。知名商品的特有名称如满足不同的条件,可以分别受到《著作权法》《商标法》和《反不正当竞争法》的保护。如特有名称具备了作品的要求,可以受到《著作权法》保护;特有名称可以申请为注册商标,从而受到《商标法》的保护,或者将特有名称作为商标来使用,虽未注册但已达到驰名程度,则能够以未注册驰名商标而受到商标法保护;但目前对知名商品的形式要件的保护主要是《反不正当竞争法》,《反不正当竞争法》的规定只能算得上是对知名商品特有名称的最低限度的保护。《反不正当竞争法》第5条规定:"经营者不得采用下列不正当手段从事市场交易,损害竞争对手:擅自使用知名商品特有的名称、包装、装潢,或者使用与知名商品近似的名称、包装、装潢,造成和他人的知名商品相混淆,使购买者误认为是该知名商品。"这一条款也可以用于知名服务。但在司法实践中,认定知名服务出现了不同的判决结果,进而影响到服务的名称受法律保护的可能性。反不正当竞争法的立法规定采取了假设的方式,即假设某种知名商品和知名服务受到了恶意模仿、混淆,而知名商品和服务的判定没有足够强解释力的法律规范来指引。

第二节 专利权主体的自保护机制培育

企业是最勤奋的专利权创造者,也是专利权权利实现及纠纷解决的亲历者。逾越专利权保护界限的多为企业,从专利权保护中受益最多的也是企业。企业的专利权保护意识、专利权保护策略、专利权保护行动值得关注。企业有规模大小之分。值得注意的是,企业的规模与专利权的拥有、利用、专利权权利安全情况呈现出正向关联。企业规模越大,专利权管理规范化程度越高,专利权保护工作开展得越正规。而中小微企业专利权保护的觉醒与启动比大企业晚,所依赖的保护资源也比较贫乏,这既是它们开展专利权保护面临的瓶颈,也给它们规划自身的专利权保护方式带来了契机。简而言之,就是要创造一种以依托社会资本的专利权自我保护机制。

一、企业的创新生命周期

生命周期模式广泛运用于管理实务现象的解释,生命周期来自营销学中的产品生命周期概念。研究者发现,在产品的导入期、成长期、成熟期及衰退期等阶段,它们的策略规划与产销方式会发生转变。随后,技术生命周期也被提出。研究者将创新分为浮动期(Fluid Phase)、转换期(Transitional Phase)、专业期(Specific Phase)等阶段。相比之下,产品生命周期关注在相同或不同技术基础上产品销售额的影响与变化。技术生命周期则关注技术变化对企业策略的影响,以及技术本身的绩效变化过程[①]。也有研究者将上述两种周期整合起来,区分出新产品、成熟产品与标准化产品三阶段。或者依据这一过程绘制出萌芽期、成长期、成熟期、衰退期的 S 形曲线。不同行业的产品在每个阶段上花费的实践和创新的努力程度有所差异。如电子业 3—4 年即形成成熟产品,而造船业则需要 15 年[②]。有些研究者提出应参照生命周期实施相应的专利策略,在萌芽期应尽量申请专利,抢占专利先期;在成长期着重于发展或改良核心技术的应用,做

---

① 王炳成:《企业生命周期研究述评》,《技术经济与管理研究》2011 年第 4 期,52-55 页。
② 宋常、刘司慧:《中国企业生命周期阶段划分及其度量研究》,《商业研究》2011 年第 1 期,7-16 页。

好专利布局；在成熟期着重于避免侵害他人之专利，熟悉各种专利纠纷处理，积极进行专利信息管理以及寻求专利授权；在衰退期应着重于周边技术与替代技术之申请，并将已过时的技术低价授权出去。即便有了精细的安排，专利优势的确立还遇到一些客观障碍。最典型的是在发明人研发出新技术后，欲申请专利都需要花费至少一年的时间，甚至更长。根据耿筠对 TFT-LCD 产业专利的分析，在 6031 笔专利数据中，绝大多数专利申请需要 2 年以上的审查时间，平均审查时间为 3.5 年左右。因此在权利保护上形成了一段真空期。而在技术快速发展的现实环境下，甚至会出现专利申请尚未核准前，该技术可能已经丧失市场价值，使得创新努力收不到应有的回报。

创新生命周期对不同规模的企业有不同的影响。当前，最活跃的企业创新主体是中小企业。据统计，我国有 65% 的专利掌握在中小企业手中，新产品开发量的 80% 出自中小企业之手。再如商业秘密，中小企业可能没有自主专利权，但绝不可能没有商业秘密。中小企业亦频频遭遇专利权摩擦和纠纷。调查显示，年营业额 500 万元以下的中小企业多遭遇商标和销售侵权产品纠纷，当企业营业额达到 1500—5000 万元的规模时，则会进入专利权纠纷多发期。在全球经济复苏前景依然不确定，中国经济发展面临诸多挑战时，很多人把目光投向了中国的中小企业。活跃的中小企业是发展外向型经济、繁荣内需、促进就业的一剂良方，也是专利权保护的主战场。近年来，越来越多的中小企业受制于国内外专利权纠纷，在维权意识、维权能力、维权策略等方面暴露出"短板"。

二、中小企业专利权保护的破局之策

研究者就如何帮助中小企业更好地理解和适应专利权规则，充当好专利权保护者和被保护者，加强专利权能力建设，提高对专利权游戏规则的理解和运用，更好地适应专利权环境提出了各种意见，研究反映出中小企业的专利权保护存在的突出问题是没有搞清自身有怎样的专利权保护需求。唐广良教授曾做过《中小企业专利权维权困境》的报告，通过对部分中小企业的扎根调研，发现当前很多中小企业不但没有自己的专利权，而且由于发展方向与目标的摇摆，无暇进行专利权的规划和管理，这与市场经济较为成熟的发达国家的企业相比有明显的区别。也就是说，不少中小企业并不热衷于专利的"维权"与"被维权"。在某种程度上这也体现出一种理性，即中小企业应根据自身情况，去考虑如何有利于促进和保持竞争优势,而不是陷入专利权纠纷①。

我们同时注意到,由于自身实力的限制以及中小企业政商的松散型,中小企业的专利权保护必定不能被动地等待政府出面,法院救济,而需要有更灵活、更多元的应对策略。我们在研究中发现,中小企业在竭力营造符合自身的专利权保护网络。其中需要重点关注的是中小企业专利权保护能力和保护行动中非法律化的一面。

中小企业进行专利权自我保护,避免专利权纠纷拖累自身发展,同时也是培植专利权保护能力的过程。能力范畴被用来广泛地刻画各种社会主体。研究者用企业能力来描述企业的知识、经验和技能,认为企业是一个诸方面能力的集合体,企业能力是企业竞争优势的决定性因素,影响着企业的规模和边界。在企业能力谱系当中,创造、管理、保护和运用专利权的能力占有一席之地。而专利权保护方面的能力指的是企业在防御自身专利权受侵害以及在卷入专利权纠纷时所整合运用资源、提出和实现解决方案的技能,是一种自我保护机能②。

作为一种内在因素,认定评定企业的专利权保护能力有一定难度,可以通过与专利权能力基本匹配的企业知识资本间接分析。总体来看,中小企业知识资本中,商誉、信誉等市场竞争力资本方面比较单薄,很容易被负面化、恶名化。专利、商标、著作权等智力劳动资本方面有一定的特色,但不同企业之间"贫富不均",而且防御性差。企业文化、经营管理模式等企业内在发展动力资本和企业员工知识、创新性等人力资源资本的劣势也比较明显。中小企业知识资本的安全性不佳喻示着中小企业的专利权保护能力不容乐观。

中小企业要实现成本与效率兼顾的专利权自我保护,需要加强知识管理能力、应急管理能力、协同能力、抗逆能力等方面的建设。这些能力并不由法律规范授予或确认,而是由企业自身培育和交换而来。在这些能力的培育和外显过程中,社会资本元素与之有密切的交集。

(一)知识管理能力建设与社会资本

中小企业专利权自我保护机制中首当其冲的是知识管理能力③。之所以有这样的看法,系由于知识管理的内涵非常丰富,它包含着知识创造、知识取得、知识决策、知识应用、知识储存、辅助性活动、知识转移、知识衡量等多个层面,既有

---

① 洪英蕾:《中小企业的专利战略》,《企业导报》2011年第4期,179页。
② 杨拉克:《中小企业知识产权保护策略研究》,《科技进步与对策》2007年第12期,108-110页。
③ 李伟:《基于企业能力理论的专利能力影响因素及培育研究》,浙江大学出版社2011年版。

助力企业发展的向度,同样也有促进企业专利权保护的向度。不少中小企业已经自觉开展了知识管理活动,如对国内外专利权法规政策进行收集,对产品是否侵犯国内外专利权进行调查、检索,从专利权专业服务机构获得专利权信息等。有的企业则尝试利用知识管理的思维来辅助决策,解决专利权保护难题。

中小企业在着力于知识管理能力建设的过程中,也调动了一些社会资本元素。首先,在开展知识管理的基础性建设时,中小企业需要有专利权情报收集和分析活动。专利权情报是一种集技术、法律、商务、信息于一体的综合性信息资源。如缴纳专利年费、商标续展的时间,包括企业技术和经营方面的商业秘密。专利权情报资源的种类丰富,包括图纸、试验记录、工艺、配方、样品、数据、计算机程序、客户名单、价格、成本、会计账册,涉及企业经营的人事、财务、法律、经营策略等,从范围上包括零散的信息、短期时效性信息,以及否定性的信息(如失败的实验数据)。情报收集和利用不是一劳永逸的,要不断更新,持续投入。经常进行专利权情报归集对于避免侵权与被侵权,积累证据的益处是明显的,而情报的来源有正式信息渠道,也有通过同行之间的私下交流、同业协会之间的情况通报,甚至于正当性较弱的情报交易。例如,中小企业在需要了解关于竞争对手拥有的专利有没有可能被认定为无效申请时,可以利用各种渠道关系来收集相关产品的说明书、广告、目录、官方专利文献、专业技术期刊、标的专利的各个版本的申请文本、市场销售记录等,也可以请行业内的资深技术专家出马,共同找到对方专利缺乏新颖性、创造性,或者在专利申请日前已经公开技术或在市场上已有同类产品销售的证据,这些需要的是企业及其经营者良好的人际网络。

行业协会对中小企业开展适宜的专利权个性化运用和保护有重要的指导和参谋作用。行业协会熟悉各种类型的企业的样本,对企业的创新创业过程有着近距离的接触。可以判断某个中小企业处于哪种发展阶段,进而需要采取怎样的专利权保护和发展战略①。对于研发能力较强的中小企业,行业协会可以提醒它们在研发过程要格外注意运用专利信息资源,了解不同时段、不同地域、不同行业专利申请数量和变化情况,进而了解行业技术的发展状况,评价当前的技术热点,分析专利申请背景情况,预测未来技术走向,找准技术空白点,避免重复研究和未来可能的生产销售侵权。对于以劳动密集型产品为主以及主要从事OEM形态出口产品量较大的中小企业,行业协会可以帮助企业在专利领域全程

① 徐家力:《中国企业应对海外专利纠纷策略》,载郭强、李伟、管育鹰主编《知识产权与区域经济发展》,知识产权出版社 2011 年版,37—47 页。

利用信息检索来判别专利风险,了解技术性贸易壁垒以便采取针对性预防措施;在商标领域协助企业进行设计时事先检索,事中关注监控注册公告的工作,防止自己商标对他人侵权和预防他人商标傍名牌。对参与特许经营的中小企业,行业协会可以通过自身渠道去了解行使的特许权人的商号、商标、其他商业标志、商业秘密、专利等方面的使用权及其资料是否完整,防范以欺诈为目的骗取加盟费的现象。

(二)应急管理能力建设与社会资本

应急管理是针对危机事件、突发事件而萌生的概念。企业遭遇专利权纠纷就是一场危机。企业会被卷入非常态的市场和法律生态之中,内部管理和外部经营环境网络会出现断点,企业资源会发生逆向流动,对中小企业尤为不利。应对化解危机的好坏直接反映出企业的专利权保护水平和能力。因此,培育支配应急性决策、调动资源、自救等行动的应急管理能力是中小企业专利权自我保护的必备因素。应急管理能力中需要社会资本元素支援的方面包括以下几点。

第一,依靠知识人力资本进行危机决策。在危机中,中小企业进行诊断,首先是确信己方是否的确存在侵权行为,以此为基准预测败诉可能性与影响性。其次,中小企业要学会评估诉讼对手,了解对手的企业规模、实力、专利权管理水平、诉讼意图、诉讼目标、诉讼能力、诉讼意志、历史诉讼记录等因素,结合自身的专业团队来设计诉讼方案和分析备援方案的选择空间。如果中小企业是发动诉讼的维权方,上述评估工作顺序应反转过来,先研究对手,再研究自身。比如企业离职雇员涉及侵犯商业秘密案件,需要对诉讼标的是完全瞄准商业秘密还是同时涉及劳动者的一般技能、知识、训练、经验等有争议性的问题有较为充分的了解,再慎重决定是否发动诉讼。危机决策的过程需要调动企业的内外部知识人员力量进行会商,听取各方面的意见。经营管理者的知识结构、市场意识、经营素养,专利权专兼职管理人员的素质和经验在这方面发挥着决定性作用。在一些中小企业中,熟稔专利权原理的领导者和雇员寥寥无几,有的企业管理者对自身的技术水平和技术价值不能做出准确的评价。人力资本是社会资本的重要载体,缺乏专利权人才直接意味着专利权社会资本的薄弱。

第二,权衡社会交换利益制定快速、无障碍的危机应对方案。若能在第一时间启动应对预案,往往可以收到积极的效果。如专利、商标等案件中,在判断被侵权方极有可能在许可费(转让费)等问题上做文章的意图时,中小企业较明智的选择是通过合作来缩小双方的利益冲突。就实力而言,中小企业以收购对方的专利的方式来化解纠纷的可行性较弱,但如果能协商好侵权赔偿费或后续的专利使用费,或者就双方各自拥有的专利达成交叉许可协议,相当多的纠纷可以迎刃而解。即便是有争议的专利已进入无效审查或者诉讼阶段,中小企业在使用"拖延"战略的同时,也可以规划采用"边谈边打"的策略,与自己的同行兼对手创造和解所需要的氛围[①]。实际上,中小企业在通过社会交换来解决专利权危机时,如果交换成功,则专利权危机将不进入国家公权力主导的纠纷解决机制,而通过协商、妥协而化解。在有些情况下,出于企业的承诺、让步以及有影响力人士的斡旋,专利权危机被暂时冻结,这些都是纠纷双方之间的社会博弈。如若交换失败,企业之间将会对簿公堂,或者利用法律技巧进行更深层次的博弈,如有些企业采取反诉、模糊诉讼等拖延性手段,甚至使纠纷复杂化和多重诉讼来拖延诉讼周期,找机会转换经营轨道,增加纠纷解决结果的不确定性。

第三,借助社会网络进行快速、妥当的危机公关能力。专利权侵权指控带来的显性负效应是市场、消费者对企业产品和服务的怀疑。坐等行政裁决和法律诉讼程序完结再去澄清和补救很不明智,需要立即启动危机公关来避免或淡化"侵权"的恶名。对中小企业而言,投入文宣和传媒关系建设的资源毕竟有限,不可能屏蔽住舆论,也难以借负面话题进行炒作,唯有一边澄清事件一边转换利益关注群体的注意力方显理性。为此,中小企业要善于选择好公关平台,尽可能多地散播正面的专利权信息,以及综合利益分析选择好止损点,以便"断尾求生"。

(三)协同能力建设与社会资本

专利权保护是系统化工程,权利人单打独斗自我维权根本行不通,过分依赖专利权执法、司法保护也存在瓶颈。因此,专利权综合性保护势在必行。基于此,中小企业借助内外部资源和网络,培育协同力不失为专利权保护的可行路径。

首先,中小企业的社会资本中法律关系网不可或缺,在专利权领域已经发展出比较完备的立法、司法、执法保护体系。作为一种公共产品,企业可以融入良好的法治环境之中,从政府部门、法院获得相对便捷的法律服务。亲近法律的前提是理解法律、信仰法律。中小企业通过接受法律培训、观摩庭审,从成案中举一反三等方式提高法律素养,培养正确的法律行为习惯。同时了解执法、司法部门的职能划分、办事依据、作业程序,在此基础上以适宜的身份与执法、司法部门建立密切的联系,汲取法治机构的权力、信息等方面资源。

其次,中小企业营造多元专利权保护圈意义重大。第一重途径是"四面出

---

① 陈爽:《中小企业知识产权保护的误区及对策建议》,《科技管理研究》2010 年第 22 期,207-209 页。

击"，营造可靠的专利权利益共同体。企业和企业之间的关系中竞争是常态，但合作的空间也非常广阔。在专利权保护领域，有不少企业是不打不相识，或者是"先战后和"，"边战边和"。对中小企业而言，专利权还未成为企业核心资产和优先战略，通过专利权竞争来瘫痪对手可行性不高，回报性也不像跨国性的专利权巨头那样丰厚。和谐的企业经营哲学应当是减少冲突，厚植信任和互益。中小企业在避免专利权冲突方面可以营造开诚布公的氛围，如在专利同行之间坦诚地交换各自权利期限，专利技术成熟度，是否打算续交专利维持费，是否考虑采取替代技术和实现的可能性，是否有潜在的与第三者权利相抵触情况，等等信息，供对方在考虑技术突破方案时参考，或敦促对方考虑专利回避设计的路线。处于同一产业链的中小企业，可以抱团发展，谋求适当规模的技术标准共同体，推动专利标准化进程和专利联盟的构建。在集体应对国外专利权指控时，中小企业要克服松散的联盟方式，形成协同、协调的应对群体，避免被各个击破。已经出现专利权摩擦苗头的中小企业之间可以借助各种非诉讼纠纷解决平台，在第三方帮助下开展对话，达成更深的谅解，这些对于防范纠纷具有未雨绸缪的意义。处于不同的产业发展模式的中小企业可选择的专利权利益共同体组构方式可以有所侧重，如所在的行业呈现出"核心龙头企业＋外围中小企业"的格局时，中小企业可以选择紧密型的协同，以求破除在龙头企业谋求垄断过程中所建筑的专利权壁垒。若所在产业集群处于中小企业百舸争流的格局时，中小企业之间的协同空间则更广阔，选择余地也更多元。

第二重途径是官民一体化。简而言之，就是市场为本、企业为主、协会（商会）牵头、政府支持、选好中介。市场经济环境下企业自身产出和所需要的专利权都需要利用市场实现较优的配置，市场为本意味着中小企业要善于利用技术、专利交易市场获得有效的专利权信息，善于遴选交易伙伴，正确地履行交易程序。行业协会（商会）在专利权信息收集整理、政策宣传培训、行业数据统计分析、组建各类联盟、提高专利权管理水平和纠纷应对能力方面有较大的优势，中小企业需要融入行业协会的社团活动。当前，我国各级政府部门在实施专利权战略，构建专利权公共服务平台，开展专利权国际交流，等等方面的重视和投入力度很大，中小企业可以积极利用政府倡导建设的专利权服务平台使用信息检索、知识普及、政策宣传、疑难问题解答、维权、案件查处等专利权公共服务。对于政府和司法机关提供的知识、人才、资金等多种专利权援助要用好用足。与此同时，中小企业还可以通过专利权专门服务机构、法律事务机构及专业人员、媒体来获得信息和实务上的帮助。

(四)抗逆能力建设与社会资本

抗逆力(resilience)原先是一个工程学概念,指的是"当被弯曲、压缩或拉长之后,回归到原来的形状或位置之力量或能力"。心理学、管理学对其进行了延伸诠释。企业的抗逆力主要关注的是企业在面对超过其所拥有资源和能力的内外在情境或问题时,如何重整旗鼓,走出困境。在专利权纠纷中处于不利地位的中小企业,往往会大伤元气,有些更是攸关生死,这种情境非常需要运用抗逆力。而对尚未卷入专利权纠纷的中小企业而言,抗逆力则构成一种保护性因素(protective factors)[①]。由此可见,抗逆力和企业专利权保护策略与结果有很强的逻辑关联,同时,抗逆力的形成与运用和社会资本的培植也有密切的关系。中小企业在专利权活动中的抗逆力培育可以归结为几个方面。

第一,增强对危机的预见知觉能力,影响到企业专利权处境的既有大气候因素,也有小气候因素。即使是再小的企业,也要对政治、社会、经济、法律、管理政策等大气候因素保持足够的敏感度,因为这些因素足以左右地区、行业、产业专利权保护的格局。与此同时,中小企业要像关心价格走势一样关心区域、行业、产业的专利权授予和流转情况、专利权纠纷情况、潜在的竞争对手和交易对象的动向等小气候因素。对于产品竞争激烈,技术升级换代较快的行业来说,更容易爆发专利权冲突,良好的预见性能够培育更多的保护因素,降低专利权要件缺失问题的发生率。在中小企业的关系圈中,能够获取大到宏观经济走势、贸易形式、国家管制动态,小到同行发展情况、政府管理人员变动、行业内纠纷解决情况等各种信息,中小企业的社会资本越活络,能够获得的信息越多。

第二,知识经济时代的企业抗逆力归根结底在于知识和技术。从事非终端化、非成品化、非品牌化的初级加工生产意味着没有知识资产的收益。开展技术创新,赢得专利权增量是解决专利权纠纷的长久之道。中小企业从困境中突围的路子还是控技术,控品牌,利用专利权的鼓励机制来整合企业的技术、管理、营销等优势,铸造核心竞争力。同时要采取自行产业化、技术储备、合作转化、有价受让转让、申请许可、参股等方式充分地利用专利和科技成果,增强企业手中的技术筹码,来抗御风险。同前所述,企业获取知识资本不一定要通过原创,企业可以不拥有大量的专利权,但要通晓专利权获取、利用、管理的门道。企业从何种途径获取专利权,如何稳定、无纠纷地使用专利权,与企业的社会资本圈有很

---

① 罗东霞、田雅琳、时勘:《组织抗逆力研究——微观和宏观视角之启示》,《经济研究导刊》2011 年第 36 期,214-218 页。

强的关系。同资金拆借一样,技术也可以进行拆借,而拆借的前提就是信任、互惠以及某种非正式化的社会交换。

第三,增强对专利权环境的适应能力。科学技术意义上的知识、技术和受到法律保护的专利权之间有一定的差距。以大众熟知的专利而言,其本源是鼓励发明创造,但一些企业申请专利的主要目是防止同行或竞争对手侵权,或者防止其他人抢先申请专利后反过来打击自己。在一些专利纠纷实践中还可以观察到专利权人的"钓鱼效应",即发现有企业无意间侵犯其专利时先不采取行动,而是坐等这些公司把产品成功推向市场再发难。这种战术性的专利权安排使得专利权的保护形势有了更多的不确定性。因此,中小企业要从制度规范、经营资源等多种属性去了解专利权,熟悉专利权运行流程,洞察专利权利益相关方的真实意图,判断专利权市场走势,在企业的经营管理战略和外部专利权环境之间寻找较佳的平衡点[①]。

第四,加强多种资源的整合能力。企业的资源既有有形的,也有无形的,后者中人和知识技能是重中之重。抗逆力理论提出,组织要拥有一批能够独当一面、在危机时有能力即兴发挥的员工,这是企业的第一资源,尤其是针对有形资源比较有限的中小企业而言。与此同时,中小企业要根据专利权保护形势的需要来汲取和运用经济资源、社会资源、信息资源,构建和修补好适合自身特点的专利权"保护网",减少知识财富的溢出风险。

三、专利行为的弱权利化机制塑造

现代知识产权的发展解决了知识产权类型化的问题,使专利、商标、版权等知识产权压型按照各自的特色走上各自的发展、完善道路。笼统地看,对各类知识产权加以保护所遵循的目标、采取的手段是大同小异的。而实际上,不同种类的知识产权的保护需求、保护侧重点、保护手段、保护效果有着不小的差别[②]。社会资本的介入,有望通过技术化改进、公共性增加等方式,来淡化部分知识产权的过度权利化倾向,实现成本更集约、更为柔性、更加可行的保护。

在知识产权谱系中,专利权相当特殊。目前企业中最有价值的专利权是专利。它既可以保护研发成果的排他权,也可以激发企业乐于研发,愿意为研发投

---

① 李顺德:《企业不必害怕知识产权纠纷》,《环球时报》2011 年 4 月 11 日。

② 李明德:《知识产权保护也是鼓励机制》,《企业科技与发展》2008 年第 7 期,39 页。

入资源,拥有专利权的公司,在企业的竞争力、获利能力、企业估价、技术保护能力、公司购并、技术授权、资产评价、专利让与、侵权诉讼等活动进行中都会具有优势。就专利授权来看,通过标准、专利、产品层层授权换取权利许可收入已经成为部分企业获利的重要来源。在 20 世纪 90 年代,全球专利授权金额已达到1000 亿美元,随后更是成倍增长[①]。有研究者认为,专利权是一种法律拟制的权利,并不是从自然法意义上的基本权利衍生而来。从发展历史来看,专利并非起源于普通的民事权利或者财产权,而是起源于封建社会君主授予的"特许权"。中世纪欧洲一些由官方颁授的"特权专利",目的在于用特许的手段吸引技术人才在本国产销新产品或传播技术,并避免先进技术流向外国。这实际上是一种单边争夺新技术与新产品保护,明显具有世俗的功利目的,或者说是一种政策选择。现代专利制度发展的结果是,专利由特许权演变成一种现代民事权利,保护的重心由"特许者"与"被特许者"双方的经济利益转向"发明创造者"的智力劳动成果。这使得专利具有了越来越强的主体方面的色彩。

在社会生活中,专利制度能够激发人们对科技创新的热情和积极性,也可能会妨害有需求的人对技术的合理利用和继续开发。从专利权的门槛看,人人都有权从事发明创造活动,但不可能人人都有专利权,相关公众只能消费他人这种权利所衍生的产品或服务,而且后来的发明创造还不可避免地受到在先专利垄断势力范围的阻碍。从专利的地域性看,授权国无不希望专利权人能够在本国内实施其发明创造,更好地促进本国经济和社会的发展,但专利权人往往有其自己利益的考虑,不一定愿意实施其专利,外国专利权人尤其如此。因为如果专利权人在每一个授权国都实施专利,在经济上并不合算,许多厂商在国外申请专利的目的仅是在产品的出口中获得一个有利的竞争地位,同时占据在该授权国相关领域的垄断地位。单单从法律角度解释专利权,不容易解释为什么专利权只有在权利存续期内,才被赋予人格利益和财产利益,不容易解释专利授权的先申请原则,不能解释为什么后来的独立发明者不能获得相同的垄断利益,不能解释为什么很多发明者仅仅只享有署名权的事实,这些需要结合人和社会的因素来进一步理解。

首先,如何看待专利的经济负面性问题。在认可专利具有正向的加分效果的同时,有一些观点认为专利的价值并不如预期的好,甚至有负面影响[②]。

①　Berman, James D W. "I Positioning IP for Shareholder Value". *Managing Intellectual Property*, 2002 ,5(117), p.41-47.

②　耿筠、高芳真:《在生命周期短促下的专利保护》,《科技管理学刊》2007 年第 3 期,131-155 页。

McMillan and Thomas 在探讨美国 35 家生物科技公司在股市上成功的表现时，意外发现并不是来自为数众多的专利申请与核证而是公司体制（Institutional）所构成的；Feldman、Feller、Burton 等学者在研究大学技术移转中发现，超过一半以上的技术被授权者并不希望大学将其所研发的技术申请专利，而是以营业秘密的态样授权使用[①]。Toivanen、Stoneman、Bosworth 针对 1989—1995 年间英国企业的创新及其市场价值进行研究，探索企业研发和专利等无形资产的市场评价，发现一旦考虑到研发的影响，专利对市场价值有负面影响产生，因为专利表现很难将利润返回投资与创新，同时提出反映创新资产的变量中，一旦包括其他资产，专利对市场价值就没有什么作用[②]。在台湾数码相机产业管理者的研究访谈中，业者认为由于产品生命周期过于短促，专利在此产业中用途不大[③]。

第二，如何看待专利的法律负面性问题。在各类专利权中，专利权的滥用现象最为典型。李明德教授曾撰文指出，专利权滥用的命题不能被滥用，应主要从专利权利行使的角度去看待和研究专利权滥用问题。在国外，关于专利滥用的法律规制较为发达，但不一定奏效。专利法的立法目的本为通过赋予专利权人排他性权利（exclusive right），专利权人在一定时间和地域范围内享有专利技术的市场独占优势，从而保护创新。但专利权人的市场独占优势可能会与自由竞争、公平交易等民商法原则发生冲突，专利权人有机会利用专利权取得法律允许之外的商业利益。因此，在某些情势下需对专利权人进行一定的法律限制。各国专利法中均体现了这一精神。例如限定专利申请的范围，对于专利的保护期间不予延展，当专利权的保护对公共利益造成危害时，应体现公共利益优先，并规定有专利行为无效的条款，如我国台湾地区"专利法"第 60 条规定："发明专利权之让与或授权，契约约定有下列情事之一致生不公平竞争者，其约定无效：A. 禁止或限制受让人使用某项物品或非出让人、授权人所供给之方法者。B. 要求受让人向出让人购取未受专利保障之产品或原料者。"这就比较清晰地列出了与专利权有关的不正当竞争行为。当然，这种列举式规定的方法似嫌过窄，无法涵盖、增加专利授权的条件、搭售、被授权人在专利到期之后，仍需支付授权金、限

① McMillan G S. "Thomas P. Financial Success in Biotechnology: Company Age Versus Company Science". *Technovation*, 2005, 25(5), p. 463-468.

② Toivanen. "Innovation and the Market Value of UK Firms, 1989—1995". Oxford Bulletin of Economics and Statistics, 2002, 64(39), p. 39-61.

③ Feldman, Maryann, Irwin Feller, Richard Burton. "Equity and the Technology Transfer Strategies of American Research Universities". *Management Science*, 2002, 48(1), p. 105-121.

制产品最低售价等不正当扩张权利的行为。在专利联盟组构中,也存在权利滥用,限制市场竞争的可能性,主要表现为联合行为与独占行为。专利联盟内的专利权人通过专利权的共享,减少了原本应有的竞争,但也可能形成垄断的共谋,如利用专利许可费门槛来提高产品的价格、私下分配市场、限制产量,或联合起来排除其他潜在的市场竞争者。这种行为与《反垄断法》中规定的"以契约、协议或其他方式,与竞争对手共同决定商品或服务的价格,或限制数量、技术、产品、设备、交易对象、交易地区等,足以影响生产、商品交易或服务等市场"相吻合。而现实中,要证实这种操纵市场、限制竞争的疑点还比较困难。因为专利联盟也可能基于降低成本、提高质量或增进效率的目的,而共同采取统一商品规格、型号,共同研发商品和开拓市场,也可能基于联盟成员的实力和兴趣而选定不同的地域、技术、产品发展方向,或者在对外贸易订单的分配、进口产品的额度上形成约定,或者在经济不景气时,共同采取市场收缩、降价促销,这类行为不能简单理解为不正当竞争。

正当的专利制度所提倡的不推崇个人的虚荣和嗜好,不鼓励在技术领域圈地囤货,不仅仅满足于对新发明构思的欣赏和惊叹,而是要激励人们努力去学以致用,造福社会。而在经济利益至上的市场竞争氛围中,这种理想的实现要有更切合实际的方案。

首先,在专利行为的调处上,可以发挥妥协机制的作用。比如在《专利法》中规定,除了已经在专利申请日前实际使用相同技术之外,已经做好制造生产和使用的必要准备的,也属于在先使用的情形,可以在原有范围内继续制造、使用。在专利纠纷中,也有一些柔性的处理方式,如"珠海晶艺公司诉深圳机场、北方国际公司"专利侵权纠纷一案中,法院认定被告深圳机场候机楼玻璃幕场支撑结构的其中一种连接装置侵犯了原告的专利权,但基于社会资源应该节约和其他方面公共利益的考虑,法院认为不必要造成更大损失,因而没有判令被告停止侵权、拆除侵权产品,而是责令被告赔偿原告专利使用费的损失。这些是否意味着专利权保护严格程度可以适度降低,对部分不法专利行为可以做出必要的妥协呢?在社会资本语境中,妥协并不意味着利益被割让,而是将多元化的利益朝协同方向推进一小步甚至是一大步。社会资本意在成全他人利用公共知识,调和个人权利和公共领域。这种理念也影响到专利的强制许可。在某些情况下,专利权人已经垄断了某种技术方案,尽管相同或实质相同的技术可能被其他人研究开发出来,但未经专利权人许可谁都无法合法实施该技术。从经济角度出发,由专利权人垄断技术而不应用该专利技术,会导致技术进步的受阻和公共福利的损失,而打破这种僵局需要给予先研发专利技术的专利权对应的信赖利益,即专利强制实施不意味着没收这些专利,而是容许其他发明人在较为严格的自律承诺下,绕过专利权人来利用专利技术。

其次,在专利行为的引导上,可以借助"章程化"做法,仿效公司法中类似于公司章程的规定,将专利权属问题固化为各方权利主体所认同的章程条款,或者就专利研发成果归属及权益分配问题制定一整套规约,形成共同遵守的"内部宪章",弥补法律政策规定的空白,改变多主体多协议的低效与权益失衡问题。就法律格局而言,章程有自治和他治的双重定位。比如在英美国家,公司章程的组织大纲主要规定公司的外部事务,公司章程的细则则主要调整公司内部事务。推及其他章程,都会包含有赋权乃至强制的成分,以方便章程圈中的人士通过互动来解决彼此之间的问题。凯尔森甚至认为,社团章程是调整成员行为规范的总和。与契约相比,章程带来的是强度更大的自治和内部救济。因此,章程可以说是一种超级"契约",可以成就与法律秩序旨趣相似的次级秩序。根据经济学上的合约理论,章程的好坏影响到经济行为的成本,由于事前无法考虑到交易或者合作中的要素,加之信息的延滞性,因此需要有一个弹性机制来"打理"合约各方的权利义务,作为先行契约的延伸。在章程框架内,合约各方的经济人有限理性和投机行为可以被限制于一定幅度内,利益交换中的通用模式可以被有效塑造。除了公司之外,一些非营利组织在章程上的运用证实了这一点。专利的"章程化"可以在专利权主体之间建设稳定的专利权"生态系统",通过相对不变的"章程"实现创新成果利益分配的可预期性与稳定性,进而达到提升知识成果共享程度和知识转移效率、降低创新风险的目的。同时,专利权属分配由"契约化"转向"章程化",可以为下一步专利权产业链当中建立和运营"专利池"(Patent Pool)以及专利联盟铺垫好标准化的路径。

第三节　专利纠纷解决方式的多元化引导

专利保护的最狭义理解就是通过行政执法和司法途径对纠纷进行裁决,对专利权利人加以救济,使专利权法律状态恢复正常,为创新的开展和知识资源的市场化流转提供安全的保障。执法和司法保护是权利保护的最后一道防线。在专利保护活动中,社会资本不能缺位。

一、专利仲裁与调解中的社会资本运用

仲裁是一种准司法制度。当今世界上，几乎每个国家和地区都建立了仲裁制度，除了各国的仲裁法，还有国际性的仲裁立法，比如，《承认及执行外国仲裁裁决公约》（1958）、《关于解决各国和其他国家的国民之间投资争端的公约》（1965）等。各国都成立了仲裁机构，涉外仲裁也非常发达，如著名的英国伦敦国际仲裁院、瑞士苏黎世仲裁院、瑞典斯德哥尔摩商会仲裁院、国际商会仲裁院、美国仲裁协会、日本商事仲裁协会、解决投资争端国际中心、中国香港国际仲裁中心、新加坡国际仲裁中心、中国国际经济贸易仲裁委员会和海事仲裁委员会等[①]。

人们通常从仲裁与诉讼之间差异的角度来评论仲裁的优势，处于更广阔的视野。可以发现，仲裁有着古老的基因，而在市场经济条件下，仲裁的生命力得到了更好的延续。有诸多的线索说明仲裁天然地适应市场经济的要求，尤其是在公正、效率、意思自治这几个关键特点上。

第一，专利仲裁维系了公平公正。公平原则是市场经济的首要原则，在一些价值因素如效率、革新、强势与弱势的对抗中，公平常常扮演着平衡角色甚至是决定性角色。公平很难有一致的标准，在知识产权制度处于发育阶段，一些具体的知识产权制度还不完善的情况下，公平是较难顺利实现的，必须求助于外部因素。而从实现顺序上看，实体性公平与程序性公平难以截然分清，依靠仲裁来实现公平，在某种程度上可以超越程序和实体，完成整体性的利益判断。第一，在程序上，仲裁制度赋予当事人选择仲裁机构、选择仲裁程序、选择仲裁员的权利，这在最大限度上保证了纠纷双方当事人的平衡和仲裁机构的居中独立，从而保证了公正审理；第二，在实体上，来源于法律、经济、科技等方面专家的仲裁员能够以他们的专业知识保证裁决结果的公正。当仲裁员组成仲裁庭以后，他们是独立的，不受干涉，居中裁决，从这个层面也可以说明仲裁的公正性。

第二，专利仲裁不违背效益[②]。民商事活动的基本立足点是实现经济效益。微观效益聚集起来，才能推动宏观经济增长，实现发展的根本要务。无论是政府部门还是民商事主体，都关心如何使经济效益最大化。在出现风险损失时，则考

---

① 范铭超：《论商事仲裁法律关系——西方观点和我国的借鉴与协调》，《特区经济》2009 年第 12 期，244-247 页。

② 卢青峰：《论知识产权纠纷的仲裁解决》，《特区经济》2010 年第 5 期，252-253 页。

虑如果使损失负效益最小化。仲裁的机制和规则设置中对增进效益有较好的作用：（1）仲裁不实行地域管辖，赋予当事人选择仲裁机构的权利。当事人可以盘算在哪里提出仲裁，向何种机构提出仲裁有利于实现经济效益。（2）仲裁也不实行级别管辖，不管标的多大均可以在选定的仲裁机构进行仲裁。（3）仲裁实行一裁终局，而不实行"先裁后审""或裁或审"。仲裁裁决一经做出，即发生法律效力，若一方当事人不履行裁决，另一方当事人即可申请强制执行。这些规定较好地演绎了仲裁的效益观。

第三，专利仲裁充分保障意思自治。专利创造和运用活动带有较高程度的自由性，当事人可以是出于经济目的，也可以是出于个人爱好、公共使命。专利权转让与否，也是在当事人意思范围内。在知识产权法律行政化趋势下，人们格外在意的是意思自治权利。仲裁讨巧性地举起了意思自治的精神旗帜。当事人可以选择是否签订仲裁协议，可以在仲裁协议中选择仲裁机构，可以选择仲裁事项，可以选定仲裁员，可以选择仲裁程序，可以协议提前开庭审理或不开庭审理，等等。总之，仲裁制度在保证遵守法律规定的前提下给予当事人充分的自主权利。这种权利除了有利于解决纠纷，同时也捍卫了民商法、经济法所秉承的基本原则。通过仲裁的过程，专利权主体能够提升主体自主意识，明确自己的权利意图。

同时，仲裁从一般性商事延伸到海事、国际贸易与投资等领域，说明仲裁有着极强的可塑性，对各种知识产权纠纷而言也有着不俗的适应性。仲裁可望为专利权保护带来一些新亮点①。

一方面，专利权法律关系的主体在仲裁活动中享有充分的自主性。自主性是当事人意思自治原则的具体体现。仲裁上的意思自治来源于国际私法上解决法律冲突的意思自治原则。意思自治原则的核心是允许当事人选择适用于他们之间法律关系的法律。进入 20 世纪后，由于仲裁制度在各国的普及，加上国际经贸的发展，该原则获得了广泛的运用和进一步的发展，进而允许当事人选择解决具体争议的方法。仲裁程序必须尊重当事人的意思自治，仲裁实质上是解决争议的一种合同制度，当事人同意将它们之间的争议或将来可能发生的争议交给作为私人裁判官的仲裁员或作为私人仲裁庭的仲裁庭解决。作为一种合同安排，仲裁应当受当事人意思自治原则的支持。因此，当事人可以通过仲裁协议在一定程度上根据自己的意愿决定需要仲裁的事项、仲裁的地点及仲裁的程序、机

---

① Michael Reisman、王锐：《法律、国际公共政策与国际商事仲裁中的仲裁选择》，《法律适用》2008年第 4 期，89-92 页。

构、人员,在跨国性的法律纠纷中甚至可以自主地选择所适用的实体法,有助于消除当事人之间及当事人与仲裁者间的敌对情绪,有利于纠纷的解决。

另一方面,仲裁给专利纠纷的及时解决提供了诸多便利条件。仲裁的程序简便、方式灵活、解决纠纷讲求效率与公正,这对保守技术秘密和商业秘密,维护品牌商誉是十分重要的,也有利于当事人间及当事人与仲裁者间的沟通。更为重要的是仲裁一般不公开审理。《仲裁法》第 40 条规定:"仲裁不公开进行。"在仲裁委员会审理案件,秘密进行仲裁,几乎成为世界各国仲裁机构的习惯做法,否则将会被视作"违背商事性质"而不受欢迎。仲裁多涉及商业信誉,当事人发生财产权益纠纷,往往不愿公示于众,为当事人保密便成为仲裁的显著特征。仲裁不公开审理是就纠纷的外部环境而言的,对于当事人纠纷的内部分歧,则是根据公开辩论的原则充分表达各自观点,查明事实,分清责任,体现民主。

第三,仲裁的经济性特别受到专利权主体的青睐。仲裁实行一裁终局的制度,解决纠纷速度快,所需费用也相对较低,因而对于主要分歧在事实方面而非法律方面的纠纷,当事人更倾向采用仲裁方式。

第四,仲裁裁决的公认性使专利权各方主体得到更确实的法律保护。当今的仲裁已经变得更加正式化和制度化,同时也保持了一定的独立性。国家公权力和法律仅在一定程度上影响仲裁,并不干涉仲裁。仲裁机器为了保证其权威性,在很大程度上也接纳了当事人选定或者法律规定必须适用的仲裁程序法和民事实体法,尤其不得排除适用强行法,使得关于一些专利权的强制性规定在仲裁中仍被视为"金标准"。而且,仲裁与诉讼(或法院)的联系非常密切,仲裁过程中的证据保全、财产保全以及仲裁裁决和调解协议的执行,都可以寄托于法院根据法律依靠国家强制力来执行。诉讼或法院对仲裁是充分支持的,法院只是以撤销而不是变更仲裁裁决的方式来救济仲裁偏差。仲裁的法律化使得仲裁的性质由原初纯粹的民间性和自治性发展到民间性、自治性和法律性的交相融合。就现代仲裁而言,民间性和自治性仍然是其本质属性,法律性仅为附从属性[①]。

调解在商事活动中并不是无关轻重的,而是有广阔的发展空间的。市场经济奉行的友好协商、平等互利、效率至上的原则与调解的主要精神是不谋而合、并行不悖的[②]。在充满高度激烈紧张的竞争环境下,在节奏快捷的工作生活中,

---

　　① 乔欣:《支持仲裁　发展仲裁——对最高人民法院关于适用《中华人民共和国仲裁法》若干问题的解释之解读与评析》,《北京仲裁》2006 年第 4 期,49-66 页。

　　② 章武生:《论我国大调解机制的构建——兼析大调解与 ADR 的关系》,《法商研究》2007 年第 6 期,111-115 页。

人们越来越需要快速经济地解决纠纷,而调解方式正是为人们提供了这样一个既有法律严肃性又能充分体现当事人双方意愿的友好环境。调解的弱点在于过分注重当事人的意愿,在一些场合很可能导致调解难以达成,甚至造成对弱势一方的明显不公正,但这不应妨碍调解的适用。

二、专利权诉讼中的社会资本运用

目前专利诉讼和其他类型的知识产权诉讼统归于同一类审判组织来处理。知识产权属于新兴法域,涉及公法、私法的交叉适用。在世界各国知识产权审判过程中,出现了一些法律在某些场合让位于科技,让位于(商业)习惯的现象,理解这种法律退让必须联系到某些社会化的因素。比较明显的方面有以下几点。

第一,对于实用新型、外观设计专利采用形式审查的做法。对于技术含量较低的实用新型、外观设计专利,德国、日本、韩国及我国均规定通过形式审查即可授予专利权。而出现专利纠纷诉诸法院后,法院究竟是对诉讼标的进行形式是否合法的审查还是进行新颖性等三性方面的实质性审查呢? 可能的做法,一是赋予法院权力可以直接判定是否授予专利权,另一种做法是法院只能判定形式审查的程序是否合法,如认为不合法,则要求专利局重新进行审查,这说明了法院对专业审查的慎重以及对科学技术的敬畏。不仅是法院,专利权保护都应当持有这种立场。

第二,发明专利的早期公开制度。发明专利申请的审查期间较长,各国立法中引入了专利申请内容早期公开制度,以避免第三人对同一技术内容进行重复研究、投资或申请。法律规定经专利受理机关审查认定无不合规定程序,且无应不予公开的情事者,专利授予机关应依职权公开。但设计一些技术信息的早期公开文件会引发一些第三人的关注、研究乃至是恶意使用,给发明专利申请人带来直接或间接的损失。《专利法》对此规定了发明专利早期公开的暂时性保护措施,以便后续的专利实体审查确认专利授权后,专利申请人可以向第三人请求适当的补偿。若在专利早期公开期间,申请人就有明确的证据证实第三人有恶意侵权行为的,但法院此时却不能受理专利侵权诉讼,或者中止案件审理,等待专利局的实体审查或者关联专利无效诉讼的结果。这种现象说明了专利信息早期公开是有一定局限性的。靠什么来平衡专利申请人权益和技术探索活动呢? 可选择的途径依然是强调科技开发中的诚信。

第三,诉讼当事人的问题。在专利无效诉讼中,被告主要是专利局、专利复审委员会等。但在专利纠纷的法律关系格局中,对于专利、商标无效事宜享有法益的是具有撤销专利或商标注册诉求的民事主体,而不应当是国家专职机关。德国、日本及韩国的做法即是民事诉讼模式,由专利权异议者作为原告,专利申请人作为被告,专利局作为诉讼参与人,而不是作为被告。我国目前对以行政机关为被告的专利权案件中,是否应容许其他利害关系人以共同诉讼的方式参与纠纷解决没有法律设计。推究这种制度的法理基础,专利作为无形财产权,应当是一种对世权,他们的客体应是所有的社会大众,在专利的授予过程中产生法律偏差,意味着社会大众的权利受损。在这种情况下,由专职机关应诉,并由其承担法律责任能否实现救济社会大众的愿景还有疑问。同时,这种安排会使专利局疲于应诉,影响其管理、服务权能的实现。以行政机关为被告的专利权诉讼还会面临调解及和解的法律障碍,原因在于为了约束行政机关的自由裁量权和行政行为的确定力,行政诉讼对于调解总体上是不支持的,这会造成诉讼延宕。

第四,专家参与专利案件审理的制度。专利权保护对法律和技术审查有较高的依赖性,所有专利审查都需要进行科学技术性判断,需要具有各种科技背景、接受过专门训练的专家参与审查。日本专家的研究表明,专利无效诉讼有95%涉及技术的判断,而专利侵权诉讼则有60%涉及技术的判断[①]。为了提高专利权审判的专业性,保障诉讼程序以及判决中对于科技事实认定的准确性,克服法官的法律专业视野存在的盲点,目前,世界各国多引入了专利审查官制度,实现"法官+专利审查官"模式。擅长做法律判断的法官通常不具备科技专业知识,而专注于科技评价的专家又荒于法律知识,这当中若出现矛盾何从调和? 有些学者就不赞同此制度有必要性。其证据是,美国联邦巡回上诉法院的法官并不是都有科技背景。现任德国联邦专利法院院长则指出,对法官而言最重要的不是对特别知识的熟稔,而是对诉讼程序的了解。一般而言,法官任职越久,在专业审判案件上的阅历越深,对技术的理解越为专业,其克服法律局限的空间也越大。有些学者则不排斥专利审查官介入诉讼,但强调对于科技专家对专利权的审查判断,需要由司法审查机制把关,提供救济。由此引发的启发是,专利权诉讼中存在着对司法权力进行部分切割的可能性是存在的,而合适地行使一些司法判断权利的保障离不开社会信赖等因素。但有一点是肯定的:科技审查—行政裁定—司法救济的路线会造成相关当事人耗费极大的时间、精力等资源,公权力机关裁判的妥适性、既判力及处理效能等在一些场合会受到质疑,需要更为

---

① 熊诵梅、许政贤:《我国建立智慧财产法院之可行性与问题》,台湾《全国律师》2007 年 4 月号。

衡平的补偿机制①。

近年来,我国专利权诉讼案件中有一批有重大影响的案例。例如思科与华为、英特尔与东进、富士康与比亚迪,往往能发现一些企业利用其专利权优势,滥用权利打击竞争对手的情况。其一是有些专利人在申请了大量同族专利之后,在没有确凿证据的情况下就向不同主体提出大量侵权指控或索赔,在耗费大量诉讼资源的同时,往往使被告的生产经营陷入停顿。尤其是一对多的专利权诉讼。其二是有的大企业在专利权诉讼中,在没有什么具体损失证据的情况下,动辄提出数千万元甚至过亿元的诉讼请求标的,企图给竞争对手施加巨大的压力,在气势上压倒对方,或以此获得更多的回旋余地。而我国各种专利权的定额赔偿标准虽经调整,但只停留在百万元数量级。其三,有的原告频频运用诉讼禁令和证据保全、财产保全战术,在情况并不特别紧急时申请临时禁令,在证据较为充分时仍申请证据保全,在不大可能获得高额赔偿时申请巨额财产保全,企图过度利用国家强制力。部分原告也具有运用诉讼手段拖垮竞争对手的目的。另外,还有的企业抢先将他人技术申请为专利之后,反过来对他人提起诉讼,就更加具有滥用不正当权利的恶意。大量的专利权侵权诉讼意味着要支付大量的成本,承受调查取证费用、专家证人和技术分析费用、律师代理费用、诉讼案件受理和保全费用,在国外的诉讼中随着诉讼时间的延长还会不断增加高昂的诉讼费和律师费。这些费用大部分是双方都要各自开销的必要成本,只有资本雄厚的企业才负担得起。对原告来说,尽管专利权诉讼的风险一般要比其他案件更大,但原告所看重的往往是市场份额的争夺,而不是或多或少的赔偿金。那些经济实力弱的竞争对手却可能在胜负未分之时就会倒下,这就达到了原告利用专利权诉讼排除竞争的目的。对没有资本作为强大支撑的自然人主体来说,发动这种诉讼战争是不可想象的,也没有太多的驱动利益可言。即便如此,专利权诉讼案件的发案数量几乎不见减少。

在知识产权司法保护发展过程中,逐步发展成了民事、行政、刑事多头保护的局面,司法效率版块,一件专利,既可能引发专利权无效的行政诉讼,又可能演变成侵害专利权的民事诉讼问题。分轨并行的知识产权司法保护,会造成连锁诉讼现象,这在其他民事法律保护客体中是少有的。知识产权司法一体化和专门化保护被提上日程。世界各国都面临着知识产权纠纷诉讼上升的压力,作为

---

① 刘强、马德帅:《机会主义知识产权诉讼行为及其法律控制——美国法的经验和启示》,《湖南大学学报(社会科学版)》2014年第3期,152-157页。

一种应对策略,有些国家建立了知识产权法院。发达国家中,德国 1961 年 7 月在德国专利商标局所在地慕尼黑成立全国性的联邦专利法院(Bundespatentgericht)①。英国在 1977 年伦敦高等法院内成立专利法院(Patents Court of the Royal Court of Justice)②、1990 年成立伦敦地方专利法院(Patents County Court)③。美国在 1982 年 10 月成立联邦巡回上诉法院(Court of Appeals for Federal Circuit),开始以案件类型来划分审判权,对于专利诉讼案件部分,表明了其追求联邦和州各级法院诉讼结果一致性的态度④。日本内阁在 2004 年通过了《司法制度改革关联法案》,同年即制定《知的财产高等裁判所设置法》,在东京高等法院设置专门审理智慧财产事件的特别分院,在 2005 年正式运作⑤。欧盟部长级会议 2003 年决议在 2010 年成立同时审理专利无效及专利侵权诉讼的欧洲专利法院⑥。

在新兴经济体和发展中国家中,泰国于 1997 年 12 月成立中央智慧财产及国际贸易法院(Central Intellectual Property and International Trade Court)。韩国于 1998 年 3 月成立全国性的专利法院(韩文直译为"特许法院")⑦。新加坡最高法院在 2002 年宣布成立知识产权法院⑧。这些知识产权专门审判机构的建立,其追求的目的不一定是要把知识产权作为一种诉讼标的独立出来,而是引进有技术背景的专家协助一般法官审理案件,并根据诉讼类型的技术特性对诉讼程序做一些调整。

知识产权法院的运作对于知识产权保护无疑是一种利好,国家司法透明度的提升和经济的发展为知识产权法院的建立提供了良性的外部环境,而知识产权法院的建立本身也有利于国家司法形象建设。从效率角度看,韩国专利法院成立以来,将专利案件的审理时程由 15 个月缩短为 8—9 个月,案件的废弃率也

---

① 见该法院网页:http://www.bpatg.de。

② 见 http://www.courtservice.gov.uk/cms/3354.htm。http://www.courtservice.gov.uk/cms/3354.htm。

③ 见 http://www.courtservice.gov.uk/cms/8917.htm;See Michael Fysh, The Work of the Patents County Court, 11 Feb. 2003, IP Centre, St. Peter's College, Oxford。

④ 见其法院网页:http://www.fedcir.gov.com。

⑤ 见 http://www.kantei.go.jp/jp/singi/sihou/hourei/04index.html;及内阁法制局网页:http://www.clb.go.jp/bk_law/159/index.htm。

⑥ 见 http://europa.eu.int/comm/internal_market/en/indprop/patent/。

⑦ 见其法院网页:http://www.patent.scourt.go.kr。

⑧ 见其法院网页:http://www.supcourt.gov.sg。

降为6%①。但仔细分析知识产权纠纷及其调处的原理,观察部分国家知识产权法院运作的实际情况,可以对知识产权诉讼保护机制产生更深的认识。知识产权司法制度的建设、知识产权司法行为的形成、知识产权诉讼的进行,知识产权法律裁判的作成等等,有很多情形是不能急于求成的。从司法政策的角度看,不能仅仅因为知识产权案件数量的增加以及知识产权案件具有专业性,就需要成立专门的法院。历史的经验证明,就某一个或某几个实体法或程序法问题去草率成立专门法院,有追求形势,忽略司法资源分配的弊病,甚至会造成某种排挤效应,如过去建立的铁路运输系统、森林系统司法机构。目前我国知识产权案件增长的确较迅速,一些地方的知识产权法庭处于超负荷运转状态,但是,一些经济欠发达地区的知识产权法院受案数量并不多,而且受案类型较为单一,如假冒、抄袭、非法使用等。目前知识产权案件设立中有些个案涉及一些特殊的处理办法,需要具备特别的知识或特别的个人条件,如既懂法律、又懂技术的法官、鉴定人员、律师,但目前这类人员的数量偏少。相较而言,关于知识产权案件的实体法发展比程序法快,耗时长的知识产权诉讼也使得企业行业失去了宝贵的发展机会,像曾经风光一时的台湾宏达电子公司推出的htc移动电话,在2011年时一度占据全球市场份额第4位,但陷入与苹果公司的连锁专利诉讼,在后几年时间里失去了宝贵的市场扩展和技术更新时机。因此,一些从业者主张专利诉讼无用论,呼吁对诉讼结构、程序、审理原则、判决的制作方式以及诉讼代理人业务资格等进行改革。知识产权的司法保护的成败在于能否有效解决知识经济社会形势下的特殊知识产权问题。首当其冲的是需要解决行政和民事审判的二元制所造成的延宕司法救济时效的问题,使权利人能够获得实时的保护②。正如学者们指出,当公法遇到私法时,知识产权权利人会过多地受限于诉讼程序强化的副作用以及先决问题的困扰。最典型的表现是诉讼中止,在行政机关以及获得法律授权的专门组织未对知识产权权属做出判断以前,诉讼无法继续推行。即便是行政处分,是否对民事法庭的审判构成拘束力,当事人是否无疑义地认可,都是在多门道知识产权诉讼中难以厘清的。知识产权法院专业的审判环境,能否做到将内部解决机制和外部解决机制合并起来解决,同一位法官、同一个合议庭能否针对特殊的知识产权争议来设计诉讼程序,既能审理知识产权行政争议,也能办理民事案件,让司法运转快起来是改革的重大突破点。

---

① 熊诵梅:《法庭上之专利技术争议》,台湾《全国律师》2009年12月号。
② 熊诵梅:《当公法遇上私法——从专利诉讼制度谈起》,台湾《月旦法学杂志》2006年12月号。

根据十八届三中全会的意见,我国已在部分省份进行知识产权三审合一的试点并首先在北京、上海、广州设立知识产权法院,并在南京、苏州、武汉、成都、杭州、宁波、合肥、福州、济南、青岛、深圳、天津、郑州、长沙、西安、南昌、兰州、长春、乌鲁木齐、海口等区域设立了知识产权法庭,最高人民法院也新设了知识产权审判庭。目前知识产权法院(庭)管辖范围涵盖了专利、商标、著作权、商业秘密、集成电路设计布局、植物新品种保护、不正当竞争等方面的民事、行政、刑事诉讼案件。但在知识产权法院中注入刑事审判功能,富有争议性。世界各国中设计知识产权专业法院的,泰国的"中央智慧财产暨国际贸易法院"拥有知识产权刑事案件的审判权,而德、日两国虽有专利刑罚规定,但并非由德国联邦专利法院或日本东京高等法院知识产权分院管辖。我国台湾地区在"刑法"中已去除侵害专利的刑罚规定(侵害集成电路布局及植物品种权亦无刑罚规定),而改在背信罪等方面予以规定,专利法律责任只有民事、行政两类,针对商标权、著作权等还存在刑事罚则,但多系轻罪案件。这表明针对知识产权的救济更主要的是民事化、社会化救济。这也提示我们,由于刑事诉讼对人权保障的挤压性很大,对于知识产权案件,不宜寄望以刑事手段解决侵权的问题,出现"以刑逼民""以刑证民"的不当现象,不能过度利用刑事程序,不能以刑事侦查资源来冲击民事证据体系。长远来看,知识产权法院的诉讼职能也可能向旁近领域扩展,如国家贸易争议、电子商务争议、个人信息数据保护等。即便是办理知识产权刑事案件,对于轻微罪行的必定要实施社区矫正,也有可能进一步引入一些特定的社会性的资格刑,强化社会法色彩。

三、知识产权(专利)综合运用和保护第三方平台的探索

"十三五"国家知识产权保护和运用规划中提出加强知识产权保护制度建设,要有的放矢,抓住知识产权工作中的突出问题,使知识产权中介评估机构正确发挥作用。围绕这一路径,近年来一些地方开始建设相对独立的知识产权综合运用和保护第三方平台。该类平台具有公益性、专业性、独立性的特点,通过整合行政调解、维权援助、法律服务三大纠纷化解资源,建立知识产权侵权纠纷统一受理立案、统一分流的统一指挥化解模式,有效保证矛盾纠纷的快速化解。平台中附设有知识产权(专利)快速确权与维权中心,是专利保护的一种新型尝试。笔者根据浙江省宁波市相关资料,对知识产权(专利)综合运用与保护第三方平台相关动态加以分析。

（一）筹建阶段工作

根据国家知识产权局的部署，2015年8月，在浙江省高级人民法院、浙江省知识产权局、国家互联网协会的支持下，宁波市开始"知识产权综合运用与保护第三方平台"的试点工作。首先确定了第三方平台的定位就是做好知识产权权利人、义务人之外的"第三方"这个角色。根据这一思路，梳理了可以参与第三方平台建设的主体力量，包括宁波市中级人民法院、知识产权局、司法局、市场监管局、文广新闻局、海关等政府机构，知识产权维权中心、律师协会等民间机构，宁波科技信息研究院、宁波大学、浙江大学宁波理工学院等科研学术单位。上述机构在收到倡议后，均表示愿意加入第三方平台建设。

其次，筹建者对第三方平台的功能定位进行了设计。筹建单位认为，知识产权保护是一项综合性工作，既要发挥政府的作用，又要发挥司法力量作用，还要发挥市场和社会各方的作用。现在政府和司法机关在知识产权发展和保护上的投入已经加强，机构已经充实，而社会端能够提供并且善于提供的应当是公益性的，相对独立于行政保护和司法保护的服务。为此，各方对第三方平台的工作内容进行了设计，建议平台着重开展知识产权运用转化类型的服务、知识产权诉讼援助方面的服务以及知识产权宣传研究方面的服务。其中，知识产权诉讼援助方面的服务的用意是在知识产权权利人和涉嫌侵权对象之间架起沟通桥梁，比如在知识产权纠纷发生后，向权利人提供如何快速维权的咨询。当知识产权纠纷需要通过诉讼途径解决时，为诉讼各方当事人和法院做好服务，提供调解解决，或者将调解环节和后续诉讼环节对接起来。

再次，筹建过程中对第三方平台工作机制进行了探讨。针对当前经济信息化、互联网科技迅猛发展的势头，结合电子政务、电子商务的高度运用，第三方平台选择了线上线下分工互动的工作机制，在线上部分主要可以依托科技信息部门已经建成的专利数据库、专利检索分析系统，司法部门建成的线上纠纷调解平台，等等工具来快速识别知识产权侵权，处理纠纷。在线下则可以开展专项咨询、社会化调解，方便各方参与。

（二）试运行阶段工作

2015年9月，第三方平台开始试运行。主要在几个方面初步打开了局面。第一，开始纠纷调处。从2015年9月到2016年5月，第三方平台共接收知识产权纠纷诉调对接案件484件，完成了208件案件的调解，其中专利侵权纠纷53件，商标纠纷25件，版权纠纷124件。第二，开展专门服务，发挥科技信息优势，针对宁波市优势产业的专利成长情况进行分析,完成了《稀土铷铁硼产业专利战略分析报告》,通过预警来降低侵权风险和纠纷。第三,推行企业知识产权管理规范贯标活动,组织、帮助74家企业通过《企业知识产权管理规范认证》。第四,协助开展知识产权司法保护工作,协助浙江省高级人民法院建成知识产权"知之汇"分析系统,服务审判实践。第五,发挥知识产权教育培训功能。在宁波市推出了连续性的知识产权"天一论坛"活动,吸引国内外知识产权学术研究人才到宁波市开展学术交流活动;为宁波市各类企业、专利服务机构举办专利布局、专利信息挖掘培训班,培训人员300多人次,加强了企业的知识产权素质。第六,加强平台自身建设,征集和培训了首批80余名具有专业背景和实践能力的专业知识产权纠纷调解员队伍,并通过案件办理提高调解员的工作能力。

(三)正式上线运行阶段

2016年7月,宁波市正式启动知识产权综合运用和保护第三方平台工作。平台坚持对知识产权侵权纠纷,在收到立案申请后,由平台统一受理立案、进行初步审查,然后根据案情进行分流的做法。具体模式是,首先,对一部分已经起诉到法院的纠纷,由法院委托进入宁波市知识产权民事纠纷诉调对接中心,先进行民事调解。其次,权利人向平台投诉的案件,在征得权利人同意的情况下,由诉调对接中心组织人民调解,如果纠纷双方能够达成调解协议,可以报请人民法院确认人民调解书的法律效力。第三种类型是专利行政执法机关接到侵权举报或者线索后开展行政执法调查,在执法过程中可以就侵权行为和结果处理安排行政调解,如果调解成功再报请司法机关确认,实现案结事了。在案件处理结束后,再进行进一步的数据分析,为企业和政府提供知识产权保护的决策信息参考。据不完全统计,近三年来第三方平台成功调解的案件有878件,其中著作权纠纷714件,专利权纠纷113件,商标权纠纷45件,其他类型知识产权案件6件,调解成功率达到67.8%。比较典型的案件如中国音像著作权集体管理协会向法院起诉宁波市象山县的3家KTV经营者,对KTV内擅自播放版权歌曲侵权行为进行索赔。宁波市中院受理案件后,联合宁波市知识产权局、市版权协会,将案件导入知识产权综合运用和保护第三方平台,对版权集体管理方和使用方组织调解。调解员多次前往被诉KTV经营场所进行核实,对双方当事人进行耐心说服和细致的沟通解释,最终促使双方达成和解,并当场签订了和解协议书,KTV经营者承诺按规定缴纳KTV版权使用费,共成功调处了57宗版权侵权诉求。

与此同时,第三方平台举办了贴牌生产过程中知识产权问题研讨会、美国

337 调查应对策略交流会等,还发挥专利数据分析系统技术优势,为企业定制专利特色数据库,目前已为 1300 多家科技型企业定制了 1600 个中外企业专利特色库,为宁波市战略性新兴产业撰写了光学薄膜、钕铁硼稀土永磁材料专利分析报告,为 400 多家企业提供"一对一"上门服务,帮助多家企业指导技术,培训人才,避免侵权。

第三方平台延续了原有的"天一生水"网站的知识产权转化交易功能,增加金融、法律、拍卖专业服务链接,提供知识产权转让、许可、融资及产业化等服务,加速企业知识产权资本化、产业化。目前,"天一生水"网站汇聚各类专利 2000 余项,交易额累计超 200 万元,知识产权质押融资 15 笔,贷款额 6000 多万元。

(四)第三方平台的优势

1. 第三方平台拥有信息优势

在互联网社会环境下,谁拥有信息,谁掌握信息分析和挖掘技术,就能够处在社会关系的有利节点上。第三方平台所拥有的专利数据库,能够快速判明一些技术的发展脉络、权利归属,能够对相似技术方案进行对比、类比,充分显示出专业性。这将使知识产权纠纷解决从各说各话,对法条进行字面争执的状态转换到站在专业的角度上论理,以数据、方法、技术来断案的层次,相当于将正在探索的技术调查官制度先行引入了纠纷解决过程。但这种技术调查官制度目前还主要是以专利数据库输出的结果为主,再辅之以一些各行业技术专家、数据分析专家,纳入纠纷解决体系。比如平台收到德国 IGUS 有限公司诉宁波某企业侵犯其 2 项发明专利的调解任务,平台工作人员通过专利分析工具对该涉案专利进行分析,创造了关于相关技术的大量信息,摆在争议双方面前,来解释哪些方面构成侵权,哪些方面属于技术思路重合,不是侵权。最终双方达成和解协议。

2. 第三方平台具有效率优势

随着科技高速发展和产业激烈竞争的加剧,企业在面对知识产权争议时所抱有的心态是矛盾的,一方面既希望能通过权威机关判明是非,讨回公道,另一方面又不得不考虑漫长的纠纷解决程序所带来的产品研发停滞、市场推广中止以及缠诉所导致的商誉受影响等后果。即便是纠纷得到了解决,也会因此损失市场商机。近年来,知识产权案件数量迅速增加,给司法机关带来了不小的审判压力。2017 年,宁波新成立的知识产权法庭就收到案件 1389 件,承办法官手中的案件数量过百,经过一年奋战,还有 354 件案件未能结案。因此,当事人和法院都希望有便捷的途径,当事人有时甚至宁可接受一定让步也希望能够快捷解决纠纷,少跑法院。第三方平台调解方式考虑到了企业这一需求,根据当时双方认可的时间开展线上调解,组织调解员深入现场进行调查,使调解加速。2017年宁波市专利管理部门共调查专利侵权案件1547起,其中很多案件均进入第三方平台来进行调解,案件调解成功率达69.3%,而且基本可在一个月内结案。商标案件也是如此,2017年3月,一项商标侵权举报投诉经由市市场监管局转交至第三方平台进行调解,经多方联动,仅用一个月时间,调解双方就达成调解协议,并经法院快速立案,得到民事调解书司法确认。这说明,第三方平台即便是面对非常棘手的知识产权纠纷,也能较快速调处。

3. 第三方平台有业缘优势

一方面,第三方平台聚集了一批知识产权法律、知识产权行政管理领域的主管部门和专业人员。这些部门和人员长期参与制定实施宁波市知识产权发展政策,关注企业创新,活跃在知识产权司法保护和行政保护第一线,了解知识产权当事人的状况和需求。与知识产权纠纷当事人从外部聘请的工程师、律师相比,第三方平台自身的调解员在纠纷调解的公信力和熟练性方面占有优势。第三方平台通过对调解员进行培训,制定调解员管理制度,调解效果更专业有效。另一方面,第三方平台依托于专业检索和分析信息系统的强大资源,在纠纷发生前能够为企业提供一些技术研发咨询、专利法律状态查询等服务,能够为企业的技术研发节省时间金钱,更能帮助企业避免进入专利侵权领域,减少侵权风险,这种服务是目前市场上一些商业机构、法律服务机构难以企及的。

4. 第三方平台有协同优势

第三方平台与专利、版权、商标等知识产权行政执法部门建立了跨部门案件处理协同机制,可以实现举报投诉案件跨部门转交,申请人民法院巡回审理,打通知识产权行政执法、司法保护的断点。第三方平台和公证、法律等中介机构建立了合作,可以完成部分案件电子取证,也可以借助后者开展知识产权维权援助。除了宁波市本级的知识产权保护和运用,第三方平台还扩大服务范围,与宁波市各县区联手,加强辐射性。2018年,第三方平台建立余姚工作站,设在余姚中意工业园区,加强了园区企业的知识产权综合运用和保护力量。2019年4月,第三方平台慈溪工作站在浙江省慈溪市人民法院挂牌成立,将原来慈溪地方性的知识产权司法服务研究实践基地的功能吸纳到第三方平台当中,赢得了慈溪市政府更大力度的支持。随着越来越多的企业认知到第三方平台的作用,企业愿意将研发、生产、销售、进出口过程中遭遇到的困惑点、难点交给第三方平台,由平台出面协调政府职能部门、专业服务机构、司法机关来共同诊断,企业减少了盲目行动。政府相关部门通过第三方平台收集到企业专利活动中可能存在的普遍性风险,共性困难,从而主动作为,站在产业发展、专利整体运作的高度来协调解决问题,扶持相关产业创新发展。

(五)第三方平台发展的制约因素

1. 知识产权发展的大环境

近年来,加强知识产权保护得到了党和政府的高度重视。习近平总书记、李克强总理均做出过重要批示,在经济、社会界别,保护知识产权的共识氛围逐渐浓厚,以知识产权立法保护为龙头,以知识产权行政保护和司法保护两翼推进的保护进路也愈加有力。但在一些企业和社会组织的心目中,对保护知识产权就是保护创新的认识存在偏差,知识产权纠纷呈现增长趋势。一些企业公然以傍品牌、卖高仿为业,比如仿冒国外消费品牌"New Balance"的新百伦、纽百伦。一些企业采取各种方式收买、刺探竞争对手的商业秘密、知识产权。知识产权纠纷还从之前高发的文化传播领域、产业领域进一步扩展到网络空间以及一些非完全营利性领域,比如一些媒体发现新锐的购物网站"拼多多"上充斥着各类假货,一些视频网站大规模地传播、倒卖盗版影视作品。2017年,宁波市商标管理部门共查处商标侵权案件615件,案值1160.8万元,罚款1180.6万元,移送司法机关案件7件,捣毁制假窝点48个。宁波海关共查获侵犯知识产权案件347起,案值约4193.3万元,查扣各类侵权货物约854.7万件。向公安机关通报涉嫌侵犯知识产权犯罪案件线索26起,案值740.8万元。宁波市公安机关共立案侦查各类侵犯知识产权案件52起,涉案资金2253.06万元,破案41起,抓获犯罪嫌疑人55名,捣毁各类窝点60余个。宁波市检察机关共批准逮捕涉及侵犯知识产权犯罪案件9件10人,提起公诉31件59人,其中假冒注册商标案件12件17人,销售假冒注册商标的商品案件7件14人,制造、销售非法制造的注册商标标识案件1件1人,非法经营案件12件27人。宁波知识产权法庭收案1389件(其中跨区域管辖的专利案件153件),同比增11.4%。这当中有"宁海1·24特大制售假酒案""5·11奉化特大假冒汽车刹车片案""鄞州8·28特大新型电子卷烟案""余姚假冒王龙牌食品添加剂案"等侵权假冒大要案件。说明侵犯知识产权的逆流在当前及今后一段时间还会有相当大的能量。大量暴露的知识产权纠纷以及处于未暴露阶段的知识产权隐秘性侵权以及侵权的酝酿,使得知识产权保护形势仍然较为严峻,包括知识产权保护和运用第三方平台在内的各种知识产权管理、保护力量将面临案件多发、案件新发、陈案重新冒头等局面。

2. 第三方平台在机构、人员、工作机制建设方面的制约

2018 年，宁波市人大常委会专题听取了内司工委关于宁波市知识产权司法保护情况的调研。人大常委会在决议中指出，宁波当前已进入知识产权大市行列，但在知识产权保护队伍建设、协作配合、司法环境等方面还面临着一些困难和突出问题，与新时代新要求相比，与其他发达城市相比，还有较大不足，需要进一步完善和健全，如完善各项协作机制、建立健全专家咨询制度等。这意味着宁波市知识产权保护基础设施建设还有一个完善的过程。就知识产权综合运用和保护第三方平台而言，也有一些机制性问题需要解决。首先，如何将专利纠纷、商标纠纷以及其他类型纠纷的收案、调解、移送等工作平衡统筹起来。第三方平台起步之初，主要着眼于专利纠纷案件的调处，因为平台所依托的主要是专利数据库和专利分析预警系统。加之平台建设的主要承办者来自主管专利工作的科技部门。因此，在专利纠纷调处上第三方平台较为熟悉。现在根据国家机构改革精神和部署，专利管理职权由科技部门划转到市场监管部门，和商标管理、不正当竞争职能整合为一体，知识产权管理格局为之改变，这也意味着第三方平台要更多、更主动地参与到商标纠纷、商业秘密纠纷的执法和调处工作中去。其次，第三方平台自身力量建设问题。第三方平台需要有后台的常驻团队，对各类自身产权案件及时导入纠纷调查，需要关注案件的处理进度，需要寻找各类专家调解力量的支持。但据了解，目前第三方平台主要是依赖宁波市科技信息研究院等单位的人员和设备来提供运行支持，并在各个合作单位、科研院校等部门寻求人力开展合作，同时，部分骨干人员还兼职承担专利执法监察、专利信息平台维护等任务。工作任务的多维使第三方平台骨干人员难以做到全职全力全责。一方面，要应对专业化、严格程序化的知识产权纠纷案件，需要专门的知识产权专业背景人员的全力参与。另一方面，平台维护者、纠纷调解者、技术专家、政府委托行政职能承担者等多重身份由相似团队承担，在第三方平台中立化、高效化运营中会带来一些不适应性。

3. 知识产权纠纷的高附加值性和知识产权纠纷救济手段的强度之间的差距

当前，知识产权纠纷整体上存在着侵权赔偿幅度较低、惩罚性赔偿运用比例较低、侵权赔偿到位时间和到位率滞后、侵权造成的损失和侵权赔偿额不尽匹配等问题，成为制约知识产权法律权威的重要掣肘。在第三方平台的调处过程中，

所依据的也是成文法所认定的赔偿或补偿标准,而且有时为了顺利达成调解,快速收到补偿,在调解中很难成功地争取到惩罚性赔偿。在调解协议的执行过程中,还缺乏强力的监控手段,使得调解时达成的一些谅解和承诺的金额不能全数兑现。这也给知识产权纠纷制造者钻一些空子,即他们知道通过调解能够让他们少付出一些赔偿,或者在调解时承诺的赔偿事中事后还可以打点折扣。第三方平台的调解权威本身就比法定调解或商事仲裁要弱一些。从运行初期这段时间观察,第三方平台调解所达成的协议从知识产权权利恢复程度上也要弱于其他手段。

(六)知识产权综合运用与保护第三方平台展望

宁波市作为较早承担知识产权示范城市、专利示范城市、知识产权运营体系试点城市建设任务的城市,在知识产权地方政策制定、知识产权创造和应用管理、知识产权执法保护、知识产权培训贯标等方面处于全省领先水平。最高人民法院也批准宁波市组建知识产权法庭,受理跨区域知识产权纠纷,这些也表明了宁波市知识产权保护事业运转顺畅,司法公信力较高。知识产权综合运用与保护第三方平台具有行政支持、司法容纳、行业认可等特点,是知识产权纠纷解决机制的重要组成部分。在未来的知识产权事业中,第三方平台能够发挥更积极的作用。

从知识产权非诉讼纠纷解决机制的历史渊源、存在理由、构造原理、成熟做法等角度看,第三方平台建设基本符合其原理,而且在组织机构建设、案源数量、案件类别设置、程序安排、裁决执行、运行成本、当事人认可度等方面有自己的特色。知识产权纠纷本质是私权之争,具有争议主体的民间性、权利处分的灵活性、纠纷解决基准的非法律化、纠纷解决主体的非法律职业化等特点,这使得第三方平台的理念和技术有用武之地。应当看到的是,随着知识产权法院、独立知识产权法庭的组建,部分知识产权案源将会分流,这对第三方平台的变革与适应形成倒逼效应。在知识产权审判专业化的背景下,知识产权综合运用与保护第三方平台势必要区别化发展,突出低成本、低风险与低对抗性优势。第三方平台要结合科技发展趋势和创新驱动格局的时代背景,寻求运行主体、规则、技术等方面的提升路径,围绕着增加适用机会、扩宽适用范围、健全保障机制、提升运行效能做文章。

现阶段,第三方平台的建设焦点应当继续围绕收案效能、办案效能、管理效能、环境建设等4个节点,为知识产权综合运营与保护平台效能整合探索出创新方案,并借鉴已有的创新案例,探索如何在知识产权案件调处启动方法,如何运用调处证据,如何向各方提出合适的和解幅度建议,如何运用好调处规则和调处技巧,如何协调法治化纠纷解决风格、社会治理元素的行事风格和运用空间差异,从社会发展趋势、经济效能、生命周期属性等探索知识产权综合运用与保护机制。

在制度建设之余,知识产权综合运用与保护第三方平台还需要在软实力建设上发力,正确的路径是将各类知识产权争议转化为社会问题,积极参照和融入社会治理大潮流中,依靠传统优势和政策支持,下好社会矛盾纠纷综合治理这盘棋。具体而言,第一,可对照德行为先的社会治理立场,务实地宣扬平等、宽容、互利的非诉讼纠纷解决义理,推崇遵从程序正义、信任处理结果、诚信履行裁决的制度认同,强化非诉讼纠纷机制的思想支撑。第二,可以根据公私合作的社会治理宗旨,推进组织资源和人力资源建设,既注重专门化、正规化的知识产权纠纷解决机构建设,也积极联合民间性、行业性纠纷解决机构的发育。第三,吸取提倡协商的社会治理风格,在知识产权非诉讼纠纷解决过程中倡导当事人协商达成权利处分交易,诱导当事人自我调适、自我约束,统筹协调可能与协商产生冲突的纠纷处理时间、办案费用等因素,减少摩擦。第四,接轨包容、衡平的社会治理价值观,慎重地设置知识产权纠纷裁决标准,不简单划一地区分是与非,避免将纠纷制造者标签化,中立地看待当事人之间的利益博弈。第五,复制众人参与的社会治理行动观,在纠纷解决过程中突出人的因素,扩展支持非诉讼纠纷解决的社会网络,广植社会资本。

结　语

　　本书主要吸收借鉴法律经济学、法律哲学、法律伦理学、法律社会学等交叉学科关于法律关系本质、权利合法性与合理性根源、利益界定和分配原理等方面的分析结论和论证方法，并将其"嫁接"到知识产权范畴上，力图从法律之上、法规之上来展现知识产权，得到了有价值的启发。今后，还应当以经济学立场来分析专利权立法框架下运行可能产生的成本和收益，以哲学立场来审视专利制度中蕴含的正义、效率、(分配)公平，应以伦理学立场来巩固专利权中的权利张扬与行为自律，应以社会学的立场来确证专利的社会控制和社会整合的功能等。

参考文献

中文文献

[1] 郑成思.知识产权法[M].北京:法律出版社,1997.

[2] 李明德.知识产权法[M].北京:社科文献出版社,2007.

[3] 李明德.美国知识产权法[M].北京:法律出版社,2003.

[4] 李顺德.知识产权概论[M].北京:知识产权出版社,2006.

[5] 杨延超.作品精神权利论[M].北京:法律出版社,2007.

[6] 杨延超.知识产权资本化[M].北京:法律出版社,2008.

[7] 唐广良.知识产权研究[M].北京:中国方正出版社,2003.

[8] 管育鹰.知识产权视野中的民间文艺保护[M].北京:法律出版社,2006.

[9] 张玉瑞.互联网上知识产权——诉讼与法律[M].北京:人民法院出版社,2000.

[10] 陶鑫良,袁真富.知识产权法总论[M].北京:知识产权出版社,2005.

[11] 吴汉东,胡开忠.无形财产权制度研究(修订版)[M].北京:法律出版社,2005.

[12] 金海军.知识产权私权论[M].北京:中国人民大学出版社,2004.

[13] 阳平.论侵害知识产权的民事责任——从知识产权特征出发的研究[M].北京:中国人民大学出版社,2005.

[14] 郑成思.WTO知识产权协议逐条讲解[M].北京:中国方正出版社,2001.

[15] 冯晓青.知识产权法哲学[M].北京:中国人民公安大学出版社,2003.

[16] 吴汉东,胡开忠,等.走向知识经济时代的知识产权法[M].北京:法律出版社,2002.

[17] 王先林.知识产权与反垄断法——知识产权滥用的反垄断问题研究[M].北京:法律出版社,2001.

[18] 黄晖.驰名商标和著名商标的法律保护[M].北京:法律出版社,2001.

[19] 郭禾.知识产权法案例分析[M].北京:中国人民大学出版社,2000.

［20］刘华.知识产权制度的理性分析与绩效分析［M］.北京：中国社会科学出版社,2004.

［21］盛世豪.知识产权与竞争优势——区域知识产权战略研究［M］.北京：中国社会科学出版社,2005.

［22］梁彗星,严永和.论传统知识的知识产权保护［M］.北京：法律出版社,2006.

［23］冯晓青.知识产权法热点问题研究［M］.北京：中国人民公安大学出版社,2004.

［24］冯晓青.知识产权法利益平衡理论［M］.北京：中国政法大学出版社,2006.

［25］吴汉东.知识产权基本问题研究［M］.北京：中国人民大学出版社,2005.

［26］阿瑟·R.米勒,迈克·H.戴维斯.知识产权法［M］.周林,等,译.北京：法律出版社,2006.

［27］王莲峰.商标法学［M］.北京：北京大学出版社,2011.

［28］杜颖.商标法［M］.北京：北京大学出版社,2012.

［29］曾陈明汝.商标法原理［M］.北京：法律出版社,2003.

［30］胡开忠.商标法学教程［M］.北京：中国人民大学出版社,2009.

［31］曲三强.被动立法的百年轮回——谈中国知识产权保护的发展历程［J］.中外法学,1999(2):119-122.

［32］韩玉雄,李怀祖.关于中国知识产权保护水平的定量分析［J］.科学学研究,2005(3):377-382.

［33］许春明,单晓光.中国知识产权保护强度指标体系的构建及验证［J］.科学学研究,2008(4):715-723.

［34］沈国兵,刘佳.TRIPS协定下中国知识产权保护水平和实际保护强度［J］.财贸经济,2009(11):66-71,60,136-137.

［35］杨中楷,柴玥.我国专利保护水平指标体系构建与评价［J］.中国科技论坛,2005(2):77-80.

［36］钟佳桂.中美知识产权保护强度测度与比较［J］.法学杂志,2006(3):134-135.

［37］余长林.知识产权保护与发展中国家的经济增长——基于技术供给的视角［D］.厦门：厦门大学,2009.

［38］朱东平.外商直接投资、知识产权保护与发展中国家的社会福利——兼论发展中国家的引资战略［J］.经济研究,2004(1):93-101.

[39] 杨全发,韩樱.知识产权保护与跨国公司对外直接投资策略[J].经济研究,2006(4):28-34,89.

[40] 唐海燕,程新章.东道国知识产权保护对跨国公司直接投资的影响[J].国际商务研究,2005(4):1-8.

[41] 陈国宏,邵赟.我国技术引进与产业结构关系的实证研究[J].中国软科学,2001(2):43-47.

[42] 楼煜华.TRIPS协议下对中国知识产权保护的法学思考[J].浙江大学学报(人文社会科学版),2004(1):47.

[43] 卢峰,姚洋.金融压抑下的法治、金融发展和经济增长[J].中国社会科学,2004(1):42-55,206.

[44] 皮天雷.经济转型中的法治水平、政府行为与地区金融发展——来自中国的新证据[J].经济评论,2010(1):36-49.

[45] 郭建锋,王健,林善浪.影响我国专利技术发展因素的 VAR 分析[J].科技进步与对策,2009,26(23):35-39.

[46] 文家春,乔永忠,朱雪忠.专利侵权诉讼攻防策略研究[J].科学学与科学技术管理,2008(7):54-58.

[47] 蒋玉宏,单晓光.区域知识产权发展和保护绩效评价——指标体系与评价方法[J].科技进步与对策,2009,26(22):144-146.

[48] 杨静,朱雪忠.国家知识产权政策体系建设之语境与维度——基于促进自主创新能力建设视角[J].科技进步与对策,2013,30(15):106-110.

[49] 易玉.对现代社会中法律与科技的关系的法哲学阐释[J].法学杂志,2007(6):36-38.

[50] 唐恒,马理军,冯楚建.基于知识产权视角的科技奖励评价实证研究——以何梁何利基金奖励为例[J].科技与法律,2010(3):9-12.

[51] 白婷,陈敬,史录文.TRIPS协议中药品数据保护制度分析[J].中国新药杂志,2009,18(19):1823-1825,1830.

[52] 刘金洁,杨悦.完善中国药品数据保护的研究[J].中国新药杂志,2012,21(1):6-9.

[53] 刁天喜,武士华.药品数据保护的现状与作用分析[J].军事医学科学院院刊,2007(2):160-162,165.

[54] 杨莉,李野,杨立夫.药品专利保护的 Bolar 例外研究[J].中国新药杂志,2007,16(015):1145-1148.

[55] 张晓萌,邱家学.药品数据保护在我国的发展探讨[J].中国药房,2005 (21):1606-1608.

[56] 朱雪忠,詹映,蒋逊明.技术标准下的专利池对我国自主创新的影响研究 [J].科研管理,2007(2):180-186.

[57] 马慧民,王鸣涛,叶春明.日美知识产权综合评价指标体系介绍[J].商场现 代化,2007(31):308-309.

[58] 方衍,田德录.中国特色科技评价体系建设研究[J].中国科技论坛,2010 (7):11-15.

[59] 余琳琳.英国科技评价体系的研究与借鉴[J].中国电力教育,2008(11): 180-182.

[60] 韩启德.完善科技评价体系抢占科技竞争制高点[J].中国三峡,2009(11): 5-9,2.

[61] 杨莉,宋华琳,赵婕.药品试验数据保护与专利保护之平行并存性研究[J]. 中国新药杂志,2013,22(22):2600-2606,2615.

[62] 袁红梅,杨舒杰,尚丽岩,等.中国药品注册的专利链接制度的理念及操作 建议[J].中国医药工业杂志,2012,43(10):879-882.

[63] 陈敬,陈昌雄,史录文.我国药物创新战略背景下数据保护制度的政策选择 [J].中国新药杂志,2012,21(20):2349-2352.

[64] 丁锦希,王颖玮,贺晓雪,等.药品试验数据保护制度中的新化学实体界定 问题研究——基于美国 Actavis 公司诉 FDAVyvanse 案的实证分析[J].中 国新药与临床杂志,2012,31(11):652-657.

[65] 曹新明.论知识产权冲突协调原则[J].法学研究,1999(3):3-5.

[66] 李永明,张振杰.知识产权权利竞合研究[J].法学研究,2001(2):89-103.

[67] 冯晓青.论知识产权权利重叠、权利冲突及其解决[C].北大知识产权评论, 北京:法律出版社,2002.

[68] 孔祥俊.论解决知识产权权利冲突的民事司法与行政程序之界分[J].河南 社会科学,2005(6):9-14.

[69] 梁志文.论知识产权规范竞合及其解决路径——兼评最高人民法院的一则 解释[J].法商研究,2006(2):116-123.

[70] 李扬.商标法中在先权利的知识产权法解释[J].法律科学.西北政法学院 学报,2006(5):41-50.

[71] 任寰.论知识产权的权利冲突及法律调整[D].北京:北京大学,2003.

[72] 欧修平.知识产权权利冲突与司法衡平——以商标权为中心考察[D].重庆:西南政法大学,2006.

[73] 吴汉东.利弊之间:知识产权制度的政策科学分析[J].法商研究,2006(5):6-15.

[74] 陈志祥,李志刚.知识经济时代的企业管理革命[J].中国软科学,1999(8):3-5.

[75] 许春明,单晓光.论知识产权制度功能的有限性[J].科学学研究,2009,27(5):653-659.

[76] 孙斌,彭纪生.中国知识产权保护政策与创新政策的协同演变研究[J].科技管理研究,2010,30(1):33-35.

[77] 全继业.自主创新条件下 SMEs 耗散结构分析及其对管理的启示[J].中国科技论坛,2007(5):45-49.

[78] 马忠法.对知识产权制度设立的目标和专利的本质及其制度使命的再认识——以专利技术转化率低为视角[J].知识产权,2009,19(6):3-9.

[79] 梅术文.国家知识产权战略的政策循环[J].知识产权,2008(1):37-42.

[80] 李芳.美国知识产权政策的调控——基于经贸危机的影响谈起[J].知识产权,2007(1):80-84.

[81] 边燕杰,丘海雄.企业的社会资本及其功效[J].中国社会科学,2000(2):87-99,207.

[82] 陈健.社会资本结构分析[J].经济研究,2007(11):104-111.

[83] 张维迎,柯荣住.信任及其解释:来自中国的跨省调查分析[J].经济研究,2002(10):59-70,96.

[84] 蒋伏心.小企业支持体系:原则与实践——对美国与中国的比较研究[J].南京师大学报(社会科学版),2003(3):5-12.

[85] 张彦,傅晴.关于改进和完善"官、产、学"结合的思考[J].科技与经济,1995(5):27-28,37.

[86] 张明之,刘刚.论知识创新成果产业化的螺旋运动[J].南京政治学院学报,2000(6):39-43.

[87] 魏江,许庆瑞.企业技术能力的概念、结构和评价[J].科学学与科学技术管理,1995(9):29-33.

[88] 汤超颖,周寄中,刘腾.企业隐性技术知识吸收模型研究[J].科研管理,2004(4):41-50.

[89] 张钢.企业技术创新的动力源与信息源[J].科研管理,1998(4):3-5.

[90] 黄少安,魏建.制度互补与企业发展——以山东淄博光正实业有限责任公司的改革与发展为例[J].管理世界,2000(3):193-199.

[91] 王凤彬,江鸿,吴隆增.社会资本与核心能力关系研究:以知识创造为中介变量[J].科学学研究,2008(3):612-618.

[92] 吴翠花,王三义,刘新梅,万威武.联盟网络社会资本对知识转移影响路径研究[J].科学学研究,2008(5):1031-1036.

[93] 蒋天颖,张一青,王俊江.企业社会资本与竞争优势的关系研究——基于知识的视角[J].科学学研究,2010,28(8):1212-1221.

[94] 韦影.企业社会资本的测量研究[J].科学学研究,2007(3):518-522.

[95] 郑美群,蔡莉,王发银.社会资本对高技术企业绩效的作用分析[J].工业技术经济,2005(2):73-74,77.

[96] 谢洪明.社会资本对组织创新的影响:中国珠三角地区企业的实证研究及其启示[J].科学学研究,2006(1):150-158.

[97] 陈建勋,潘昌才,吴隆增.外部社会资本对企业核心能力的影响——知识整合的调节作用[J].科学学研究,2009,27(2):244-249.

[98] 朱洪军,徐玖平.企业文化、知识共享及核心能力的相关性研究[J].科学学研究,2008(4):820-826.

[99] 郭斌,许庆瑞,陈劲,等.企业组合创新研究[J].科学学研究,1997(1):13-18,89.

[100] 冉鸿燕.研究创新方法、推进自主创新、促进科学发展、提升能力建设之多维审视——全国"2010创新方法与能力建设上海高层论坛"综述[J].自然辩证法研究,2010,26(10):125-126.

[101] 刘玉琴,汪雪锋,雷孝平.基于文本挖掘技术的专利质量评价与实证研究[J].计算机工程与应用,2007(33):12-14.

[102] 杨静,朱雪忠.国家知识产权政策体系建设之语境与维度——基于促进自主创新能力建设视角[J].科技进步与对策,2013,30(15):106-110.

[103] 郭新宝.制造创新方法链中市场创新、技术创新与管理创新三维协同研究[J].科技进步与对策,2014,31(10):15-18.

[104] 罗斯托.经济成长的阶段[M].北京:商务出版社,1995.

[105] 赫希曼.经济发展战略[M].北京:经济科学出版社,1991.

[106] 刘世锦,等.传统与现代之间:增长模式转型与新型工业化道路的选择

［M］.北京:中国人民大学出版社,2006.

［107］钟昌标.国内区际分工和贸易与国际竞争力［J］.中国社会科学,2002(1):
94-100,207.

［108］贺俊.论开放条件下的产业发展战略选择［J］.经济评论,2001(5):106
-109.

［109］曹磊,罗贞礼.新材料发展中的技术创新方法探讨［J］.新材料产业,2010
(4):73-78.

［110］刘国新,闫俊周.国外主要技术创新方法述评［J］.科学管理研究,2009,27
(4):30-34,38.

［111］张璐,齐二石,长青.中国制造企业管理创新方法类型选择评价——基于
SVM的多案例实证分析［J］.科学学研究,2014,32(11):1747-
1753,1760.

［112］马忠法.专利申请或授权资助政策对专利技术转化之影响［J］.电子知识
产权,2008(12):36-39.

［113］文家春.政府资助专利费用引发垃圾专利的成因与对策［J］.电子知识产
权,2008(4):25-28.

［114］姚颉靖,彭辉.专利资助政策功能的实证研究——基于2007年中国30个
省区的灰色关联分析［J］.现代情报,2011,31(7):20-26.

［115］张钦红,骆建文.上海市专利资助政策对专利申请量的影响作用分析［J］.
科学学研究,2009,27(5):682-685.

［116］郭俊华,杨晓颖.专利资助政策的评估及改进策略研究——以上海市为例
［J］.科学学研究,2010,28(1):17-25.

［117］张红漫,朱振宇,毛祖开.我国专利申请资助政策分析——以河南、江苏为
例［J］.知识产权,2011(1):27-32.

［118］谭龙,刘云,杨芳娟.促进专利申请量与质量协调发展的资助政策改进策
略研究［J］.科技进步与对策,2013,30(19):99-104.

［119］马彩霞,薛永兵,王祖鹩,等.材料科学领域专利审查时有关创造性判断的
技术分析［J］.材料科学,2013(3):216-221.

［120］朱雪忠.辩证看待中国专利的数量与质量［J］.中国科学院院刊,2013,28
(4):435-441.

［122］刘洋,郭剑.我国专利质量状况与影响因素调查研究［J］.知识产权,2012
(9):72-77.

［123］朱新力，张钗园.专利资助政策的困境与改革要略［J］.浙江大学学报（人文社会科学版），2012,42(5):90-98.

［124］曾铁山，朱雪忠，袁晓东，等.基于市场化导向的我国专利政策功能定位研究［J］.情报杂志，2013,32(7):131-136,130.

［125］刘斌强，黄欢，李宇.漫谈专利审查［J］.发明与创新，2012(6):46-48.

［126］谢顺星，高荣英，瞿卫军.专利布局浅析［J］.中国发明与专利，2012(8):24-29.

［127］陈健，贾隽.专利价值的影响因素和评估体系研究综述［J］.西安工业大学学报，2013,33(7):517-525.

外文文献

［1］Vichai Ariyanuntaka, Intellectual Property And International Trade Court: A New Dimension For IP Rights Enforcement In Thailand, Thailand Law Forum On Line, See http://members.tripod.com/asialaw/articles/ipvichai.html.

［2］Josef Esser, Grundsatz und Norm in der richterlichen Fortbildung des Privatrechts, 4. Aufl., 1990.

［3］MICHAEL F. The Work of the Patents County Court[R]. Oxford: St. Peter's College, 2003.

［4］ROTTMAN D. Does effective therapeutic jurisprudence require specialized courts(and do specialized courts imply specialist judges)? [J]. Court Review, 2000,37(2):22-27.

［5］FERRANTINO J. The Effects of Intellectual Property Rights on Intellectual Trade and Investment[J], Weltwirtsehaftliehes Archiv, 1993 (129):300-331.

［6］R T RAPP, R P. Rozek. Benefits and costs of intellectual property protection in developing countries[J]. Journal of World Trade, 1990, 24: 75-102.

［7］E K KONDO. The Effect of Patent Protection on Foreign Direct Investment[J]. Journal of World Trade, 1995, 29:97-122.

［8］J C GINARTE, W G Park. Determinants of Patent Rights: a Cross-national Study[J]. Research Policy, 1997, 26:283-301.

［9］W G PARK. International patent protection:1960—2005[J]. Research Po licy，2008，37(4)：761-766.

[10] R M SHERWOOD. Intellectual Property Systems and Investment Stimulation：The Rating of Systems in Eighteen Developing Countries. IDEA[J]：The Journal of Law and Technology，1997,37(2)：261-370.

[11] LESSER. The Effects of Trips—Mandated Intellectual Property Rights On Economic Activities In Developing Countries，Prepared under WIPO Special Service Agreements[A]，WIPO，2003.

[12] E. Mansfield，Intellectual Property Protection，Direct Investment，and Technology Transfer：Germany，Japan，and the United States[A]. World Bank，International Finance Corporation，1995.

[13] P ROMER. Increasing Returns and Long-Run Growth[J]. The Journal of Political Economy，1988，94(5)：1002-1037.

[14] R LUCAS. On the Mechanics of Economic Development[J]. Journal of Monetary Economics，1988，22(1)：3-42.

[15] C DAVID，W C GRUBEN. The Role of Intellectual Property Rights in Economie Growth[J]. Journal of Development Economics,1996,48(2)：323-350.

[16] E MANSFIELD. Intellectual Property，foreign Direct Investment and Technology Transfer[R]. working paper,world bank,1994：19.

[17] J EATON，S KORTUM. Trade in Ideas：Patenting and Productivity in the OECD[J]. Journal of International Economics,1996,40：251-278.

[18] L WANG. Intellectual Property Protection in China [J]. The International Information & Library Review，2004,136(3)：1253-1261.

[19] C FINK，K MASKUS. Why We Study Intellectual Property Rights and What We Have Learned[A]. In Fink and Maskus(eds)，Intellectual Prope Rty and Development：Lessons from Recent Economic Research. Oxford：Oxford University Press，2005：17-31.

[20] LEE，JEONG-YEON，E MANSFIELD. Intellectual Property Protection and U. S. Foreign Direct Investment[J]. The Review of Economics and Statistics，1996，78(2)：181-186.

[21] B SEYOUM. The Impact of Intellectual Property Rights on Foreign Direct Investment[J]. The Columbia Journal of World Business,1996，

Spring：50-59.

[22] M G BOSCO. Integration, Technological Transfer and Intellectual Property Rights[R]. Working paper of Bocconi University,2001.

[23] TANAKA H, LWAISAKO T, FUTAGAMI K. Dynamic Analysis of Innovation and International Transfer of Technology Through Licensing [J]. Journal of International Economics, 2006, 73(1)：189-212.

[24] K MASKUS. Lessons from Studying the International Economics of International Property Rights[J], Vanderbilt Law Review,2000, 53(6)：2219-2239.

[25] HORII R, TATSURO I. Economic Growth with Imperfect Protection of Intellectual Property Rights[J]. Joumal of Economics,2007,90(1)：45-85.

[26] K MASKUS, DOUGHERT Y, A MERTHA, intellectual property rights and economic development in China[A]. In Fink and Maskus (eds), Intellectual Property and Development：Lessons from Recent Economic Research,Oxford：Oxford University Press, 2005：295-331.

[27] M A THOMPSON, F. Rushing. An Empirical Analysis of the Impact of Patent Protection on Economic Growth [J]. Journal of Economic Development,1996,21：61-79.

[28] FINK C, BRAGA C A P. How Stronger Protection of Intellectual Property Rights Affects International Trade Flows[J]. Policy Research Working Paper, 1999.

[29] N. KUMAR. Intellectual Property Rights, Technology and Economic Development：Experiences of Asian Countries [R]. Commission on Intellectual Property Rights Study Paper,2002.

[30] SCHNEIDER P. International trade, economic growth and intellectual property rights：A panel data study of developed and developing countries [J]. Journal of Develonment Economics,2005, 78. (2)：529-547.

[31] PAUL S, A. T. C. A, E Dinopoulos. A Schumpererian Model of the Product Life Cycle[J]. American Economic Review,1990,80：1077-1091.

[32] LENOX D M J. When do incumbents learn from entrepreneurial ventures?：Corporate venture capital and investing firm innovation rates [J]. Research Policy, 2005.

[33] JOHN R. Trade-related Aspects of Intellectual Property Rights[R]. Canberra: Productivity Commission Staff Research Paper,1999:1–126.

[34] CROIX S J L, Konan D E. Intellectual Property Rights in China: The Changing Political Economy of Chinese—American Interests[J]. World Economy, 2010, 25(6):759–788.

[35] China: Effects of Intellectual Property Infringement and Indigenous Innovation Policies on the U. S. Economy[R]. U. S. International Trade Commission, 2011.

[36] R OSTERGARD. The Development Dilemma: The Politcal Economy of Intel lectual Propert y Rights in the International System[M]. New York: LFB Scholarly Publishing LLC, 2003.

[37] D GERVAIS. Intellectual Property, Trade and Development: Strategies to Optimize Economic Development in a TRIPS plus Era[M]. Oxford: Oxford Univers ity Press, 2007.

[38] D KAUFMANN, A KRAAY,M MASTRUZZI. Governance Matters Ⅳ: Governance Indicators for 1996—2004 [R]. World bank Working Papers,2005.

[39] CHIN J C, GROSSMAN G M. Intellectual Property Rights and North-South Trade[J]. Social ence Electronic Publishing, 1988, 13:87–92.

[40] FALVERY R, FOSTER N, GREENAWAY D. Intellectual Property Rights and Economic Growth[J]. Review of Development Economics, 2006, 10(4):700–719.

[41] KWAN Y K, LAI L C. Intellectual property rights protection and endogenous economic growth[J]. Journal of Economic Dynamics and Control, 2003, 27(5):853–873.

[42] FORD N. Patents,access to medicines,and the role of non-governmental organizations[J]. J Gene Med,2004,1(2):137.

[43] Pharmaceuticalc GMPs for the 21st Century—A risk-based approach[EB/OL]. http:// www. fda. gov/Drugs/Development Approval Process/Manufacturing/ Questions and Answers on Current Good Manufacturing Practicesc GMP for Drugs/ucm 1371751 html_Toc84065737[2009-04-30].

[44] Compilation of community procedures on inspection and exchange of

information[EB/OL]. http://www. emea. europa. eu/Inspections/docs/ CoCP/CoCP_Risk Based In sp/Planning Model. pdf. [2008-02-05].

[45] KUSHAN JP. Test data protection overview sidleyaust in LLP[EB/OL]. http:/ /www. wipo. int/export/[2010-10-20].

[46] IFPMA. Data exclusivity: encouraging development of new medicines [EB/OL]. http:// www. fifarma. org/cms/images/stories/prop-intellectual/ifpma-data exclusixity. pdf.

[47] British Medical Journa. 1 2010, 341: c5641 DOI:10. 1136

[48] MERCURIO. "TRIPS-Plus Provisions in FTAs: Recent Trends" in regional trade agreements and the WTO legal system [M]. Oxford University Press,2006.

[49] JOHN J. F. Data exclusivity—The generics market's third hurdle[J]. IMS Health, 2001, 17(10):2021.

[50] MERCURIO. TRIPS-Plus Provisions in FTAs: Recent Trends in Regional Trade Agreements and the WTO Legal System[M]. Oxford: Oxford University Press,2006.

[51] LIANG B. Regulating Follow-on Biologics[J]. HarvJ On Legis,2007,44 (2):367-378.

[52] Encouragement of New Clinical Drug Development: the Role of Data Exclusivity[R]. International Federation of Pharmaceutical Manufacturers and Associations(IFPMA),2000.

[53] DIMASI J, GRABOWSKI H, LASAGNA L. The Costs of Innovation in the Pharmaceutical Industry [J]. Journal Of Health Economics, 1991 (10):107-142.

[54] SHREYA M. Do Developing Countries Need a Pharmaceutical Data-exclusivity Regime? [J]. European Intellectual Property Review,2010,32 (6):268-273.

[55] KANWAR S, EVENSON R. Does Intellectual Property Rights Spur Technological Change[J]. Oxford Economic Paper,2003,55:235-264.

[56] KARA W. Food and Drug Law as Intellectual Property Law: Historical Reflections[J], Wis. L. Rev,2011:331-352.

[57] ADLER P S, KWON S W. Social Capital: The Good, the Bad, and the

Ugly[J]. Social ence Electronic Publishing, 2009.

[58] ALLEN F, QIAN J, QIAN M. Law, finance, and economic growth in China[J]. Journal of Financial Economics, 2005, 77(1):57-116.

[59] BERTRAND M, MULLAINATHAN D S. How Much Should We Trust Differences-in-Differences Estimates? [J]. Quarterly Journal of Economics, 2004, 119(1):249-275.

[60] BOYD R, RIEHERSON P. Culture and the Evolutionary Proeess[M]. Chicago: University of Chicago Press, 2004.

[61] COLEMAN J. Foundations of Social Theory[M]. Cambridge, MA: Harvard University Press,1990.

[62] CREPON B, DUGUET E. Estimating the Innovation Function from Patent Numbers: GM Moneount Panel Data[J]. Journal of Applied Economctries,1990,12:243-263.

[63] FUKUYAMA F. Trust[M]. New York: Free Press, 1995.

[64] GAMBETTA D. Trust: Making and Breaking Cooperativerelations[M]. Cambridge: Blaekwell, 1997.

[65] BAHO R J. Democracy and growth[J]. J. Econ. Growth,1997, 1:1-29.

[66] BANO R J, LEE J H. Sources of Economic Growth,Carnegie-Rochester [A]. Conferences Series on Public Policy, 1997,40:1-46.

[67] BAXTER J W. (Ed.),. World Patent Law and Practice[M]. New York: M. Bender, 1968.

[68] BOSWORTH D L. The Transfer of U. S. Technology Abroad[J]. Research Policy,1980, 9:378-388.

[69] HELPMAN E. Innovation, Imitation, and Intellectual Property Rights [J]. Econometrica,1993, 61:1247-1280.

[70] KARA W. Swanson. Food and Drug Law as Intellectual Property Law: Historical Reflections[J]. Wisconsin Law Review,2011(23):331-352.

[71] Intellectual Property World Desk Reference: A Guide to Practice by Country, State, and Province[M]. Boston, MA: Kluwer Law and Taxation Publishers, 1998.

[72] JACOBS A J(Ed.). Patents Throughout the World[M]. 4th edn. New York: Trade Activities, Inc, 1978.

[73] JOHNSON B T, SHEEHY T P. The Index of Economic Freedom[M]. Washington: The Heritage Foundation, 1995.

[74] ELMAN, GERRY J. What Subject Matter Is Patentable? Reading Myriad Genetics While Waiting for the Bilski Decision: Why Is This Molecule Different from All Other Molecules? [J]. Biotechnology Law Report, 2010, 29(2):167-169.

[75] SHERRY F. An Introduction to Pharma Trademarks[J]. Available at. MSBA IP Section Newsletter, 2009(1).

[76] SHREYA M. Do Developing Countries Need a Pharmaceutical Data-exclusivity Regime? [J]. European Intellectual Property Review, 2010, 32 (6):268-273.

[77] Lewis Carroll, Alice's Adventures in Wonderland and Though the Looking-Glass Signet Classics[J]. The New America Library, 1960, 79.

[78] ANANAD B, GALETOVIC A. How Market Smarts Can Protect Property Rights[J]. Harvard Business Review, 2004, 82(12):72-81.

[79] GRILICH Z. Patent Statistics as Economic Indicators: A Survey[J]. Journal of Economic Literature, 1990, 12(28):1661-1707.

[80] ARUNDELA, vAN DE PALG, SOETEL. Innovation strategies of Europe largest industrial firms: results of the PACE survey for information sources, public research, protection of innovations and government programs, final report [R]. Universit y of Limbourg: SPRINT Programme, European Commission, 1995.

[81] DUGUETE K. Appropriation Strategy and the Motivations to Use the Patent System: an Econometric Analysis at the Firm Level in French Manufacturing[J]. Annalesd. Economie et de Statistique, 1998, 49(50): 289-327.

[82] COHEN W, NELSONR J. Protecting Their Intellectual Assets: Appropriability Condit Ions and Why U. S. Manufacturing Firms Patent (or not)[R]. Cambridge: National Bureau of Economic Research, 2000.

[83] BLIND K, EDLER J, FRIETSCH R, et al. Motives to patent: Empirical evidence from Germany[J]. Research Policy, 2006, 35(5):655-672.

[84] MOCKUS A. Two Case Studies of Open Source Software Development:

Apache and Mozilla[J]. Acm Transactions on Software Engineering & Methodology, 2002, 11(3):309-346.

[85] VON H E. Innovation by User Communities: Learning from Open-Source Software[J]. Mit Sloan Management Review, 2001, 42(4):82-86.

[86] FUGGETTA A. Open source software-An evaluation[J]. Journal of Systems & Software, 2003, 66(1):77-90.

[87] GRAND S, KROGH G V, LEONARD D, et al. Resource Allocation Beyond Firm Boundaries: A Multi-level Model for Open Source Innovation[J]. Long Range Planning, 2004, 37(6):591-610.

[88] KIRSHNAMURTHY S. A Managerial Overview of Open Source Software[J]. Business Horizons, 2003, 46(5):47-56.

[89] LAKHANI K R,VON HIPPEL E. How Open Source Software works: 'Free' User-to-User Assistance[R]. MIT Sloan School of Management, Working Paper,2000.

[90] SHARMA S, SUGUMARAN V,RAJAGOPALAN B. A Framework for Creating Hybrid-open Source Software Communities [J]. Information Systems Journal, 2000,12(1):7-26.

[91] JOHN J F. Data Exclusivity-The Generics Market's Third Hurdle[J]. IMS Health, 2001, 17(10):2021

[92] DAHLANDER L, MAGNUSSON M. Relationships between open source software companies and communities: Observations from Nordic firms [J]. Research Policy, 2005, 34(4):481-493.

[93] LAAT P B D. Evolution of Open Source Networks in Industry[J]. Information Society, 2004, 20(4):291-299.

[94] EOONOMIDES N, KATSAMAKAS E. Two-sided Competition of Proprietary Vs. Open Source Technology Platforms and the Implications for the Software Industry[R]. New York University, Law & Economics Research Paper Series,2005.

[95] JENSEN R A, THURSBY M C. Proofs and Prototypes for Sale: The Licensing of University Inventions [J]. American Economic Review, 2001, 91(1):240-259.

[96] MARCEAU J. Innovation in the City and Innovative Cities [J].

Innovation: Management, Policy & Practice,2008, 10(23):136-145.

[97] HAGEDOORN J. Inter-firm R&D Partnerships—An Overview of Patterns and Yrends Since 1960[J]. Research Policy,2002, 31(4):477-492.

[98] SIMPSON M, DOCHERTY A J. Ecommerce Adoption Support and Advice for UK SMEs[J]. Journal of Small Business and Enterprise Development,2004, 11(3):315-328.

[99] SADOWSKI B M, MAITLAND C, VAN DONGEN J. Strategic Use of the Internet by Small and Medium-sized Companies: An Exploratory Study[J]. Information Economics and Policy,2002,14:75-93.

[100] VAN DER VALK, T, GIJSBERS G. The Use of Social Network Analysis in Innovation Studies: Mapping Actors and Technologies[J]. Innovation: Management,Policy & Practice,2010,12(1):5-17.

[101] WONGLIMPIYARAT J. What are the Mechanisms Driving the Success of the US Silicon Valley? [J]. International Journal of Technology, Policy &Management,2005, 5(2):200-213.

后　记

　　本书是我在从事博士后研究工作以及承担各级各类科研项目研究的基础上,进行整理、提炼的初步成果。但就知识产权这一博大精深又充满魅力的领域而言,我的探索还很稚嫩,收获更是微不足道。一切一切的取得,都离不开师友们的指导和帮助,组织和领导的关心、支持。在此特别要感谢我的硕士导师邵俊武教授、博士导师张欢教授,博士后合作导师金彭年教授、李伟教授,以及中国社会科学院知识产权研究中心各位专家给我的全面指导和关照。感谢宁波市社科院(社科联)、浙江万里学院给予出版经费资助,感谢浙江省科技厅、宁波市科技局、宁波市人社局、浙江大学宁波理工学院、浙江万里学院等单位对我科研工作所提供的支持。感谢新工作单位福建江夏学院为我提供了编辑、整理书稿的时间便利。感谢浙江工商大学出版社编辑老师对本书出版所付出的辛勤努力。还有诸多的人士在此难以一一列举,唯有致以深深的谢意。虽然工作重心和角色发生了不少变换,但我已和知识产权领域结下不解之缘。今后我愿跟随我所崇敬的师长们投身这一事业,贡献自己的微薄之力。

余　翔